全国高等院校旅游专业规划教材

导游概论(第5版)

徐堃耿 编著

北京·旅游教育出版社

责任编辑：孙延旭

图书在版编目(CIP)数据

导游概论/徐堃耿编著.—北京：旅游教育出版社，1995.12(2017.12)
全国高等院校旅游专业规划教材
ISBN 978-7-5637-0611-2

Ⅰ.导… Ⅱ.徐… Ⅲ.导游—导游服务—教材 Ⅳ.F590.62

中国版本图书馆CIP数据核字(95)第01180号

全国高等院校旅游专业规划教材
导游概论
（第5版）
徐堃耿 编著

出版单位	旅游教育出版社
地　　址	北京市朝阳区定福庄南里1号
邮　　编	100024
发行电话	(010)65778403 65728372 65767462(传真)
本社网址	www.tepcb.com
E-mail	tepfx@163.com
印刷单位	北京玺诚印务有限公司
经销单位	新华书店
开　　本	787mm×960mm 1/16
印　　张	13.625
字　　数	214千字
版　　次	2013年1月第5版
印　　次	2017年12月第4次印刷
定　　价	25.00元

（图书如有装订差错请与发行部联系）

出版说明

为适应旅游业的发展要求,满足旅游高等教育的需要,我们根据高等院校旅游专业的课程设置、教学目标,在国家旅游局人事劳动教育司的主持下,集合国内旅游高等院校的众多专家学者,自20世纪90年代起,先后出版了系列旅游高等院校教材。该套教材出版以来,得到了广大院校师生和业界的普遍好评,至今仍是众多院校的首选教材,一版再版。迄今为止,该套教材不仅为众多院校广泛使用,而且是规模最大、品种最多的一套高等院校旅游专业教材。

但是我们深知,教材出版本身是一个不断完善的动态过程,需要产业的推动、研究的深化、时间的积淀,更需要广大师生的参与。本着这一目的,根据21世纪旅游业的发展要求与广大师生的殷切希望,我们根据教育部与国家旅游局对旅游学科的规划与行业要求,对本套教材进行了必要的增补与修订,以确保该系列教材的科学性、权威性。

与原教材相比,本版教材注意了课程设置与教材编写的科学性、针对性、规范性,使整套教材更适合学科教学和行业发展要求。在此基础上,本版教材强调了教材的研究含量,旨在倡导教材编写的严肃性、高等教育的研究性,避免教材编写中存在的简单雷同现象,体现了国家骨干教材应有的规范性与原创性。可以说,本版教材更加贴近了我国高等院校旅游专业教学实际,严格按照课程设置和教学目标设计安排教材内容,使高等教育教材的先进性与研究性得到充分保证。

在此次增补与修订中,我们始终强调教材编写应有的学术规范,从框架的确定,内容的取舍,乃至思考复习题的设计、注释引文的处理,每一个细节都力求体现教材编写应有的学术规范。为了实现这样的目标,我们先后在全国广泛遴选作者,聘请在学科研究与教学领域有所建树的专家学者担任教材的编写工作。不少作者都有相关领域的专著成果作为教材写作的支撑,为本套教材的研究含量提供了必要保障。

作为国内唯一一家旅游教育专业出版社,我们始终得到广大旅游院校师生的关心与帮助,在新世纪,我们更期待着大家一如既往的呵护。我们希望将我们的教材建设成为一个开放式的园地,能始终站在学科研究与行业发展的前沿,随时反映旅游教育最新发展的动态。我们期待着教材使用者的意见和建议,更期待着潜在作者的新思路、新理念、新观点、新教学方式——我们定会“从善如流”,不断调整完善现有教材,不断吸纳新的作者、新的观点。

旅游教育出版社

目　录

第一章

导游服务

第一节　导游服务的产生和发展

一、古代的向导

“旅游”这个名词出现于19世纪初，但旅游活动却早已有之。

大约在公元前4000年，苏莫人（生活在现时伊拉克巴比伦地区的居民）发明了货币，贸易活动随之进入新时代，旅游活动也因此有了新的发展。腓基尼人是公认的世界最早的旅行者，他们为经商而周游列国。中国和印度等东方国家的旅游活动，主要也是随着贸易交往的开始而兴起的。在中国，有文字记载的旅游活动可追溯到公元前2250年。传说中的大禹，可以算是我国最早的知名探险家和旅行家，为了治水，他在13年中走遍了大半个国家。

娱乐性旅游活动起源于东方的中国和日本，但罗马人后来居上。他们利用驿马，去朝拜地中海的神庙，去参观埃及金字塔，去希腊参加奥林匹克运动会，去矿泉浴场疗养……后来在欧洲兴起多处海滨疗养地，洗海水浴一时成为西方上层人士的时尚。

在我国古代，帝王的巡幸都可以说是大规模、有组织的旅游活动，高官的考察也往往兴师动众；文人士子的漫游影响深远，他们在游中、游后写的诗、词、游记是绝好的旅游指南和导游词；商人的经商活动、信徒的朝圣、学子的修学以及探亲访友等旅游活动，绵延不断。在中国历史上，孔丘等士大夫周游各地讲学、游说；司马迁等史学家，屈原、李白、杜甫等诗人、文学家，李时珍等名医名家都是在读万卷书、行万里路后创下不朽的业绩；张骞三次出使西域，开辟了通向西方的“丝绸之路”；法显、玄奘前往印度取经，鉴真东渡日本传教，郑和七下西洋，为发展东西方文化、经济交流作出了重要贡献；徐霞客更是中国著名的旅行家和地理学家……他们在国际旅游史上都占有重要地位。也有不少外国人，先后到中国进行政治、贸易、文化、修学、传教等活动，并在大江南北参观游览。

有旅游活动，就有“导游员”为其服务。帝王巡幸时，陪臣、侍从簇拥前后；外国人在中国游历，有“译官”等陪随左右；士人漫游时，有熟悉当地情况的僧侣、樵夫、马夫、店小二等作向导。这些“向导”不仅引路，还尽其所能介绍旅游景点和当地的风俗民情。

由于经济和交通工具的制约，古代参加旅游的人数少，旅游活动的规模不大，旅游的范围有限。向导没有也不可能以“导游”作为谋生的手段，游客赏赐的“盘缠”（车马费）或“酒钱”（类似现代的“小费”）或多或少，只供向导补贴家用。因此，1851 年前，无论在外国还是在中国，从来没有形成过专业向导队伍。

二、导游服务的产生和发展

（一）经济发展促使旅游业的诞生

18 世纪 60 年代开始的英国工业革命，在 19 世纪 40 年代基本完成。1784 年，瓦特发明的蒸汽机成了交通工具的动力：1802 年，轮船出现于苏格兰；1804 年，蒸汽机车在英格兰问世。经济的发展、现代化交通工具的出现，终于使英国人托马斯·库克能在 1841 年 7 月 5 日包租一列火车，运送 570 人从莱斯特前往拉夫巴勒参加一次禁酒大会，往返票价一先令。这是世界上公认的第一次商业性旅游活动，标志着近代旅游活动的开始。

1845 年，托马斯·库克正式开始从事旅游代理业务，并在当年夏季组织了纯商业性的团体消遣旅游。为了这次去利物浦的旅游活动，托马斯·库克考察了旅游线路，组合产品，宣传广告，销售组团，出版了《利物浦之行手册》，亲自随团陪同，并一路上在多处雇用当地人充任导游。在这次旅游活动中出现了商业性的导游人员，但专业的“导游向导”正式出现是在 1851 年。是年，伦敦举办了第一届世界博览会，16 万人参加了博览会并在英国参观旅游。有一批人专门为他们的游览活动提供“导游服务”，导游队伍由此形成，“导游员”正式成为一种新的职业。

在成功组织前往利物浦的团体消遣旅游后不久，“托马斯·库克旅游公司”在莱斯特问世，一开始就以“为一切旅游公众服务”为宗旨。近代旅游业就此诞生。

托马斯·库克旅游公司于 1855 年组团前往法国旅游，全程活动一次性包价（不包括餐饮费），开创了国际包价旅游的先河。1872 年，托马斯·库克组织了环球旅游，使他和他的旅游公司名声大噪，托马斯·库克的名字在欧美地区家喻户晓，成了旅游的代名词。世人公认他是世界近代旅游业的创始人。

托马斯·库克为后人留下了许多组织旅游活动的成功模式，欧美各国纷纷仿效，组建旅行社，招募导游员，近代旅游业发展迅速，导游队伍也迅速形成、壮大。

第二次世界大战结束后，国际政局相对稳定，各国经济迅速恢复、发展，国民收入增加，带薪假期增多，交通工具现代化，旅游活动进入“现代旅游”新阶段。

现今，旅游已是人民大众的重要生活内容，旅游业已成为世界经济的重要支柱产业，旅游活动的形式多种多样，内容日益丰富，范围扩及全球。

同欧美国家相比，中国近代旅游业起步较晚。20 世纪初期，一些外国旅行社开始在上海等地设立旅游代办机构，总揽中国旅游业务。1923 年 8 月，上海商业储备银行总经理陈光甫先生在其同仁的支持下，在该银行旗下创设了旅游部，这是第一家由中国人创办的中国旅游企业。1927 年 6 月，旅游部从银行独立，组建了“中国旅行社”。

中华人民共和国成立后，我国旅游业的发展突飞猛进，现已成为世界第三大入境旅游接待国和第四大出境旅游消费国。

（二）商业性导游的出现是旅游活动发展之必然

旅游是一种人际交往活动，是现代人的一种高级的新颖消费形式，是人类的一项“求知、求新、求奇、求异、求乐”的综合性审美活动。人们通过旅游活动获取教益、增长阅历、陶冶情操、振奋精神，增进与异国、异地居民的相互了解和友谊。旅游业是一项带有浓郁文化色彩的经济事业，在这一特殊经济事业的发展过程中，导游员起着极为特殊的作用。可以这么说，哪儿有旅游活动，哪儿就出现导游员；哪儿有一支高水平的导游队伍，哪儿的旅游业就兴旺发达。这是因为：

1. 旅游者需要导游服务

（1）无论从生理上还是从心理上，旅游者都需要导游员

旅游者乍到一地必然会产生茫然感，需要他人为其引路、指点，为其解决语言不通的问题，以求避免因不明当地习俗而造成误会和不愉快，避免因语言不通带来的种种困难。旅游者初到一个人生地不熟的地方，定会出现拘谨感、孤独感和不安全感，需要有熟悉当地情况的人陪伴，帮助解决食宿及旅行和日常生活中出现的种种问题，帮助其获得新的心理平衡从而精力充沛地投入旅游活动。新到一个陌生的地方，若无人指点，旅游者往往不知道从哪儿开始游览，因而很可能会进行盲目的、疲于奔命的旅游活动，不仅达不到修身养性的目的，反而破坏游兴，有损身心健康。旅游者到异国他乡旅游时需要为其解决种种困难的那个人应该就是导游员。有导游员为旅游者科学地安排生活和旅游活动，他们就会获得事半功倍的旅游效果。

（2）从认识观赏事物的顺序看，旅游者需要导游讲解

不同民族的审美观存在不同程度的差异，甚至有天壤之别，若无人指点迷津，旅游者往往无从欣赏那具有异国情调的自然美、社会美和艺术美，也就领略不到融和在风景名胜中的一国（一地）古今文化的真谛了。为了在短时间内了解到异国他乡的自然风光美和人文景观的深奥寓意及艺术价值，旅游者不仅需要导游员帮助

其懂得异国民族的审美观,也需要他们合理地安排游览活动,还需要他们在旅游景点作生动精彩的导游讲解。

总之,不管从生理上、心理上,还是从认识观赏事物的顺序上,旅游者都需要导游员的帮助和指点;无论是为了获得物质上、精神上美的享受,还是为了达到求知和加深阅历的目的,旅游者也都离不开导游服务。

2. 旅游业也需要导游服务

导游队伍,随着旅游业的诞生而逐渐形成,随着旅游业的发展而日益壮大。反之,导游服务的出现和服务质量的提高,又大大促进了旅游业的发展。导游员已成为旅游接待第一线的关键人员,导游服务已成为旅游服务的代表性工种,旅游业的发展离不开导游员及他们的服务。

(1)旅游企业需要导游员来实现经营目标

旅游经营者组合的产品,主要是以无形的物化劳动出现,提供的服务是综合性的,旅游产品的销售是多次性的,贯穿于旅游活动的全过程,通常是通过导游员的工作来实现的。就是说,旅游经营者主要是通过向旅游者提供高质量的旅游服务,特别是提供优质导游服务来实现其经营目标的。

(2)旅游业需要高素质的导游员来提高竞争力

当今世界的旅游市场上强手林立,竞争激烈。而竞争,归根结底是人才的竞争。一个国家(地区)的旅游业能否发展,就得看是否拥有很强的竞争能力,是否有很高的信誉,而保持、提高竞争力和信誉的最有效手段是充分发挥旅游工作者、特别是导游员的主观能动性,向旅游者提供高质量的、魅力因素常有常新的旅游服务,尤其是优质导游服务,以求对潜在旅游者产生最大限度的吸引力。因此,可以说,一个国家(地区)旅游业的生存和兴旺,在很大程度上取决于是否拥有一支高水平的、能征善战的旅游工作者队伍,特别是一支优秀的导游员队伍。

第二节　导游服务

一、导游服务的概念

导游服务是指导游人员代表被委派的旅行社,按组团合同或协议书约定的内容和标准为旅游者提供向导、讲解及相关的旅游接待服务。

导游服务概念包含三个相关的内容:

(1)导游员为旅游者提供导游服务是受旅行社委派的,未受旅行社委派,即使有合法的导游证,导游员也不得私自接待旅游团(者)。

(2)导游员的任务主要是在接待、陪同旅游者旅行、游览过程中为其提供导游讲解服务和旅途生活服务。

(3)导游员向旅游者提供服务时,对旅游团队必须按组团合同的规定和导游服务质量标准实施,对散客必须按事前约定的内容和标准实施。

二、现代导游服务类型

现代导游服务类型大致可分为两大类:图文声像导游和实地口语导游。

(一)图文声像导游

图文声像导游方式,亦称物化导游方式,它包括:

(1)导游图、交通图、旅游指南、景点介绍册页、画册、旅游产品目录等。

(2)有关旅游产品、专项旅游活动的宣传品、广告、招贴以及旅游纪念品等。

(3)有关国情介绍、景点介绍的录音带、录像带、电影片、幻灯片以及网络宣传等。

(二)实地口语导游

实地口语导游方式,亦称讲解导游方式,它包括导游员在游客旅行、游览途中所做的介绍、交谈和问题解答等导游活动,以及在参观游览现场所做的介绍和讲解。

随着时代的发展、科学技术的进步,导游服务方式将越来越多样化、科技化,图文声像导游方式形象生动、便于携带和保存的优势将会进一步发挥,在导游服务中的作用会进一步加强。然而,同实地口语导游相比,图文声像导游始终处于从属地位,起着减轻导游员的负担、补充实地口语导游的作用,而实地口语导游不仅不会消失,而且将永远是最重要的。这是因为现代旅游活动既需要富有人情味的导游服务,也需要导游员灵活的、高质量的、常讲常新的导游讲解服务。

三、导游服务范围

(一)导游服务内容

导游服务范围是指导游员向旅游者提供服务的领域,也就是导游员业务工作的内容。在旅游接待工作中,目的地向旅游者提供的服务是多方面的,包括食、住、行、游、购、娱等,导游员提供的服务虽然只是其中的一部分,然而却是最重要的。导游服务的涉及面很广,可以说无所不包,但大体上可归纳为两大类:导游讲解服务和生活服务。导游服务还包括市内交通服务,即导游员同时兼任驾驶员,为旅游者在市内和市郊旅行游览时提供导游讲解服务和交通服务。

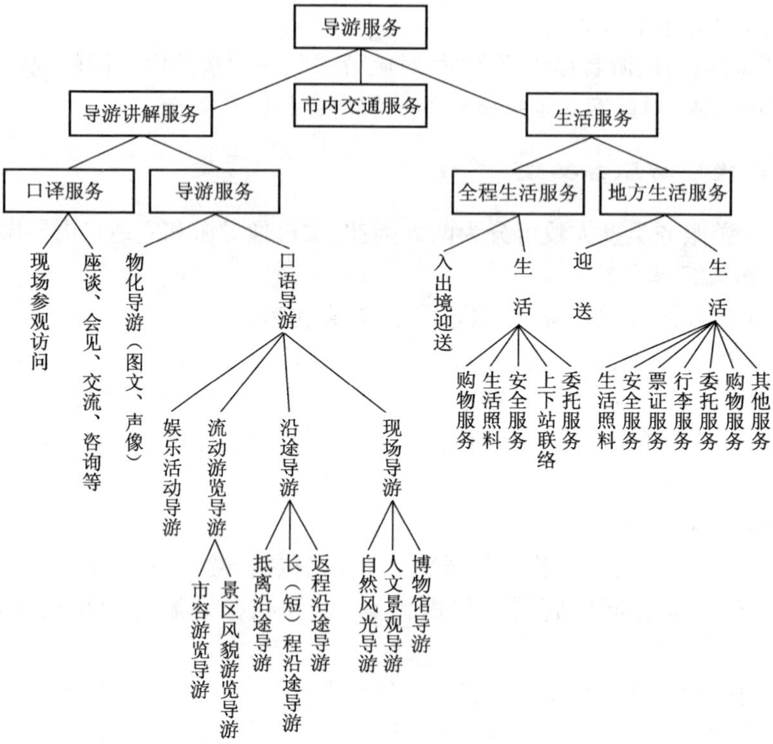

图 1－1　导游服务示意图

（二）导游讲解服务和生活服务相辅相成

通过导游讲解服务，旅游者能够认识一个国家（地区），扩大一个国家（地区）的传统文化和现代文明的影响；通过向旅游者提供良好的生活服务，使他们认识一个国家（地区）人民的以礼待人、热情好客的美德，了解该国人民的精神面貌和道德水准。

认真做好旅行生活服务，使旅游者生活丰富多彩，精神轻松愉快，游兴浓郁，客、导之间感情融洽，有利于旅游者集中精神认真听取导游员的讲解，从而使讲解服务取得良好的效果。而高质量的讲解服务，可加深他们对游览地的了解和对自然景观、人文景观的认识，使他们增长知识、加深阅历，获得更多的旅游乐趣和精神享受。高质量的讲解服务在某种程度上可以弥补生活服务中的某些不足，消除因生活服务的不尽如人意造成的不愉快。

四、导游服务的性质

由于社会制度、经济发展水平、意识形态、民族文化及旅游业发展阶段的差异，世界各国对旅游业的认识不尽相同。在中国，导游服务工作是一项为国家的社会主义建设和国内外民间交往服务的旅游服务工作，它以旅游者为服务对象，以协调旅游活动、导游讲解、帮助旅游者了解中国(地方)为主要服务职责，以沟通语言和文化为主要服务形式，以增进相互了解和友谊为主要工作目的，以“热情友好，服务周到”为服务座右铭。

各国旅游界认为，导游服务具有社会性、服务性、文化性、经济性和涉外性。

(一)社会性

旅游活动，是世界上规模最大的社会活动，起着促进社会物质文明和精神文明建设的重要作用。为旅游者服务的导游员从事的工作本身，就具有社会性。而且，导游服务工作是一种社会职业，对绝大多数导游员来说，它是一种谋生的手段。

(二)服务性

导游服务与第三产业的其他服务一样，属非生产性劳动，是一种通过提供一定的劳务活动，例如翻译、导游讲解、生活服务等，满足旅游者游览、审美的愿望和旅行生活的需求，使其成为能够创造特殊使用价值的劳动。不过，导游服务不是一般的简单服务，而是一种复杂的、高技能的、高智能的服务，因而是高级服务。

(三)文化性

导游服务的核心内容是传递文化。导游员的导游讲解、客导之间的日常交谈，以及旅游者的游览观光，都有助于扩大一个国家(地区)的传统文化和现代文明的影响力。从导游员生动、形象的导游讲解和热情周到的生活服务，以及导游员本身的言行举止，旅游者可看到一个国家(地区)、一个民族以礼待人、热情好客的美德，了解一个国家(地区)人民的精神面貌、价值观念和道德水准，从而达到通过旅游追求精神享受的目的。同时，导游员还吸收着各国、各民族的文化，并有意无意地传播着异国、异地文化。因此，导游服务起着沟通和传播精神文明、为人类创造精神财富的作用，直接或间接地起着传播一个国家(地区)、一个民族的传统文化和现代文明的作用。

然而世界各国、各地区之间的文化传统、民俗风情、禁忌习俗不同，旅游者的思维方式、价值观念、思想意识迥异，导游员要在各种文化的差异中，甚至在各民族、各地区文化的碰撞中工作，所以要求导游员努力了解中外文化的差异，力争圆满完成传播文化的重任。

(四)经济性

旅游业是一项经济事业，在很多国家已成为国民经济的重要部分。自 1986 年起，旅游业也已被列入中国国民经济计划，正式成为国民经济的组成部分。在旅游业各项服务中,导游服务工作处于最积极、最活跃的地位,因此,导游服务工作具有经济属性。它的经济意义主要表现在如下诸方面。

1. 直接创收

导游员直接为旅游者服务,为他们提供语言翻译服务、导游讲解服务、生活服务及各种代办服务,收取服务费和手续费。导游服务工作本身,就可为国家建设创收外汇、回笼货币、积累资金。

2. 扩大客源

旅游者是旅游业生存和发展的先决条件之一,没有旅游者,发展旅游业就无从谈起。所以,很多旅游业发达国家都在旅游宣传方面大做文章,花大量的财力、精力在国内外进行广告宣传活动,招徕游客。西班牙旅游业成功的秘诀是"精心的、高质量的和有效的宣传",而意大利旅游界认为旅游宣传是带动旅游业前进的"火车头"。

另一种更为有效的旅游宣传,就是旅游者作的"免费宣传"。向旅游者提供高质量的旅游服务,特别是不同凡响的导游服务,是提高旅游企业的信誉和竞争力的一个重要手段。享受到优质服务而满意归去的旅游者,一般都会向亲朋好友介绍自己在异国他乡的经历,从而在一定程度上影响着潜在旅游者的流向。可以这么说,旅游者现身说法的宣传是最好、最有效,也是最经济的旅游宣传,在招徕回头客、扩大客源方面起着重要作用。

3. 促销商品

世界各国都十分重视旅游商品和纪念品的开发、生产和促销,并视作争夺游客的魅力因素和增加旅游收入的重要手段。据统计,在世界国际旅游总消费中,用于购物的部分约占50%,在有的国家和地区,该项收入在旅游总收入中的比例则更高。在商品促销过程中,导游员大有作为,其作用举足轻重。

为了更有效地促销商品,最大限度地满足旅游者的购物要求,导游员应:

(1)思想重视、态度积极

外国、外地旅游者在中国境内、在本地买到称心如意的商品,旅游者高兴满意,我国也就地出口了商品,获得了外汇或回笼了货币,积累了建设资金。每个导游员必须认识到,满足旅游者的购物需求是导游工作的重要内容之一,导游员帮助旅游者购物责无旁贷。

(2)熟悉商品、热情宣传

外国、外地旅游者千里迢迢来中国、本地旅游,总想买一些富有中国特色、地方色彩的工艺美术品、土特产品,或留作纪念或馈赠亲友。为了满足旅游者的不同购物需求,导游员应尽可能多地了解商品的产地、质量、使用价值、销售地点和价格等,并主动热情地向他们宣传,做好旅游者的购物参谋。也要了解在何地、哪家商店买某种商品最好,以便帮助游客在最短的时间内买到最好的中国物品,这对满足时间仓促的会议、商务旅游者的购物需求则显得更为重要。

(3)了解对象、因势利导

为了更好地促销商品,导游员不仅要熟悉中国的、当地的商品,还要做个有心人,设法了解旅游者是否有购物需求,购买能力如何以及他们希望购买什么样的商品,从而有针对性地提供购物服务,满足旅游者的购物愿望。

(4)掌握推销原则

努力促销商品,做好购物服务,是导游员的重要工作,但是必须建立在旅游者"需要购物、愿意购物"的基础之上,不能强行推销,更不得违法乱纪。在推销商品时,必须遵循下述两个原则:

——从游客的购物需求出发,因势利导。导游员的责任是帮助旅游者购买到称心如意的物品,而不是强行推销商品,因此,不要过多地安排购物时间,切忌强加于人,更忌强拉旅游者到自己的"关系户"购物图谋私利,以免引起旅游者的反感。

——实事求是,维护信誉。介绍商品要实事求是,价格要合理公道;不能做失实的介绍,不得以次充好,以假乱真,不得胡乱涨价;严禁导游员为了私利与不法商人沆瀣一气,坑蒙拐骗旅游者。在提供购物服务时,导游员要严格执行国家政策,维护国家信誉。

4. 促进科技交流

正在进行中国特色社会主义经济建设的中国,需要外国的资金和先进的科学技术。到中国旅游的海外人士中不乏科学家、教授,方方面面的专家和经济界人士,他们中有人希望借访华之机与中国同行接触,了解合作或投资环境。导游员应做有心人,了解他们的意愿,捕捉时机,积极牵线搭桥,促进中外科技交流。海外旅游者若提出在中国投资、贷款、捐赠等意向,导游员应及时报告旅行社,在领导指示下与有关部门联系。

创汇、创收,为国家积累建设资金,是创办旅游业的主要目的之一。导游员应树立商品经济观念,把提高导游服务质量与创收、创汇、提高经济效益结合起来,为实现上述目的作出应有的贡献。

(五)涉外性

国际旅游活动,是当今世界规模最大的民间外交活动。为旅游者服务的导游员的工作,在民间交往活动中起着不可忽视的作用。

在社会主义的中国,导游工作的民间外交作用主要表现在三个方面:宣传中国,了解外国,当好民间大使。

1. 宣传中国

中国历史悠久、文化灿烂、人口众多,对国际事务的影响越来越大,在21世纪将起极为重要的作用。旅游者中有兴趣研究中国的大有人在,帮助他们正确地认识中国,是导游员义不容辞的责任,而导游员的导游讲解、与旅游者的聊天、议论以及他们的举手投足本身，都在有意无意地宣传中国。

导游员的导游讲解和宣传是统一的，相辅相成的。政治宣传应寓于导游讲解、日常交流及游览娱乐之中，形式要多样化，要灵活多变，力求避免呆板、千篇一律。

导游员在讲解和宣传时应遵循如下原则：

(1)积极主动、因势利导

介绍中国、传播中华文明是中国导游员的基本任务之一，导游员应时刻牢记在心。讲解和宣传的目的在于增进相互了解，其方式应着重在“导”字，要生动、贴切地讲解，积极主动地引导，切忌做勉强他人的、“假大空”的说教。由于讲解、宣传的对象不同，场合有别，气氛各异，因此导游员要随机应变、因势利导，掌握好时机和分寸。

(2)实事求是、内外有别

旅游者到中国游览希望真实地了解中国，希望看到真实的东西，听到真实的介绍，因此，导游员在讲解和宣传时要讲真话，不讲空话，不弄虚作假，不文过饰非。导游员在讲成绩、讲社会进步、讲社会主义革命和建设成就时，不仅要做纵向比，即与中国的过去比较，也要进行横向比，即与经济发达的国家比较。要明白“实事求是、摆明事实、道理就在其中”这个道理，所以在讲解、宣传时不要急于下结论，而应让旅游者看完后、听完后自己去得出结论。导游员可以讲缺点、不掩盖问题，要诚恳地征求旅游者的意见甚至批评，这绝不是给社会主义中国抹黑，恰恰相反，这样做，是向入境旅游者显示中国人民实事求是的精神和作风，反映出中国人民对自己的事业充满信心。

但是，保守国家机密是每个公民的责任，“内外有别”是涉外工作人员必须遵守的工作纪律。泄露国家机密为国法所不允、政纪所不许，国内外皆然。导游员必须对此有清醒的认识并在与入境旅游者交往时严格遵守政纪国法，坚持“友好归友好、保密归保密”的原则。

(3)有的放矢、生动自然

由于职业、社会经济地位和宗教信仰的不同，旅游者的文化修养和兴趣各不相同。导游员要根据不同对象进行不同的讲解和宣传，还要根据谈话的内容、谈话对象的情绪及当时的气氛，随机应变，尽量做到有的放矢。

导游讲解和对外宣传要灵活自然，语言要形象生动，举例要富有说服力，让人易于接受、乐意接受，力戒说教、套话、空话和废话。

(4)不卑不亢、求同存异

旅游者，不管其国别、民族和肤色，只要是我们的客人，导游员都应一视同仁、平等相待。在言谈、举止、态度上，要不卑不亢、落落大方，切忌做出有丧人格、国格的行为。

导游员在谈论中国的内政问题时要理直气壮，对一些微妙问题要正面回答，观点鲜明,但不予纠缠;对个别人的挑衅,应予以驳回,但要有理、有利、有节。由于各国、各民族之间风俗习惯不同,道德观念各异,思维方式和政见迥异,所以当谈论出现分歧时,导游员的态度应该是各抒己见、互相尊重、求同存异。争论往往是无益的,强加于人是错误的。

2. 了解外国

进行调查研究、了解外国,是导游员的基本职责之一,是导游工作的需要,也是旅游业的需要。要了解别人,就得进行调查。

了解外国,方便导游员的工作,有助于提高导游服务质量。旅游者的社会地位、文化水平、生活习惯、宗教信仰、兴趣爱好等,是导游员制订旅游活动计划的重要依据;了解对象国的概况、社会动态、风俗民情、生活方式、礼节习俗等,有助于导游员向旅游者提供令人满意的导游服务;对旅游者经济状况和购物需求的了解,有利于导游员向他们提供更好的购物服务;掌握旅游者的情绪和心理状态,导游员能更有针对性地向他们提供心理服务……总之,通过书本、通过与旅游者的交往,了解外国,了解旅游者,有助于导游员增长知识、提高工作能力,做好导游服务工作。

外国旅游企业的经营状况、旅游产品的组合、旅游推销的规模和方式,外国旅游者在中国喜欢看什么、吃什么、买什么,他们的要求、建议、意见以及对象国的概况、风俗民情等,对一个国家(地区)的旅游业、对旅游企业,都具有十分重要的意义。对上述内容进行调查研究,有助于引进外国的先进经验和管理、经营手段,从而改善、提高我国旅游业的经营管理水平,提高旅游服务质量,有助于进行更具有针对性的旅游宣传招徕活动。

3. 当好民间大使

旅游活动是当今世界规模最大的民间外交活动。旅游促进人际交往,增进各国、各族人民之间的相互了解和友谊,消除因相互隔绝而产生的误解、猜疑、顾虑,有利于加强团结和维护世界和平。自1980年以来,世界旅游组织每年提出一个主题口号,大多数口号都体现出了旅游活动在促进相互了解、维护世界和平方面的重要性。例如,1986年的口号就是"旅游:世界和平的促进力量"。

在旅游者心目中,导游员是国家(地区)的代表、人民的友好使者,是"民间大使"。导游员可利用旅游活动的群众性、广泛性特点广交朋友,可利用接触旅游者面广、机会多、时间长、无语言障碍又比较熟悉外国等有利条件与旅游者广泛交流,进行思想、感情上的沟通。中国导游员,以其高尚的思想品德、渊博的知识、精湛的导游艺术、热情的服务态度,在帮助旅游者认识中国、增进相互了解、为中国赢得友谊和朋友方面作出了重要贡献。一位外国旅游者曾赞誉说:"中国导游员是通向友谊的桥梁,是中国人民的友好使者。"对此,大部分中国导游员是当之无愧的。

五、导游服务的特点

导游服务是一种高技能、高智能的服务工作。各行各业的工作都有与众不同之处,导游服务也不例外,有许多有别于其他服务行业的特点。随着社会的进步和旅游业的发展,导游服务的特点也将随之发生变化。目前,导游服务的基本特点可归纳为如下四点:

(一)复杂性

导游服务是一项脑力劳动和体力劳动高度结合的服务性工作,工作繁重、复杂。导游服务的复杂性,主要表现在以下8个方面:

1. 政策性强

接待海外旅游者的导游员和出境旅游领队从事的工作具有涉外性,政策性强。外事无小事,要求导游员工作细致认真,即使是小事,稍有疏忽,也可能出现大问题。

2. 工作对象复杂

导游员的工作对象有不同国籍、不同层次、不同职业、不同性别、不同年龄的旅游者,有各种各样的国内旅游企业及其工作人员,导游工作过程中集体成员之间的关系有时也相当复杂。

3. 工作面广

导游员不仅要落实旅游计划,安排旅游者的食、住、行、游、购、娱等各方面的活动,还要沟通上下、内外、左右各方面的关系。

4. 讲解内容庞杂

导游讲解的内容广泛、庞杂,而且还要不断更新、扩展;现场导游翻译具有"快、急、难、杂"的特点,要求导游员不仅掌握丰富的知识,还要具备随机应变的能力。

5. 服务的连续性、重复性和流动性

导游服务的连续性、重复性和流动性,使导游员在旅游旺季时工作连轴转、量大、难度高、体力消耗大,往往无法休息也不能过正常的家庭生活。

6. 服务手段的多样化

导游手段多样化、高科技化,而且还在不断发展、变化,因此要求导游员不仅具有丰富的知识、高超的导游技巧,还要学会运用高科技手段辅助导游工作。

7. 旅游者的需求多种多样

不同旅游者有不同的需求,要求导游员满足,不同旅游者有不同的困难,要求导游员协助解决,而且,由于对象不同、时间场合不同、客观条件不同,即使同样的要求和问题也会出现不同的情况,需要导游员审时度势、准确判断并妥善处理。

8. 导游服务具有双重性

在旅游者眼中,导游员往往被视为一个国家、一个地区的代表,是一个国家或地区的形象代言人，但又是旅游者的服务者，要提供令旅游者满意的导游服务，并由此维护国家（地区）的形象；导游员既是旅行社的代表，要维护旅行社的利益，又代表着旅游者的利益，要与各方交涉，维护他们的正当权益。处理好这些关系是对导游员的一大考验。

（二）独立性强

导游员在接受了旅行社委派的任务后带团外出旅游中往往要独当一面。导游员要独立地宣传、执行国家政策，要独立地根据旅游计划组织活动、带旅游团参观游览，还要独立地、合情合理地处理常见问题。

导游员的导游讲解也具有相对的独立性。导游员要根据不同游客的文化层次和审美情趣进行有针对性的导游讲解，以满足他们的精神享受需求。这是导游员的主要任务，每位导游员都应独立完成，其他人无法替代。

（三）脑体高度结合

高智能的导游服务要求导游员掌握渊博的知识，拥有很强的语言表达能力，运用知识、语言和智慧灵活地向旅游者进行导游讲解，回答他们的提问，处理各种问题。此外，导游员要会走路、能爬山，要能适应各地的水土和饮食，要帮助旅游者解决各种各样的困难；在旅游旺季，导游员的工作繁忙，往往连轴转，长期在外工作，体力消耗大又无法正常休息。因此，导游服务确实是一项脑力劳动和体力劳动高度结合的服务工作。

（四）诱惑性大

导游员的工作流动大，活动范围广，接触的人多，可广交朋友，可经风雨见世面，可扩大阅历增长知识，这对充满活力、求知欲强的年轻人具有很强的诱惑力。

旅游活动的发展有利于各民族之间的相互了解，促进文化交流，但也会产生不健康的“精神污染”，即一个国家（地区）在发展旅游业的同时往往会“引进”不良的思想意识、处世方式和生活作风。导游员直接面对这种“旅游污染”的机会大大多于常人，一些意志不坚、抵制能力不强的导游员会或多或少会受到各种腐朽思想的影响，甚至沦为俘虏。

对于导游服务工作的诱惑性，瑞士导游专家汉斯·乔治·戈根海姆曾明确指出：“我们面前还有各种各样的诱惑，金钱、美女、佳酿。并不是导游人员比别人要坏些或意志薄弱些，而是由于摆在我们面前的诱饵更芳香一些，机会更多一些。”

六、导游服务的地位和作用

旅游服务是一项综合性的服务工作，包括住宿服务、饮食服务、交通服务、旅行社服务、导游服务、购物服务及文体娱乐服务等，而且每一项服务都很重要。旅游者的旅游动机各异，要求不同，对上述服务的需要也不尽相同，然而总的来说，这些服务缺一不可。

其中,导游服务将旅游服务的各个环节联系起来,使相应部门的服务产品的销售得以实现,使旅游者在旅游过程中的种种要求得到满足,使旅游活动顺利进行。因此,日本旅游专家土井厚认为:"任何行业都有代表性的业务,在旅游业中,就是导游服务。"而且,与食宿、交通等服务相比,导游服务处于中心地位,起着关键作用。

(一)导游服务是旅游服务的代表性工种

1. 导游服务决定着旅游服务质量

提供导游服务的导游员,是旅游计划的主要执行者,是旅游服务各方面关系的协调者,是旅游活动过程中各种问题的主要处理者;导游员的工作,是旅游接待工作中最积极、最活跃、最典型的工种,导游服务的好坏在很大程度上决定着旅游服务质量的高低。

2. 旅行社通过导游员的工作来实现旅游产品的销售

旅游产品既有有形的、物质的,又有无形的、非物质的,而又以无形的、物化的劳务为主。旅行社组合的旅游产品在形式上是通过签订旅游合同销售出去的,但实际上,旅游产品不同于一般的有形商品,它的销售是多次性的、贯穿于旅游活动的全过程,是通过提供综合性的旅游服务实现的,而导游员的工作在其中起着举足轻重的作用。我们可以说,导游员的素质决定着导游服务的质量,导游服务质量的高低则在很大程度上决定了旅游产品的使用价值,而旅游者往往就是根据其使用价值来购买某一旅游产品的。由此证明,导游工作在旅游接待各项服务中是一项起着关键作用的服务。

3. 旅游者需要导游服务

我们在前文提到,从生理上、心理上或从认识事物的顺序上,旅游者都需要导游服务。国际旅游界人士提出:"没有导游员的旅行,是不完美的旅行,甚至是没有灵魂的旅行。"这是很有道理的。从另一个角度说明导游工作是旅游服务中具有代表性的工种。

(二)导游服务起着关键作用

1. 导游服务是旅游各项服务中最为根本的服务

食、住、行、游、购、娱,构成了旅游活动的六要素,其中最重要的是"游",而游览的"导演"则是导游员。导游员为旅游者提供的语言服务,沟通了不同的文化,促进了不同民族之间的交流;导游员提供的导游讲解服务,帮助旅游者增长知识、加深阅历、获得美的享受;导游员提供的生活服务,帮助旅游者身心愉快地投入游览活动,去求新、求异、求乐。总之,导游员的服务在旅游者实现其主要旅游目的方面起着不可或缺的作用,由此证明导游服务是旅游服务中最为根本的服务。

2. 导游服务是旅游服务质量高低的最敏感的标志

旅游团在中国、当地参观游览,导游员伴随始终,朝夕相处,为他们提供语言翻译服务、导游讲解服务和生活服务，保证他们吃得好、住得舒适、玩得痛快，还要维护他们的正当权益、保卫他们的生命财产安全。在现代旅游活动中，导游员已成为整个旅游服务工作运转的焦点和轴心，导游服务已成为旅游服务的关键环节。一次旅游活动的成功或失败，往往决定于导游员的服务质量，即导游服务的好坏直接表现为旅游服务质量的优劣，甚至关系着一个国家（地区）旅游业的声誉。

3. 导游工作是各项旅游服务的联系纽带和中间桥梁

旅行社与旅游者之间、旅行社与其他旅游企业之间的第一线联络人员是导游员。在旅游服务各环节之间相互协作、顾全大局方面，在沟通上下、左右、内外的关系方面，导游员的作用举足轻重。

（1）承上启下

导游员是国家方针政策的宣传者和具体执行者。他代表旅行社执行旅游计划，为旅游者安排、落实食、住、行、游、购、娱等各项服务，并处理旅游期间出现的各种问题。同时，旅游者的意见、要求、建议乃至投诉，其他旅游服务部门在接待工作中出现的问题及他们的建议和要求，一般也通过导游员向旅行社传递直至上达国家最高旅游行政管理部门。

（2）连接内外

导游员既代表接待旅行社的利益，履行合同、落实旅游计划，又肩负着维护旅游者合法权益的责任。他代表旅游者与各有关部门进行交涉，提出合理要求，对违反合同的行为进行干预，为旅游者争取应该享受的正当权益；导游员有责任向旅游者介绍中国（本地），帮助他们尽可能多地了解我们国家（地区）的社会、人民、文化和风俗民情，以及国家的有关政策、法令等，同时也要进行调查研究，从旅游者那里了解旅游客源地情况。

（3）协调左右

旅游服务与其他社会服务有着密不可分的联系，而旅游服务的各组成部分，即各个不同系列的服务在实施过程中又是相互渗透、相互作用、相互联系、相互合作的。导游员（主要是地陪）是旅行社与饭店、餐馆、游览点、交通部门、商店、娱乐场所等旅游企业之间的联系者，导游员在各旅游企业之间起着重要的协调作用。搞好与各有关部门的关系、相互协作，对提高旅游质量至关重要，这是因为：①导游员要通过自己的努力使旅游者在游览过程中的物质补偿及其他需求得到满足，因此，相互协作是导游服务中的生活服务得以顺利进行的重要条件；②相互协作是提高生活服务质量的重要保证，而高质量的生活服务又为导游讲解服务的成功提供了有利条件。

综上所述，导游服务处于旅游服务的中心地位，起着关键作用。导游员须认清这一点，从而意识到责任之重大，增强事业心，努力工作。

（三）导游服务重要，但不能言过其实

我们强调导游服务的重要性，并不意味着其他旅游服务就不重要了。我们要强调导游服务的重要作用，但不应言过其实，对此，导游员要有清醒的认识。为什么不能过分强调导游服务的重要性？下述三点基本上能回答这个问题。

1. 团体旅游者不超过旅游人数的10%

随着交通工具的发展和预订制度的完善，以及人们旅游经验的不断丰富，自助旅游者数量增长迅速。据法国等国家旅游机构的统计，不经旅行社安排旅游活动的旅游者已超过旅游总人数的90%，而且呈继续增长趋势。越来越多的自助旅游者外出旅游时，可能坐飞机、火车，住在饭店或度假村，吃在餐馆，但不一定需要导游员的讲解服务。他们往往借助图文声像导游工具，照样周游列国、旅游度假。

2. 旅游服务是综合性服务

旅游业是一项综合性的经济事业，它的发展需要旅游各部门、全体旅游工作人员乃至全社会的共同努力。旅游服务只是旅游业的一个组成部分，而导游服务又只是旅游服务网络中的一环，虽然它非常重要，但其他环节也必不可少。旅游服务网络中只要在一个环节上出了问题，整个旅游服务就功亏一篑。

此外，就旅行社服务而言，导游员若想工作成功，需要有关各方的密切配合。导游员虽然处于旅游接待第一线的中心地位，起着关键作用，但是，如果没有处于第二线的内勤、外勤的配合，没有旅游车队的合作，没有领导的统一调度，导游员就是使出浑身解数，导游服务工作也很难顺利进行。

3. 旅游业的成败有赖于多方面的决策

旅游业的成败固然在某种意义上有赖于旅游服务，但也取决于战略决策以及市场营销、资源开发、人才培训等诸方面的决策，而且，在一般情况下，后者显得更为重要。因为没有旅游者和吸引人的旅游资源，就不存在旅游业；没有游客，就谈不上旅游服务；而没有经过严格、高水平培训的旅游从业人员，提高旅游服务质量只能是一句空话。因此，片面强调导游服务的重要性是不妥当的，不利于旅游业的健康发展。

因此，我们要充分肯定导游服务在旅游业中所起的重要作用，但不能言过其实，我们要重视导游服务的作用，但要将其放在整个旅游业中，放在整个旅游服务体系中加以重视，这样才能正确地、充分地调动导游员的积极性和主观能动性。

七、导游服务原则

优秀导游员之所以能向旅游者提供不同一般的导游服务，是因为他奉行既适合自己特点又能令旅游者满意的行为准则，工作时既热情周到又严格遵循必要的服务原则。下面介绍的四项服务原则是我国导游员经过几十年的努力，逐渐总结形成的,基本上适合我国的国情,具有一定的指导性和规范性。其实,这也是世界各国的导游人员正在严格遵守的工作原则。

(一)"游客至上"原则

游客至上,是旅游行业的座右铭,是旅游服务行业的立身之本。这不仅是招徕游客的宣传口号,更是旅游行业的服务宗旨、行动指南,也是旅游服务工作中处理问题的出发点。

游客至上,意即在游客和旅游行业的关系中,游客总是第一位的,没有游客,旅游服务的价值就无从体现,导游服务也就失去了存在的必要。

游客至上,就是要求导游人员尊重游客,真心实意地为游客服务。要求导游人员在与游客相处时要处处以游客利益为重,而不能过多地强调自己的困难,不能以个人的情绪随心所欲地对待或左右游客,而应尽可能地满足游客的正当需求。

游客至上,要求导游员在为游客服务时必须符合国家和旅游行业的有关规定,服务质量必须达到国家和行业制定的标准,并努力将规范化服务、个性化服务、细微化服务有机地结合起来,从而为旅游者提供高质量的导游服务。

游客至上,要求导游人员平等待客、礼貌待客,热情地为每一位游客服务,对每一位游客都一视同仁,提供同等的优质服务。

一个导游员想成为合格、理想的导游员,想顺利地工作,一开始就得处于旅游者的中心位置,对旅游者的态度应永远不偏不倚,这是"游客至上"原则的另一个基本点,即导游员对旅游者的态度。导游员对旅游者的态度应该是:既不过严控制也不放任自流,不偏爱也不厌恶,更不能对一部分人严格控制而对另一部分人放任自流,不得偏爱一部分人也不得厌恶另一部分人。

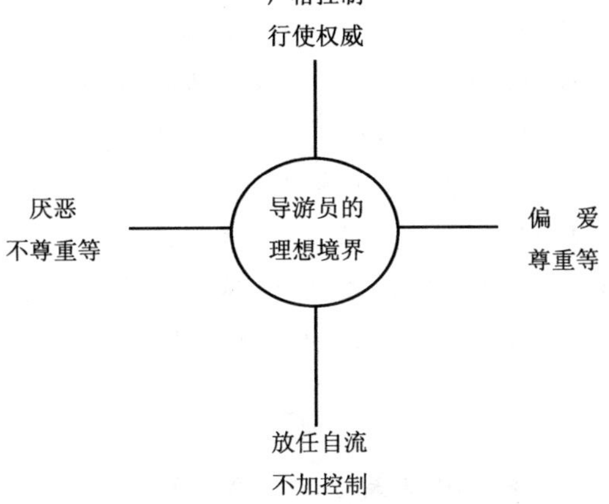

图 1–2 导游风格示意图

（二）“履行合同”原则

“履行合同”原则即旅行社组织旅游者旅游，应当与旅游者签订合同，就旅游行程安排、旅游价格、违约责任作出明确规定。

履行合同是导游员职业操守的首要准则。

作为旅行社的代表，导游人员处在旅游接待的第一线，要严格以旅游合同为基础，不折不扣地按照旅游合同规定的内容和标准向游客提供导游服务，将维护旅游者的合法权益作为自己的服务准则，并根据这一准则对其他旅游服务的供给进行监督，处理旅游过程中发生的问题。

（三）“安全第一”原则

保护旅游者的生命财产安全是导游员头等重要的责任。一旦发生安全事故，不仅旅游者身心痛苦，旅游服务部门的一切努力都会付诸东流，还会造成经济损失，影响旅游企业乃至地区、国家旅游业的声誉，有时也会危及导游员自身的安全。因此，导游员必须树立“安全第一”的思想，在带团过程中提高警惕，常备不懈，加强安全防范，保护旅游者的安全。同时，还要时刻提醒旅游者自己注意安全。

（四）“合理而可能”原则

“合理而可能”原则，既是导游服务原则，也是导游员处理问题、满足旅游者要求的依据和准绳。

旅游者一般都有求全心理，往往把旅游活动理想化，常常在生活和游览方面提出过高的要求，从而与客观实际产生矛盾；有些旅游者对接待旅行社的种种安排横加指责，一味挑剔。处理旅游者的要求和挑剔，关系重大，有时会影响整个旅游服务的成败，因而导游员不得掉以轻心。当出现上述情况时，导游员必须认真倾听，然后冷静仔细地分析他们的意见和要求是否合理，有无可能实现；对他们的挑剔也要认真对待，看其中是否有合理的成分，绝不能置之不理。如果是合理的又有可能实现，导游员应想方设法满足他们的要求，弥补旅游服务中的不足。反之，则要耐心地解释，解释时要实事求是、合情合理，以使旅游者心悦诚服，得到他们的谅解。

上述四项原则不是孤立的，而是相互关联、互为补充的，它们既是导游员的优质服务原则，又是导游员处理各种问题的基本原则，也是衡量导游员服务态度、服务质量及其工作能力的重要标准。导游员必须牢记这些原则并将其融会贯通、灵活运用，努力为旅游者提供优质导游服务，尽量满足旅游者的合理而可能的要求，并力争妥善处理他们的意见、挑剔和投诉，以及旅游活动中出现的难题和事故。

本章提示

本章内容以知识介绍为主。通过本章的学习，学生应对导游服务的相关知识有基本的了解。

本章要点

导游服务的概念和服务范围，导游服务的性质和特点，导游服务在旅游服务中的地位和作用，导游服务原则。

复习思考题

1. 为什么说商业性导游的出现是旅游活动发展之必然？

2. 导游工作分哪几类？为什么实地口语导游不仅不会消失，而且将日益重要？

3. 导游工作具有哪些特点？其“复杂性”表现在哪些方面？为什么要说“诱惑性”是导游工作的一大特点？

4. 导游工作的性质是什么？导游工作与其他服务工作的区别在哪里？

5. 为什么说导游工作是“脑力劳动和体力劳动高度结合”的工种？

6. 怎样理解“导游工作是传播文化的重要渠道”这一点？

7. 为什么导游服务能在扩大客源方面起重要作用？

8. 导游员怎样完成“民间大使”的重任？

9. 在宣传中国时，在购物服务中推荐商品时，导游员应持何种态度？

10. 从哪些方面可以看出导游工作是旅游服务中具有代表性的工种？

11. 在旅游服务中，导游服务居于何等地位？起着什么作用？但为什么对导游服务的重要性不能言过其实？

12. 导游服务的范围包括哪些方面？它们之间是什么关系？

13. 导游服务应遵循什么原则？为什么说这些原则既是服务原则又是处理问题的原则？

第二章

导　游　员

第一节　导游和导游员

一、导游和导游员

（一）导游

导游，顾名思义，是引导他人游览。随着旅游业和导游工作的发展，"导游"具有了新的含义，而且还将继续变化、发展。现在，我们可以将其解释为组织、协调旅游活动的服务性工作，旨在满足旅游者"求知、求新、求奇、求乐"的愿望。这是一项沟通、传播文化，给予旅游者知识、赋予教益、陶冶情操、增进交往和了解、建立友谊的高级服务工作。

由此看出，"导游"一般是导游行为、导游业务和导游工作的总称。不过，有时也是导游人员的简称，例如，他是导游（员），导游（员）队伍等。

（二）导游员

导游员，是指依照《导游人员管理条例》的规定取得导游证，接受旅行社委派，为旅游者提供向导、讲解及其他旅游服务的人员。

《导游人员管理条例》规定，凡是具有高中及以上学历、身体健康的中华人民共和国公民可以参加导游资格考试，考试合格者由组织导游资格考试的旅游行政管理部门发给《导游人员资格证》。取得资格证书后应与旅行社签订劳动合同或在导游管理服务机构注册，就可申请导游证。

没有导游证者不得进行导游活动，有导游证但未经旅行社委派的，也不得从事导游业务。获得《导游人员资格证》后 3 年内未从事导游活动的，资格证自动失效。

二、导游员的分类

导游员的工作范围广泛，工作对象众多，使用语言各异，工作性质、接待方式也不尽相同，所以导游员可分成很多类别。就是同一个人，由于从事不同性质的导游工作，其所扮演的社会角色的名称也随时变换。而且，世界各国对各类导游员的称呼不尽相同，从而增加了导游员称谓的复杂性。我们以中国对导游员的习惯称呼为准，从不同角度将导游员分成下述若干类：

（一）以职业性质划分

以职业性质分类，导游员可分为专职导游员和业余导游员。

（1）专职导游员，是指在一定时期内以导游工作为其主要职业的导游员。

（2）业余导游员，亦称“兼职导游员”，是指不以导游工作为主要职业，而是利用空余时间从事导游工作的人。在西方，这类导游员的人数很多，而且层次往往很高，为发展他们国家（地区）的旅游业作出了不小的贡献。

现在，很多在职的导游员不属于某家旅行社，而是在导游服务中心或翻译导游公司注册，为多家旅行社服务，类似西方的“自由职业导游员”。他们构成了我国导游队伍的主体。

（二）以工作区域划分

以工作区域分类，可将导游员分为出境旅游领队、全程陪同导游员、地方陪同导游员和景点景区导游员。

（1）出境旅游领队，是指受经国家旅游局批准可以经营出境旅游业务的旅行社的委派、全权代表旅行社带领旅游团从事出境旅游活动的工作人员。

（2）全程陪同导游员，简称“全陪”，是指由国内组团旅行社委派或聘用，负责向旅游者提供境内全程导游服务的人员。

（3）地方陪同导游员，简称“地陪”，是指由地方接待旅行社委派或聘用，负责为旅游团在当地游览时提供导游服务的人员。

（4）景点景区导游员亦称定点导游员、讲解员，是指在博物馆或重要旅游景区、景点为旅游者提供导游讲解服务的人员。

从工作性质看，出境旅游领队和全程陪同导游员不以导游讲解为主要任务，所以在西方大多数国家称他们为“陪同”，地方陪同导游员被称为“导游翻译员”，而博物馆等的定点导游员则被称为“讲解员”，“讲解员”是西方级别最高的导游人员。这三类导游员的培养及考核的内容和方式各不相同。

（三）以语言划分

以语言分类，中国导游员可分为外语导游员和中文导游员，中文导游员又可分为汉语普通话导游员、地方方言导游员和少数民族语言导游员。

经过数十年的努力，我国已拥有一支操世界各主要语言、颇有实力的导游翻译队伍，他们的主要任务是接待外国旅游者。而普通话导游员，讲粤语、闽南语和客家话、潮州话的地方方言导游员和少数民族语言导游员的主要任务是接待国内旅游者，为他们提供导游讲解和生活服务。

（四）以技术等级划分

以技术等级分类，可将导游员分为初级导游员、中级导游员、高级导游员和特级导游员。

（1）初级导游员：获导游人员资格证书一年后，就技能、业绩和资历对其进行考核，合格者自动成为初级导游员。

（2）中级导游员：获初级导游员资格两年以上，业绩明显，考核、考试合格者晋升为中级导游员。他们是旅行社的业务骨干。

（3）高级导游员：取得中级导游员资格四年以上，业绩突出、水平较高，在国内外同行和旅行社中有一定影响，考核、考试合格者晋升为高级导游员。

（4）特级导游员：获高级导游员资格五年以上，业绩优异，有突出贡献，有高水平的科研成果，在国内外同行和旅行社中有较大影响，经考核合格者晋升为特级导游员。

三、导游服务集体

（一）导游服务集体的构成

旅游团队的导游服务工作繁重复杂，不是一个人所能完成的，而是由一个集体共同完成的。入境旅游团的导游服务集体一般由全程陪同导游员、地方陪同导游员和旅游团领队组成，有时还包括景点景区导游员。在工作时，他们还需要旅行社相关部门、司机和其他旅游接待部门的密切合作，才能保证团队旅游活动的顺利进行。

（二）导游服务集体的任务

导游服务集体的主要任务是实施旅游接待计划，为旅游者提供导游讲解服务和相关的生活服务。他们还是旅游服务各方面关系的协调者和旅游过程中各种问题的主要处理者。

四、旅游者心目中的导游员

导游员，是旅游服务人员，为旅游者提供导游讲解服务和生活服务。但是，旅游者并不仅仅将导游员看作一名服务人员，而是将其视为：

（一）国家（地区）的代表和人民的友好使者

导游员是服务人员，但在外国旅游者面前，他们首先是中国人，是中国的代表，肩负着宣传中国、传播中国文明、增进各国各民族人民间的了解和友谊的重任。外国旅游者往往通过导游员的言行举止来衡量中国人的道德标准、价值观念和文化水准。

（二）“旅客之友”、“游人之师”

旅游者希望他们的全陪、地陪是一位有知识、有能力、可信赖又关心他们的人，是他们在异国他乡的引导者，是可以依靠的人。他们希望通过导游员的导游讲解及各方面的指点、帮助，来认识旅游目的地、获取教益、得到精神享受。

（三）旅游活动的组织者、"万事通"的导游艺术家

导游员是旅游活动的第一线组织者，旅游者希望导游员能满足他们的食、住、行、游、购、娱等各种要求，也希望导游员是位无所不知、无所不晓、能百问百答的"万事通"。

由此，我们可以看到旅游者对导游员的信任和期望，可以看到导游员责任之重大。为了不辜负旅游者的厚爱和期望，也为了国家（地区）旅游业的兴旺发达，导游员应努力使自己成为知识渊博、导游技术精湛、善解人意、关心他人、既有能力又可以信赖的"导游专家"、"导游艺术家"。

第二节　导游员的职责

一、导游员的基本职责

在带团旅游时，导游员的工作范围广泛、头绪纷繁，尤其在日常生活中总有大量的琐碎的事务性工作忙个没完。不过导游员的基本职责是向旅游者提供导游讲解服务和旅行生活服务，传播文化，当好民间大使。国家旅游局制定的《导游人员管理暂行规定》第 5 条明确指出了中国导游员的职责：

（1）接受旅行社分配的导游任务，按照接待计划，安排和组织旅行者参观、游览。

（2）负责向旅行者导游、讲解、传播中国文化。

（3）配合和督促有关部门安排旅行者的交通、食宿，保护旅行者的人身和财产安全等事项。

（4）反映旅行者的意见和要求，协助安排会见、座谈等活动。

（5）解答旅行者的问讯，协助处理旅途中遇到的问题。

二、各类导游员的职责

上文提到的是导游员的基本职责，是每个导游员都必须完成的任务。在中国，出境旅游领队、全陪、地陪统称导游员，但是他们的职责各有侧重，所起的作用也不尽相同；虽然景点景区导游员还没有正式纳入导游队伍范畴，但有他自己的职责。

（一）全程陪同导游员（全陪）的职责

全陪是组团旅行社的代表，对所带领的旅游团（者）的旅游活动负有全责，在全

程旅游活动中起着主导作用。全陪的职责主要有：

1. 实施旅游接待计划

按旅游合同或约定，实施组团社的接待计划，监督各地接待旅行社执行计划的情况和接待服务质量。

2. 组织协调工作

协调导游服务集体各成员之间的合作关系，督促、协助各地方接待旅行社安排、落实各项旅游活动，照顾好游客的旅行生活。

3. 联络衔接工作

负责旅游过程中组团社和各地接待社之间的联络，做好旅行各站之间的衔接工作。

4. 维护安全、处理问题

在旅游过程中维护游客的人身、财物安全，处理好各种事件和问题。

5. 宣传、调研

宣传中国（地方），解答游客的问询；了解外国（外地），转达游客的意见、建议和要求。

（二）地方陪同导游员（地陪）的职责

地陪是地方接待旅行社的代表，是旅游接待计划在当地的具体执行者，是当地旅游活动的组织者。地陪的主要职责有：

1. 安排落实旅游活动

根据旅游接待计划，科学、合理地安排旅游团（者）在当地的旅游活动。

2. 做好接待工作

认真落实旅游团（者）在当地的迎送工作和食、住、行、游、购、娱等各项服务；在全陪、领队的配合下，做好当地旅游接待工作。

3. 导游讲解

做好旅游团（者）在当地参观游览中的导游讲解和翻译工作，耐心解答游客的问题。

4. 维护安全

维护游客的安全，做好事故防范和安全提示工作。

5. 处理问题

妥善处理当地各相关服务单位之间的协作关系，以及旅游团（者）在本站旅游过程中可能出现的各类问题。

（三）出境旅游领队的职责

出境旅游领队是经国家旅游行政管理部门批准、有权经营出境旅游业务的旅行社的代表，是出境旅游团的专职服务员和代言人，在团结旅游团、组织游客完成旅游计划方面起着重要作用。其主要职责有：

1. 介绍情况

出发前要向旅游者介绍旅游目的地国家或地区的概况和注意事项，以及出入中国国境、他国国境时的注意事项。

2. 全程陪同

带领旅游团出境旅游，陪同旅游团的全程参观游览活动，安全地将旅游团带回国内。

3. 落实旅游合同

监督和配合旅游目的地国家或地区的接待社和导游员全面落实旅游合同，安排好旅游计划，组织好旅游活动。

4. 组织和团结工作

关心旅游者，维护旅游团内部团结，调动旅游者的积极性，保证旅游活动顺利进行。

5. 联络工作

做好旅游团与旅游目的地国家或地区接待旅行社的联络与沟通工作，转达旅游者的意见、要求、建议乃至投诉，维护旅游者的合法权益。

（四）景点景区导游员的职责

1. 导游讲解

负责所在景区、景点的导游讲解，解答旅游者的问询。

2. 安全提示

提醒旅游者在参观游览过程中注意安全，给予必要协助。

第三节 导游员的基本素质

20世纪60年代，我国旅游界根据周恩来总理等国家领导人对翻译人员的要求，提出翻译导游人员必须政治思想过硬、语言过硬和业务过硬。这“三过硬”的基本精神至今仍然适用。但是，几十年来，我国旅游业快速发展，国内外游客的需求发生了很大变化，这些变化要求导游员不仅要具有上述“三过硬”的素质，而且要在观念上、角色上和所起作用方面有新的变化。

在观念上，导游员要具有市场观念、产品质量意识和竞争意识。

在角色上，导游员应意识到自己是导游服务的供给者，要具有很强的服务意识、很高的服务技能，努力满足游客的正当需求。

在作用上，导游员应认识到自己的作用是协助旅行社实现旅游产品的消费价值，帮助游客最大限度地享受到旅游产品的使用价值。

导游员的工作繁杂、责任重大，因而对一名合格导游员的素质要求是多方面的，基本上可以将其归纳为下述五个方面。

一、高尚的思想品德

联合国教科文组织曾邀集著名专家就“21 世纪需要什么样的人才”进行研讨，专家们一致认为“高尚的品德永远居于首位”。可见，在任何国家、任何时代，道德品质永远处于最重要的位置。导游员的思想品德要求导游员对国家，要有坚定的爱国心；对集体，要树立集体主义精神；对旅游者，要有强烈的服务意识；对导游工作，要有敬业精神。

（一）爱国精神

“爱国”是世界各国伦理道德的核心，“爱国是文明人的首要美德”（拿破仑语），“爱国”是合格导游员的首要条件。我们不仅强调热爱祖国，还要强调热爱自己的家乡，中国导游员还必须热爱社会主义制度。

导游员的一言一行都与祖国（家乡）的荣辱息息相关，与为之奋斗的旅游业的兴衰息息相关。很难设想一名不爱祖国、不爱家乡、不爱人民、不爱社会主义制度的中国导游员会热情洋溢地向旅游者介绍祖国（家乡）的灿烂文化、壮丽山河以及人民的伟大创造和成就，也很难设想他的导游讲解能给旅游者留下深刻的印象，为祖国（家乡）、为旅游业赢得荣誉。

（二）优秀的道德品质

这是导游员职业道德的基本准则之一，是合格导游员应具备的基本素质。

中国导游员应将全心全意为人民服务的思想与“游客至上”、“服务至上”的旅游服务宗旨紧密结合起来，热情为国内外旅游者服务。

导游员心中若没有旅游者，没有对游客的积极态度，即使他有渊博的知识、娴熟的导游技能，导游工作也不能获得成功，感情上的障碍会导致他从失败走向失败。

（三）良好的情操

这是导游员的必备修养之一。导游员要不断学习，提高思想觉悟，提高判断是非、识别善恶、分清荣辱的能力，培养自我控制的能力，自觉抵制形形色色的精神污染，保持高尚的情操。

（四）热爱本职工作

导游员应是一位有很强事业心的人，是一位热爱本职工作、以成为导游员而感到自豪的人。一个人活在世界上，应该有自己的事业追求，即事业理想。一名导游员若想实现自己的事业理想，首要条件是热爱本职工作：要努力钻研业务，不断进取，丰富知识，完善导游服务技能；要精力充沛地投入工作，积极发挥自己的聪明才智和主观能动性，热忱地为旅游者提供高质量的导游服务。

（五）遵纪守法

遵纪守法，是每个公民的义务，从事涉外工作的导游员更要树立高度的法纪观念，牢记“内外有别”原则，严守国家机密；工作时多请示汇报，切忌自作主张，更不做违法乱纪之事。

二、丰富的知识

旅游者到异国他乡旅游，主要是为求新、求异、求美、求乐，是为度假消遣。随着时代的发展，现在旅游活动除达到上述目的外，逐渐向受教育、获信息、领略异国他乡的民俗风情、增长知识、加深阅历等的方向转化。这种转化，对导游员的要求越来越高，导游员的工作范围将越来越大，责任也将越来越重。这是因为，对团体旅游者来说，导游员往往是他们获取知识和教益的主要依靠，甚至是唯一来源，旅游者依靠导游员来实现他们的主要旅游目的。旅游者对导游员的期望甚高，希望他们的导游员是一位天文地理、历史文化、中国外国、无事不通、无所不晓的“万事通”，是一位什么都知道的“导游艺术家”。

从实践看，一名导游员的知识面越广、知识结构越合理、信息量越多，就越有可能把导游服务工作做得有声有色，不同凡响，就会在更大程度上满足旅游者的要求，从而有可能成为一名称职的导游员。

导游服务，是知识密集型的、高智能的服务工作，渊博的知识是搞好导游服务工作的前提。因此，导游员必须努力学习，要“活到老，学到老”。人的知识永远不可能饱和，而是需要不断充实、丰富，需要随时更新、扩展，以适应不断发展的时代要求。学习，要勤奋刻苦，要勤动嘴、勤动手、勤动眼、勤动腿，更要勤动脑；学习，要循序渐进，持之以恒，要精思明理，学以致用，要不图虚名。

导游知识包罗万象，我们在这里只介绍最重要的几方面知识。

（一）语言知识

语言知识，是导游员最重要的基本功，是导游服务的工具。没有扎实的语言功底，就不可能顺利地进行中外文化的交流，也就不可能完成导游工作的主要任务。我们所说的语言知识，包括外语知识和汉语知识（或少数民族语言知识），导游翻译人员绝不能忽视汉语知识的学习。

导游翻译人员，至少应掌握并能熟练运用一门外语，最好会两门或三门外语。掌握一门外语，了解一种外国文化，有助于人们接受新思想、新观念，开阔眼界，在传播中外文化方面作出贡献。

导游员的语言知识更多是表现在口语表达能力方面。导游员往往是通过导游讲解和日常交谈与旅游者交流感情、传播友谊，向他们介绍中国传统文化和现代文明的。因此，要求导游员具有扎实的汉语、外语基础，口语表达时发音准确、口齿清晰、语法无误、词汇丰富、反应灵敏，翻译时力求信、达、雅。

导游员语言学得不地道，在翻译讲解时不能起到传情达意的作用，当然就谈不上幽默、委婉、高雅，也就无从谈起言谈艺术了。

（二）史地文化知识

史地文化知识，是导游员的看家本领，它包括历史、地理、宗教、民族、风俗民情、风物特产、文学艺术、古建园林等诸方面的知识，是导游讲解的主要素材。对史地文化知识的综合理解能力对导游员来说，具有特别重要的意义，它是一名合格导游员的必备条件。

导游员还要不断地提高艺术鉴赏能力。艺术素养不仅能使导游员的人格更加完善，还可使导游讲解的层次大大提高，从而在中外文化交流中起更为重要的作用。艺术素养，是一名优秀导游员应该具备的重要条件。

（三）政策法规知识

政策法规知识也是导游员的必备知识，这是因为：

（1）政策法规是导游员工作的指针，指导导游员进行导游讲解、回答游客问询及与游客讨论有关问题。

（2）政策法规是处理问题的原则，导游员要以相关的法律、法规正确处理旅游活动中出现的问题和事故。

（3）导游员必须遵纪守法，还要让游客、尤其是外国游客了解中国的法律、法规，遵守中国的法律、法规。

导游员必须掌握相关的法律、法规知识，以便正确地处理问题，做到有理、有利、有节。导游员自己也可防范错误的发生。

（四）心理学和美学知识

导游员的工作对象是形形色色的旅游者和国内各旅游服务部门的工作人员，是做人的工作，掌握必要的心理学知识显得特别重要。随时了解旅游者的心理活动，有的放矢地做好导游讲解工作，有针对性地提供心理服务，从而使他们在心理上得到满足，在精神上获得享受。事实证明，在旅游活动中，向旅游者多提供心理服务远比功能服务重要。

旅游活动是一种综合性的审美活动。导游员不仅要传播知识，更要传播美的信息，让旅游者获得美的享受。一名合格的导游员要懂得什么是美，知道美在何处，并善于用生动形象的语言和正确的方式指导不同审美情趣的旅游者欣赏美、享受美。

一名导游员若不懂心理学和美学，不会在服务中熟练地运用心理学和美学知识，提高导游服务质量只能是一句空话。

（五）社会知识

旅游活动是一种经济现象，也是一种社会现象。导游服务是旅游服务中不可或缺的组成部分，因而本身就具有社会功能。

由于旅游活动具有广泛的群众性、社会性，各类社会问题都有可能反映到旅游活动中来。旅游者所提的问题中很多是有关社会知识的问题，因为他们很想知道旅游目的地的风俗民情、习俗禁忌和社会生活。所以导游员掌握必要的社会学知识,全面理解国家的社会、政治、经济体制,了解身边的现实社会和当前的热门话题很有必要。

此外,导游员与旅游者及其他旅游部门的工作人员之间的关系基本上属于公共关系范畴。一名导游员掌握了人际关系的必要知识,就会在待人接物时更自然、得体,能动性和自主性的水平必然会更高,导游服务质量就会更上一层楼。

(六)国际知识

了解世界大事,熟悉客源国概况,尤其是那里的文化、风俗民情、礼节禁忌以及居民的思维方式等,是导游员做好服务工作的必备知识。如果导游员熟悉外国旅游者的种种情况,就能有的放矢地提供优质服务,避免做出唐突之举。否则,可能会好心办坏事,有时还会置自己于尴尬境地,也使游客不悦。

(七)旅行常识

旅游,顾名思义,就是旅行和游览。作为旅行游览活动导演的导游员,掌握一定的旅行常识十分必要。旅行常识既广又杂,例如,海关知识、交通知识、通信知识、卫生知识、生活常识、货币知识、保险知识、旅游业务知识等,导游员都应该懂一点,这不仅方便工作,还可起到少出差错、事半功倍的作用。

三、较高的导游服务技能

服务技能,可分为操作技能和智力技能两种。导游服务需要的主要是智力技能:根据实情科学巧妙地安排游览日程的技能;选择最好的游览点、线,组织游览活动,当好导演的技能;触景生情、随机应变,进行生动导游讲解的技能;沉着、果断处理意外事故的应急技能;合情合理处理各种问题和旅游者投诉的技能等。

语言、知识、服务技能,构成了导游服务的三要素,缺一不可。只有三者和谐结合才称得上是高质量的导游服务。导游员若缺乏必要的知识,势必"巧妇难为无米之炊",但语言表达能力的强弱、导游方法的差异、导游技能的高低,同样的题材却会出现不同的、甚至截然相反的导游效果:有的平淡无奇,令人昏昏欲睡,使旅游活动失去光彩;有的则有声有色、不同凡响,让人获得最大限度的美的享受。技能高超的导游员,能对相同的题材从不同角度讲解,使其达到不同意境,满足不同层次和不同审美情趣的旅游者的审美需求。

导游员的服务技能范围很广,但主要有下述几个方面:

(一)独立工作能力

导游服务工作的独立性很强。带团外出旅游,导游员一般是独当一面:独立地组织旅游活动,独立地处理各种各样的问题等。所以较强的独立工作能力对导游员成功完成导游工作具有特殊意义。

（二）组织协调能力

导游员接团后，要根据旅游接待计划合理安排旅游活动，带领全团游览好、生活好。这就要求导游员具有较强的组织、协调能力；要求导游员在安排活动时有较强的针对性并留有余地；在组织各项活动时讲究方式、方法并及时掌握变化着的客观情况，灵活地采取相应的有效措施，调动旅游者的积极性，使他们顺着导游员的思路去分析判断，去观赏美景，从而获得旅游的乐趣和美的享受。

（三）善于和各种人打交道的能力

导游员的工作对象面广、构成复杂，善于和各种人打交道是导游员最重要的素质之一。与层次不同、品质各异、性格相左的中外人士交往，要求导游员必须掌握一定的公共关系学知识并能熟练运用，具有灵活应变、理解能力强和能适应不断变化着的氛围的能力，随机应变处理问题，搞好各方面的关系。

导游员具有相当的公关能力，在待人接物时会更自然、得体，发挥能动性和自主性的水平必然会提高，有利于提高导游服务质量。

导游工作的性质特殊，决定了人际关系比较复杂，就要求导游员应是一个活泼型、外向型的人，是一个精力充沛、情绪饱满的人，是一个具有爱心、热情地与人交往、待人诚恳、富于幽默感的人，是一个有能力解决问题、可以让人信赖依靠的人。

（四）导游讲解能力

导游员要学会对相同的题材从不同角度讲解，使其达到不同的意境，满足不同层次和不同审美情趣旅游者的审美要求。

（五）特殊问题的处理和突发事件的应变能力

旅游活动中出现问题和事故在所难免，能否妥善处理问题和事故是对导游员的考验。临危不惧、处惊不乱、头脑清醒、处事果断、办事利索、随机应变是导游员处理问题和事故时应有的素质。

旅游活动中出现问题和事故的时空条件、问题和事故的性质各不相同，导游员不能墨守成规，而应该根据不同情况采取相应措施，合情、合理、合法地予以处理。

导游员的服务技能，与其工作能力和掌握的知识有很大的关系，需要在实践中培养和提高。一个人的能力，是在掌握知识和技能的过程中形成和提高的，而提高了的能力又可以使导游员更好更快地掌握知识和技能并使其融会贯通、运用得心应手。因此，导游员要在掌握丰富知识的基础上努力学习导游方法和技能并不断总结提炼，以求形成适合自己特点的导游方法和技巧以及自己独有的导游风格。

四、竞争意识和进取精神

当今世界充满竞争，而且日趋激烈。竞争，归根结底是人才的竞争。21 世纪的人才，应该是具有极高的应变能力以面对各种挑战的人，应该是具有渊博知识、变想为做、敢于成功的人。

一个国家的旅游业要在国际竞争中生存和发展，一个旅游企业要在国内外的激烈竞争中站稳脚跟并兴旺发达，就需要有远见卓识、具有强烈竞争意识、敢于胜利的人，需要不仅有以优势取胜的本领，更应有开拓创新能力的人，需要这样的人经营管理旅游企业，需要这样的人去开拓旅游市场，需要这样的人为旅游者提供优质旅游服务。就是说，一个国家的旅游业，一家旅游企业，若想在竞争中取得胜利，就得拥有“人才优势”。有人提出一个“优势公式”：技术 + 尖子 + 整体 = 优势。就旅游业而言，“人才优势”决定于旅游从业人员队伍中尖子是否突出，整体实力是否均衡，技术是否全面，技艺是否精湛。拥有优势就可战胜别人，长期拥有优势就能百战百胜。人与人之间，永远充满着竞争，导游队伍中有人成了优秀导游员，成为竞争胜利者，有人则被淘汰，成为失败者。现今的社会是商品经济的社会，竞争是正常现象，没有竞争，社会就不能发展，企业就没有活力。竞争的社会需要我们养成较高的文化素养，锻炼不屈不挠的意志，培育审时度势、出奇制胜的才能。具有这样的品质和才能，且工作认真、服务热情周到的导游员，在竞争中成功的希望就大；反之，失败的可能性就大。

一个旅游企业、一名导游员成功后，就会成为大家竞争的对象。竞争是对成功者的祝贺和承认，但也对成功者提出了更高的要求，要求其更加奋发上进、不断进取；还向成功者提出了警告，如果躺在成功带来的荣誉之上，等待他的可能就是失败，甚至被淘汰。

“物竞天择，适者生存”，每个导游员都应牢记赫胥黎的这一名言。

五、身心健康

导游工作是一项脑力劳动和体力劳动高度结合的工作。导游员从事的是一项高智能的服务工作，工作面广、工作量大、流动性强、体力消耗大，而且工作对象复杂、诱惑性大，因此，导游员必须是一名身心健康的人，否则很难胜任工作。身心健康包括：

（一）身体健康

导游员要能走路会爬山，能连续不间断地工作；导游员有可能陪旅游团周游全国各地、甚至世界各地，变化着的气候和各地的水土、饮食对他们是一个严峻的考验。

（二）心理平衡

导游员应永远是一个精力充沛、情绪饱满、心情愉快的人，忧郁、狂热都不应该是导游员的精神状态。导游员必须具有理性的心理品质，时刻明白自己的角色是服务人员，自己的任务是为旅游者提供服务。导游员要很快进入“角色”并自始至终真心实意地为旅游者服务。

（三）头脑冷静

在旅游过程中，导游员须始终头脑清醒，机智、灵活地搞好各方面的关系，沉着、冷静、有条不紊地处理突发事件以及旅游者的挑剔、投诉。易急躁、好冲动不是导游员应有的性格。

（四）思想健康

导游员应具有高尚的情操，很强的自控能力，能够抵制形形色色的诱惑，清除种种腐朽思想的污染。

总之，一名合格的导游员应精干、老练、沉着、果断、坚定，应时时处处显示出有领导旅游团的能力，而且工作积极、耐心，会体谅人，富幽默感。加拿大旅游专家帕特里克·克伦在《导游的成功秘诀》中明确指出：导游员应"是集专业技能和知识、机智、老练圆滑于一身"的人。

第四节　导游员的职业道德

道德，是一种社会意识形态，是在一定的社会中调整人们之间以及个人与社会之间关系的行为规范的总和。它以善和恶、正义和非正义、公正和偏私、诚实和虚伪等道德观念来评价人们之间的关系；通过多种形式的教育和社会舆论的力量使人们形成一定的信念、习惯、传统而发生作用。社会经济基础在不断变化，道德标准也随之变化。一个人的道德品质、道德修养建立在人生观的基础之上。我们要树立正确的社会主义荣辱观，以"八荣八耻"为核心内容的荣辱观判断是非、善恶、美丑，从自身做起，从小事做起，坚韧努力，不断提高自己的道德境界。北京导游员要牢记北京精神：爱国、创新、包容、厚德，要践行北京精神，弘扬北京精神。

职业道德，则是把一般的社会道德标准与具体的职业特点结合起来的职业行为规范或标准。不同的职业有不同的职业道德，但各行各业的职业道德准则与社会公德必须是一致的，而不应是相悖的。我国导游界经过几十年的努力，基本上形成了符合社会主义道德规范的中国导游员的职业道德。

国家旅游局在《关于加强旅游行业精神文明建设的意见》中，提出了一线工作人员职业道德规范：

爱国爱企　自尊自强
遵纪守法　敬业爱岗
公私分明　诚实善良
克勤克俭　宾客至上
热情大度　整洁端庄
一视同仁　不卑不亢
耐心细致　文明礼貌

团结服从　大局不忘
优质服务　好学向上

一、热情友好、宾客至上

这是服务行业一项最基本的道德规范，是服务人员的基本行为准则，也是中国旅游业的接待方针。

旅游业是一种服务行业，服务是其基本工作，而服务（包括服务态度和质量）现已成为世界旅游业竞争的一个焦点。因此，强化旅游服务人员、特别是导游员的职业道德教育，树立“热情友好”、“宾客至上”的服务观念已成为各国旅游企业提高竞争能力的一个至关重要的途径。

要做到“宾客至上”，导游员要真诚热情地为旅游者服务，向他们提供能动性的、创造性的、针对性的服务，尤其是富有人情味的超常服务；要努力维护旅游者的合法权益，一切为宾客着想，尽力满足游客合理、正当的要求，使游客慕名而来，满意归去。

二、真诚公道、信誉第一

这是一项最基本的商业道德规范，是正确处理旅游企业和旅游者之间利益关系的一项行为准则，是促成旅游业良性循环的关键。

真诚公道，就是要求旅游企业和导游员认真维护旅游者的利益，重合同、守信用。信守合同，是商业道德的重要准则之一，国际商业交往中都非常重视，因为这是与企业信誉攸关的大事。真诚公道就是要向旅游者提供价、质相符的服务，不弄虚作假，不欺骗、刁难游客。

信誉是企业的生命，所以古人有“百金求名、千金买誉”之说。“信誉第一”要落实到旅游服务每一个环节的高标准服务上，努力把好服务质量关，公正地为每个旅游者服务，尽心尽力地为他们提供优质服务，共同提高旅游企业、地方和国家旅游业的信誉。坚决反对不讲信誉、不计后果、做一锤子买卖的思想和行为。

三、文明礼貌、优质服务

这是服务人员最重要的业务要求和行为规范之一，是衡量服务人员工作优劣的最重要、最基本的标准。

文明礼貌，是社会公德的重要内容，也是职业道德不可或缺的组成部分，更是服务行业一项极为重要的道德准则和行为规范，文明服务是优质服务的前提和保证。

文明服务应该是礼貌服务，要求导游员尊重旅游者，工作要认真负责，服务要热情周到，要学会说“谢谢”、“请”等柔性语言，学会忍耐和宽容，要提供微笑服务和超常服务,努力使旅游者感到满意,感到宾至如归。反对导游员对旅游者冷若冰霜,对旅游者的要求、建议推诿拖拉的不负责任态度。

优质服务,应该是高效率的服务,应该是具有特色、富有魅力的服务,应该是有针对性的、富有人情味的服务,这才是高质量的服务。每个导游员都应努力为旅游者提供高质量的导游服务。

四、不卑不亢、一视同仁

这是爱国主义、国际主义在导游活动中的具体体现,是国际交往、人际关系的行为准则之一。

导游员必须明白自己不仅是向旅游者提供导游服务的服务人员,更是国家(地区)的代表,而且应该是一名优秀的代表。民族自尊心、民族自豪感和自尊自爱,是每个导游员必须具备的基本素质。艺术大师徐悲鸿先生说得好:“人不可以有傲气,但必须有傲骨。”一名合格的中国导游员,绝不为蝇头小利而折腰,绝不因此而放弃自己的信念,做出丧失人格、国格的行为。

导游员必须坚持“服务至上”原则,热情周到地为大家服务,切忌厚此薄彼,反对崇洋媚外、令国人痛心的“假洋鬼子”行为,以地位取人、以貌取人、以钱取人、以肤色取人,为导游员职业道德所不许;在游客面前或低三下四、卑躬屈膝,或趾高气扬、傲慢自大,是导游员之大忌。

五、相互协作、顾全大局

这是正确处理各方面关系的行为准则。

旅游业是一项综合性的服务行业,旅游服务由各个环节的服务构成,每个环节的高质量服务构成了优质旅游服务,所以每个环节的服务都起着十分重要的作用,缺少其中任何一项服务都意味着旅行社违背了自己的服务承诺,其中任何一项服务质量低就谈不上高质量的旅游服务,旅游业的声誉就会受到损害。因此,导游员应树立国家旅游业一盘棋的思想,要有远大的目光,要热爱所服务的旅行社,要有较强的集体主义精神,努力摆正国家、集体和个人之间的关系,不搞本位主义,反对以邻为壑;要不为眼前利益而动摇,做出损害国家利益的短视行为;要积极与其他旅游服务人员密切协作,共同发展旅游业,反对相互间推诿责任、指责扯皮。

六、遵纪守法、廉洁奉公

这是每一个公民正确处理公私关系的一种行为准则。

导游工作具有很强的独立性,在商品经济社会中,自觉遵纪守法显得极为重要。导游员应树立高度的法制观念,坚决和贪污浪费、损公肥私、营私舞弊等违法乱纪的行为作斗争,自觉抵制精神污染。

第五节　导游员的权利和纪律

一、导游员的权利

（一）导游员的人身权

《导游人员管理条例》规定："导游人员进行导游活动时，其人格尊严应当受到尊重，其人身安全不受侵犯。导游人员有权拒绝旅游者提出的侮辱其人格尊严或者违反其职业道德的不合理要求。"

（二）导游员的履行职务权

《条例》规定："导游人员在引导旅游者旅行、游览过程中，遇有可能危及旅游者人身安全的紧急情况时，经征得多数旅游者的同意，可以调整或变更接待计划，但是，应当立即报告旅行社。"

导游员享有在国内进行导游活动不受地域限制的权利。

（三）培训权和获晋升权

导游员有权获得培训的机会和晋升的机会。

（四）申请复议权和行政诉讼权

导游员若对受到的处罚不服时，认为人身权受到旅游行政部门侵犯时，依法享受申请复议权，也享有向人民法院提起行政诉讼的权利。

二、导游员的纪律

为了保护国家利益，维护祖国尊严和中国导游队伍的荣誉，为了确保导游服务工作的顺利进行，发展我国的旅游事业，每个导游员都必须具有很强的法纪观念，时时处处遵纪守法，自觉用几十年形成的导游员纪律约束自己。

（一）严守国家机密、保护国家财产

（1）导游员要严守国家机密，在接待入境旅游者时要坚持"内外有别"原则。

（2）在企业、科研单位参观时，外语导游员要特别注意避免泄露经济情报。

（3）在旅游者面前，导游员不谈论内部情况；在涉外场合，不携带内部文件；注意企业机密，不泄露其旅游团的收支细目。

（4）不带旅游者到不对外开放的单位和地区参观游览。

（5）导游员要时时处处以国家利益为重，保护国家财产是导游员的神圣职责。要阻止个别游客破坏文物、景物，若发现有人偷盗、走私文物，必须及时报告有关部门并主动配合调查。

（二）严格按规章制度办事

（1）导游员进行导游活动必须经由旅行社委派，不得私自承揽或以其他方式直接承揽导游业务。

(2)导游员进行导游活动必须佩戴导游证(IC 卡),接待 10 人以上(含 10 人)旅游团时举本社导游旗。

(3)坚持请示汇报制度,切忌我行我素。

(4)坚持诚信原则,必须按约定内容和标准为旅游者服务,不得擅自增加、减少参观游览项目,不得擅自中止参观游览活动;若要增加自费项目,必须与旅游者商量,征得同意。

(5)紧急情况下,导游员有权调整计划、变更路线,但必须向旅游者说明原委,征得多数游客同意并立即报告旅行社。

(6)在旅游过程中,若有可能发生危及旅游者人身和财物安全的情况时,导游员应向旅游者做出真实说明和明确警示,并采取有效的防范措施;遇有紧急情况时,导游员要采取必要措施,机智、勇敢地保护旅游者,绝不在紧要关头临阵脱逃。

(7)旅游项目中如有危险因素,导游员应事先向旅游者交代清楚危险程度和安全防护措施,对参加危险活动的旅游者要特别注意保护。

(8)尽力避免入境旅游者非法滞留国内、出境旅游者非法滞留境外,若有,导游员必须及时报告并协助提供非法滞留者的信息。

(9)导游员不应随便单独去旅游者的房间,更不要单独去异性旅游者的房间。

(10)导游员不应与入境旅游团的领队同住一室。

(11)导游员不得私带亲友随团活动。

(12)严禁酗酒。若导游员因工作需要饮酒,不要超过本人酒量的 1/3。

(三)自觉遵纪守法

(1)严禁嫖娼、赌博、吸毒;不得引诱、组织旅游者参加此类活动。

(2)不得接受、收集,更不得索要反动、黄色书刊画报及音像制品。

(3)不得欺骗、胁迫旅游者消费,也不得与经营者串通欺骗、胁迫旅游者消费。

(4)不得收受商店、游览点、娱乐场所等经营者给予的回扣,不得营私舞弊、假公济私。

(5)不得带旅游者到非合同商店购物,不得擅自更改就餐地点。

(6)不得从事或代理他人从事商业活动,不得向旅游者强行销售物品,也不得购买旅游者的物品。

(7)不得以明示或暗示的方式向旅游者索取小费,不准因旅游者不给小费而拒绝提供服务或降低服务质量。

(8)不与旅游者保持不正常关系,不与他们进行不正当活动。

(9)导游员必须尊重旅游者的宗教信仰、民族风俗和生活习惯。

(10)不得宣传封建迷信,更不准宣传邪教;若有个别旅游者宣传邪教、进行邪教活动,必须阻止并立即报告有关部门。

(四)自尊自爱，不失人格、国格

(1)不“游而不导”，不擅离职守，不搞本位主义，不推诿责任。

(2)关心旅游者，维护旅游者的合法权益；对旅游者态度不能冷漠，不厚此薄彼，要一视同仁。

(3)对旅游者提出的侮辱人格尊严或违反导游员职业道德的不合理要求，应态度鲜明、断然拒绝。

(4)不得迎合个别旅游者的低级趣味而在讲解、聊天时掺杂格调低下的内容。不与旅游者开政治性和低级庸俗的玩笑。

三、规避导游行为之忌

导游员在工作时的一言一行都得符合国家的法律法规、企业规范以及社会准则，不得违反工作禁忌：

(1)日常行为粗陋

导游员不能不修边幅、不讲卫生，不能讲话粗鲁、不礼貌，不与旅游者正面冲突，不与其吵架、打架。

(2)个人感情充分外露

避免情绪化，不将个人的喜怒哀乐溢于言表，不将苦累挂在嘴上、写在脸上。

(3)品行不端、惹是生非

不介入旅游者之间的矛盾和纠纷，更不在他们之间拨弄是非，制造不和；不在背后对旅游者妄加评论，不冒犯旅游者尊严。

(4)工作敷衍塞责

工作不粗心大意、丢三落四，不应付差事、敷衍塞责。

(5)懒散松懈

导游员不能忘记自己是旅游服务人员，工作不懒散松懈，不我行我素，要带头恪守时间。

第六节 导游员的文化修养

一个人的文化素养在人生道路上起着决定性的作用。一个文化修养高的人，当事业出现低潮或失败之际，不仅能毫不气馁，还能正视现实，发挥其文化素养之长，敢于投入到激烈竞争的事业中去一显身手；事业成功之时，也不居功自傲、故步自封，而是能居安思危，不忘“资本”的积累。当今社会需要这样的人，旅游业需要文化素养高的导游员。

文化修养的内涵丰富，知识、艺术鉴赏能力、兴趣爱好、审美情趣、礼节礼貌等都属于文化修养的范畴。本节只就导游员应有的礼节、礼貌修养作简单介绍。

礼节、礼貌,作为人的一种美德,是良好风度、优美情操、高尚志趣、美好心灵的外在表现,是文明行为的最基本要求。

"行为心表、言为心声"。礼节、礼貌,是一个人内心世界的外在表现和真实感情的自然流露,体现出人的文化层次、文明程度和道德修养。有道德、有修养、有文化、有学识的人,才会知书达理,言行才能温文尔雅、落落大方、文质彬彬、不卑不亢,这样的人在人际交往中才真正懂礼貌、讲礼节。

礼节、礼貌属于文化,是构成精神文明的基本要素,是适应最大多数人需要的伦理道德规范。礼节、礼貌,在净化社会、美化社会中起着极为重要的作用。

礼节,是人们在交际场合中互相问候、致意、祝愿的惯用形式,礼貌则是人与人之间交往的行为规范,礼节是礼貌的具体表现。

礼节、礼貌的核心,是尊重人。人际交往中应该相互尊重,彼此谦让恭敬;应该懂得尊重人就是尊重自己,懂礼貌、讲礼节、遵守和维护社会公德,就是为自己创造了一个文明的生活环境。

礼节、礼貌与"客套"之间存在本质区别。礼节、礼貌,基于相互尊重并表里如一;而"客套",则往往是不真诚的、虚假的、表里相悖的。

礼貌,体现着时代的和民族的风格和道德品质,不同时代、不同民族的礼貌表现形式不尽相同。

要在中国建设社会主义精神文明,就需要每个中国人懂礼貌、讲礼节,而前提是必须提高整个中华民族的道德修养和文化素质。如果强调礼节、礼貌、建设精神文明,但忽视了提高整个民族的文化素养这个前提,是达不到预期目的的。

从事旅游服务工作的中国导游员,应该是最懂礼貌、最讲礼节的人,应该为提高中华民族的文化素养、建设社会主义精神文明作出应有的贡献。

一、人际交往中的礼节

人际交往活动丰富多彩,礼节烦琐复杂,一不小心越了轨就会闹笑话,使自己处于尴尬境地。导游员学一点中外社交礼仪不仅能方便工作,而且得体的言行举止往往能获得旅游者的好评,从而得到他们的信任。

(一)介绍

人际交往中,不相识的人若有相识的愿望,可自我介绍或由第三者介绍。

自我介绍和介绍他人时,态度要诚恳。自我介绍时,切忌羞怯或自吹自擂;介绍他人时,要热情,但应掌握分寸。介绍有先后之别,一般是将主人介绍给客人,将身份低、年轻者介绍给身份高者和长者,将男子介绍给女子。介绍时,双方应起立,长者和身份较高的女子可例外。

递名片是社交场合一种重要的自我介绍方式。递名片时应用双手(至少用右手),目视对方,微笑致意;接名片时也要用双手,以示尊重;接过名片应认真看一遍,不要马上装入口袋,也不要在手中玩弄。

(二)见面礼节

(1)握手礼。握手礼源于欧洲,现已成为全世界人际交往中最常见、最普遍的传递信息的动作:初次见面表示欢迎,告别时表示欢送,对成功者表示祝贺,对失败者表示理解、慰问,对信心不足者表示鼓励,对支持者表示感谢,对长者表示尊敬等。

见面时,主人、身份高者、年长者和女子先伸手,以免对方尴尬;朋友平辈间以先伸手为有礼;祝贺、谅解、宽慰对方时以主动伸手为有礼。

行握手礼时,上身稍前倾,立正,目视对方,微笑,说敬语或问候语;握手时要摘帽、脱手套,女子和身份高者可例外;握手时不要将另一手插在裤袋里,不要边握手边拍人家肩头,不要低头哈腰,不要眼看别人或与他人打招呼;多人在一起时不要交叉握手;无特殊原因不用左手握手;不要握手后马上用手绢或纸巾揩拭自己的手掌;不要拒绝与他人握手,等等。长时间的握手表示亲热,双手握住对方的手以示尊敬,但一般是双方伸手握一下即可。

(2)鞠躬礼。鞠躬礼源自中国,现作为日常礼节已不多见,但在日本、韩国和朝鲜却是常礼。

行鞠躬礼时应立正、脱帽、微笑、目光正视、上身前倾 15~30 度(赔礼时例外)。平辈应还礼,长辈和上级欠身点头即算还礼。

(3)合掌礼(合十礼)。佛教礼节,盛行于印度和东南亚佛教国家,泰国尤盛。

行礼时,双手合拢于胸前,头微微向下。对长者双手举得越高越有礼,但手指尖不能超过额头。接待旅游者时,对方行合掌礼,导游员应以同样形式还礼,但不主动向旅游者行合掌礼。

(4)拥抱接吻礼。盛行于西方、原苏联和阿拉伯世界的礼节。

在一般情况下,父母子女间亲脸、亲额头;平辈亲友间贴面颊;亲人、熟人之间拥抱、亲脸、贴面颊。

在公共场合,见面时拥抱亲吻以示亲热,但有时也只是一种礼节;关系亲近的女子间亲脸,男子之间抱肩,男女之间贴脸颊,晚辈亲长辈额头,长辈亲晚辈的脸或额头。对高贵的女士,男子吻其手背以示尊敬。

见面时的礼节还有招手礼、拱手礼、脱帽礼、注目礼、点头礼、鼓掌礼等。

(三)称谓

在交际场合,称谓很重要,它反映了人与人之间的相互关系,显示出一个人的修养,在某种程序上也反映了社会风尚。

称谓一般可分为:

(1)职务称。即以其职务相称,如总经理、李总经理;

(2)姓名称。即以姓加"同志"、"先生"等;

（3）一般称。即泛称某人为“先生”、“小姐”等；

（4）职业称。如“经理先生”、“秘书小姐”；

（5）代词称。如“您”、“他”等；

（6）亲昵称。亲属、好友间的称呼。

一般称男子为“先生”，称女子为“夫人”（“太太”、“女士”）和“小姐”。在一般称前可冠以“姓”（莫利先生、林太太）、“职称”（院长先生、导游小姐）和“衔称”（博士先生）。

对教授、医生、法官、律师可单独称其为“教授”、“医生”等，或加上“姓”（杜邦教授、李医生）或加上“先生”（法官先生）等。

对军人要称“军衔”：上校先生、将军阁下。

对有爵位的人要称他们的爵位，或称“阁下”。

对地位高的人可称他们“阁下”，如“部长阁下”或“部长先生阁下”。

对标志不明的女子，年龄大者称“夫人”，年轻者则称“小姐”或为避免错误而统称“女士”。

二、交谈时的礼节、礼貌

准确优美的语言，诚恳、彬彬有礼的态度是人际交往活动的保证，所以与人交谈时必须讲究语言艺术，力求表达得体，使用礼貌语言并注意表情、目光、手势等体态语言。善于人际交往的导游员更应懂得交谈时的礼节、礼貌。

（一）交谈时的态度：真诚

导游员在与旅游者交谈时，或在社交场合与人交谈时，态度不能傲慢，傲慢会伤害对方的自尊心；不能冷淡，冷淡会让对方感到不亲切；不能太随便，太随便会给对方一种消极的感觉；不要慌乱，慌乱会使对方不信任；不能唯唯诺诺，卑躬屈膝，否则会让对方瞧不起。

（二）交谈时的表情：自然、大方

导游员与人接触、同游客一起交谈时，不能过分腼腆，不要惊慌失措，不能心不在焉，不要时时看表，避免打哈欠、伸懒腰及其他不雅观的小动作。

交谈时要坦诚地看着对方的眼睛，不能左顾右盼，不要惶惑不安，切忌凶相毕露、居高临下。

交谈时体态要适当配合，避免手舞足蹈，不要手指指人，双手不能交叉胸前或背在背后，手不要插在裤袋里，更不要攥紧拳头。

（三）交谈时的语言：文雅、得体

导游员与旅游者聊天、讨论问题时，讲话要有内容，要有中心，要简洁明了；表达要得体，要掌握分寸，谦虚要适当，赞语不宜过分；不乱用俚语，努力使用高雅文明的语言。

三、与旅游者相处时的礼节

(一)导游服务时的礼节

(1)每天首次见到旅游者,应主动问好,问好时要面带微笑、语气热情。

(2)一般不主动与旅游者握手,但旅游者先伸手,应友好握手,不得拒绝。

(3)尊老爱幼,主动给予照顾,但未经同意,不要随意抱旅游者的小孩,不摸小孩的头部。

(4)导游员在旅游车上讲解时,要面对游客,不宜背对游客。

(5)导游讲解时,声音要高低适中,语气要亲切自然,表情要自然大方;若借助扩音器,音量要适当,话筒不宜挡住嘴部。

(6)讲解时,不得抽烟,不得咀嚼食物,不指手画脚。适当运用手势,但动作不宜过大,更不要手舞足蹈,不得使用不恰当、不优雅的手势动作;清点人数时,不得用手指点人数数。总之,运用手势等形体动作时应考虑旅游者的不同文化背景,以免招来不必要的麻烦。

(7)旅游者提问时,要耐心听取,及时解答,不能置之不理,如果自己正在说话或讲解时,可示意稍等,讲完后再解答。

(8)不背后批评、议论旅游团内的任何人;不询问旅游者的收入、婚姻状况、年龄、家庭、个人履历等私人问题。

(二)进出旅游者房间的礼节

导游员一般不要随便进入旅游者的房间,但在特殊情况下需去旅游者的房间时,就要求导游员注意必要的礼节。

(1)到旅游者的房间,要在电话中预先约定并准时抵达,进门前先敲门,经允许后方可入内。

(2)尊重旅游者的休息习惯,尽量避免在休息时间或深夜打扰旅游者,因急事必须打扰时,要表示歉意并说明原因,完事后尽早离开,以免影响旅游者休息。

(3)一般不在房门口与旅游者谈日程或其他问题。

(4)如必须单独去异性旅游者房间,进入房间,房门要半掩。

(5)未经主人同意不要随意触动、翻看旅游者的物品、书籍等。

四、异性交往时的礼节

(一)“女士优先”原则

在西方世界,尤其在社交场合,处处显示着“女士优先”原则,男性导游员在与女性旅游者交往时要注意这一习惯。

“女士优先”原则表现在很多方面:

过道上相遇,男子为女士让道;在人行道上行走,男子应走在外侧;男女同行,男士一般应落后女士半步。

男子为女士开门,然后站在一旁,让女士先进(出)门;上车、上楼,女先男后,下车、下楼,男先女后,必要时男子帮女士一把。

抽烟时,若有女士在场,要征得女士同意。

进餐厅、戏院,男子前导并为女士找好位置;在餐厅,让女士坐在最好的位置并让其先点菜。

女士掉了东西,男子应帮助捡起来。

(二)异性交往,男子要显出"绅士"风度

在女士面前,男子要充满自信,彬彬有礼,坦然相处。

与女士交谈,男子应注意:不过分亲昵,也不过分冷淡;不过分殷勤,也不过分拘谨;不轻浮,但也不可太严肃;不与女士开过多的玩笑,不说挑逗性话,不与其无休止地攀谈,不谈及她们的隐私。

(三)赞美女士要诚恳,送礼物要适当

男子赞美女士态度要诚恳,溢美之词要适当,过多的高级形容词有时会让女士产生被讽刺的感觉。

不要过多赞赏女士的外表美,赞赏她们的内在美可能会得到意想不到的效果。

送女士礼物,最好能了解她的爱好和需要,若能投其所好,效果最佳。

不要随便送女性用品和香水等化妆品。

注意不要随意送红玫瑰。

(四)对待异性纠缠的态度

坦然、大方、正气凛然、言行有分寸,不随便单独到异性房间,不与异性去偏僻的地方,就可避免很多麻烦。

对异性的挑逗、非礼要求,要委婉地但明确地表示拒绝并设法找借口避开;必要时采取断然措施,但要立即报告有关部门。

在男性旅游者面前,女性导游员服务要热情,礼节要到位,行为要进退有序;要沉着冷静、落落大方,不能太任性,不能太随便,更不能轻浮。若能既热情友好,又显得不可侵犯,就能确保自己的安全。

五、赴宴时的礼节

宴请是一种常见的交际活动,参加宴请活动要讲究礼节,注重礼仪。下文是宴请活动中的一般礼节和应注意事项。

(一)及时回复

接到宴会请柬,特别接到注有 R. S. V. P 字样的请柬,必须及早回复主人;若不能赴宴,一定要讲明原因并向主人致以歉意;接受邀请后不要随意更改,万不得已无法赴宴，尤其是主宾，必须及早告知主人，讲清原因，赔礼道歉。

（二）准时赴宴

赴宴要准时，一般不提前，身份高者可略晚，但也不能太晚；宴会结束，主宾退席后其他宾客就可陆续告辞；若确有要事须提前退席，可先与主人打招呼，届时悄悄离席，但逗留时间不能太短；冷餐招待会、鸡尾酒会等宴请活动的宾客其抵离时间比较自由。

参加宴会，着装要整洁大方；若另有规定，则必须按要求着装赴宴。

抵达后，宾客要主动向主人问好，如是节庆活动，应表示祝贺；参加家宴，可向女主人赠送鲜花。离开时，不必向众多宾客一一告别，但必须向男女主人辞别。

（三）席间注意事项

（1）入席时按主人的安排就座，若旁边有女宾或长者，应先帮助他们就座，然后自己坐下。

（2）主人致辞、祝酒时不要吃东西，也不取食物，并停止交谈，注意倾听。

（3）嘴里有食物时不要讲话。

（4）席间不抽烟，除非女主人请大家抽烟。作为翻译赴宴，不得边译边吸烟。

（5）不得解开衣扣，不脱外衣，家宴席上若女主人请客人宽衣，男宾可脱下外套挂在椅背上。

（6）席间、饭后，不要当着大家的面剔牙，不要边走边剔牙；不得已剔牙时，要用手或餐巾遮口。

（7）使用刀叉时注意不要碰击盘子，吃东西不要咂嘴，以免发出怪声。

（8）喝汤和咖啡时不用嘴啜；汤和咖啡太热，可待稍凉后再饮，也可用匙轻轻搅动，但不能用嘴吹；喝汤不能就着盆喝，而要用匙，但喝咖啡时不用匙，小匙只用来搅拌咖啡，让糖溶化。

（9）席间饮料自取，席间可祝酒、敬酒，但不劝酒，更不强行灌酒。

（10）正式宴会，由侍者布菜，不要拒绝送来的菜；若自己取菜，待侍者走到左边时方可取菜，最好各样菜都取一点，让主人高兴。家宴时，食物一般自取，吃完可再取；主人送上来的菜，即使不喜欢，也不要坚决拒绝。冷餐会上，自取食物不宜过多，吃完后再取。

（11）在宴会或到外国人家做客，切忌用餐巾擦拭餐具，注意不用餐巾擦汗。

（12）席间碰翻酒水、打碎餐具时，不要手忙脚乱，也不要自己处理，而应招呼侍者收拾，但要对邻座说声“对不起”。

（13）西餐桌上的食物一般都用刀叉进食，但小萝卜、青果、水果、点心、炸土豆片、玉米、田鸡腿和面包等可用手取。

（14）席间、饭后不要忘记赞美酒菜、点心，特别对主人亲自做的菜更要赞美几句。

(15)席间、饭后宜谈些令人愉快、格调高雅的话题;主人,尤其是女主人在交谈时要照顾各方,不要冷落一些宾客。

(16)女性不要在餐桌上化妆,饭后需化妆时应去卫生间。

(17)以翻译身份赴宴,要注意:不得喧宾夺主,不要祝酒,不要随意为客人布菜;嘴里不要放过大、过多、带刺的食物,要随时准备完成翻译任务。

六、人际交往中的待人接物常识

(一)自尊,但不贬人

一个人必须自尊、自爱,要尊重他人的人格、意见、劳动和权益(包括自主权、隐私权);要尊重老弱病残、尊重妇女。

人人都想得到别人的尊重,但要使别人尊重自己,最根本的办法是尊重别人。不尊重他人,自己就不可能得到别人的尊重,人与人之间就不能和谐相处。

(二)信任,但不盲从

人际交往,应以诚、信待人,要"言必信、行必果",时时按"合理而可能"原则办事,对人不信口开河,待人不口是心非,处事不草率鲁莽。要信任他人,但不是盲从,遇事总要问个"为什么",这样可少上当、少犯错误。

(三)谦虚,但不虚伪

谦虚随和是人之美德、君子之风;谦虚的基础是"坦诚",虚情假意是虚伪;对人谦虚,但不是谦卑,更不是谄媚。

(四)老练,但不世故

老练是一个人成熟的标志,老练靠知识和经验的长期积累。

一个老练的人能在万千世界中透过现象抓住本质,能随时摆正情感和理智的关系。

一个老练的人在待人接物时严肃谨慎,但不拘谨怯懦;能在适当场合适当显示自己,但不自我吹嘘、狂妄自大;仪表落落大方,办事干练得体,但不圆滑世故。

(五)宽容,但不失原则

忍耐、宽容是君子之风。忍耐,关键在冷静,处事沉着果断;宽容人是自己强大的表现,绝不是怯懦。

宽容,就要理解为上,善解人意,即善解人言之意,善解人行为之意,善解人难言之隐;同情别人的不幸,关心别人的难处,体谅别人的苦衷。

忍耐宽容,要做到严于律己、宽以待人,但不是无原则的一味迁就、姑息养奸。

(六)热情,但有分寸

导游员要快乐活泼,但不轻浮,要幽默风趣,但不油滑;待人要热情坦诚,但要有节制,与人要亲热相处,但不搞不正之风;不谋私利,不乱搞异性关系,不违法乱纪。

第七节　导游员的培训、考核和管理

当今世界，旅游业已成为第一大产业，直接和间接旅游从业人员已达2亿人，世界每9个参加工作的人中就有1人在为旅游业服务。世界各国，不管是旅游业发达国家还是新兴的旅游接待国，都极为重视旅游从业人员（包括导游员）的培训。美国旅游管理专家杰罗姆·瓦伦指出："人力是服务行业的主要资源，同时又是服务行业的主要问题。""人员问题将继续占去管理人员的大部分精力，但它反过来又给管理人员以最大的希望。""人员是潜在的最伟大的生产力。"其他专家也提出过类似论述。

我们可从上面的论述中得出这样的结论：人是最伟大的生产力，人是旅游业的主要资源，合格的人员将为旅游业的发展带来最大的希望，但对人员的管理和培训绝不能掉以轻心，否则，人将成为旅游行业的主要问题，成为旅游业发展的最大障碍。

一、重视旅游从业人员的培训

培训旅游从业人员是国家旅游业的需要，是旅游企业的需要，也是包括导游员在内的旅游从业人员本身的需要。这是因为：

（1）国际旅游市场瞬息万变，旅游业需要能很快适应并掌握这种发展和变化的从业人员。

（2）国内外旅游市场竞争激烈，而且愈演愈烈，一个国家（地区）的旅游业、一家旅游企业要想在日趋激烈的竞争中生存和发展，就必须拥有具备很强竞争意识并能灵活地迎接各种挑战的旅游从业人员。

（3）随着人类社会的发展、文化素养和生活水平的提高，旅游者对旅游活动和旅游服务不断提出新的更高的要求，这在客观上向旅游业提出了培训旅游经营管理人才的要求，也提出了培训文化知识渊博、专业技能娴熟、语言水平高和品行高尚的导游员的要求。不经过专门培训，不具备必要的专业技能和文化修养的导游员，很难在精神上和知识上满足旅游者的求知、求美、求乐的需要，无法胜任本职工作，更不可能提供高质量的导游服务。

（4）重视岗位培训，让在职导游员不断更新、丰富知识，学习、掌握新的导游技能，获得新的导游经验，这不仅是旅游业发展的需要，也是导游员在竞争中求发展的需要。

二、严格训练、严格挑选、严格考核

世界各国对导游员的职业标准众说纷纭，但主要有三个方面：教育（学历）、人品和业务能力。因此,我们对导游员的培训和选拔就必须从这三方面着手,而且一切要"严"字当头。法国翻译家达尼卡·赛莱斯奇提出:"为了提高口语的质量,当前首先要从挑选人才和培养人才着想。要严格挑选、严格要求、严格训练年轻人,否则不能培养好的口译人员。"她提出的"三严"标准非常重要,我们根据我国目前的国情,则可提出我们的"三严"标准:严格训练、严格挑选、严格考核。

(一)严格训练

年轻人有志当导游员,必须经过一段较长时间的严格训练。他们可在全国的旅游院校系(大学本科、专科)学习或在培训班接受培训(至少半年)。不经过培训者不得参加导游资格考试,并要将此形成制度。未来的导游员在学校和培训班应该:

(1)接受爱国主义教育,增强民族自豪感,坚定爱祖国、爱家乡、爱本职工作的信念;提高情操修养和道德修养;

(2)学习一两门外语,努力提高口译能力;

(3)涉猎各种知识,尽可能地丰富知识、扩大知识面;

(4)学习导游技巧,掌握高科技导游手段;

(5)了解世界,尽可能多地了解对象国,特别是对象国的风俗民情和文化传统。

世界各国的旅游教育强调实践性,例如英国伦敦旅游局培训班的教学大纲就强调指出:"知识是导游的基础,这种知识必须是有根据的,经过选择的,而且能很好地表达出来。但是,仅有知识还不够,一个好的导游员必须有活泼、愉快的气质,要有能引起旅游团的热情和信心的能力。但是个人的性格和气质好还不够,对一个成功的导游员来说,比知识和性格更重要的是:导游技能也要高超,处理事情的能力要强,专业工作要精通,而且这些能力要为他们的雇主和旅游者所欣赏。当然,这样的技能仅在课堂上是学不到的,而当今伦敦导游又很需要这样的技能,所以强调实践之重要,并在实践中提高能力。"

在我国的旅游教育中,课堂教学和实践之间存在着较大的矛盾,这是一个不容忽视的问题。

(二)严格挑选

世界各国一般都通过考试的方式选拔导游员,但考试标准各不相同。西方旅游业发达国家特别重视导游资格考试,这是因为资格考试是基础,挑选出的导游员是导游队伍的有生力量;起点高,导游队伍的整体素质就有可能高,反之,很多"鱼目"就有可能混入导游队伍。一个国家(地区)的导游队伍中"鱼目"多了,对旅游业的信誉和发展是相当危险的。因此,我们认为,资格考试的难度要大,标准要高,考试要严,宁缺毋滥,严格把好基础关,这有着极其重要的意义。

(三)严格考核

为了提高我国导游服务质量,必须严格考核导游员的平时工作,而且要形成制度。

对导游员进行考试是必要的，但考试是一次性的，其结果有偶然性，有时不可能真正反映一个导游员的整体水平，而平时考核是经常性的，比较能真实地体现导游员的实力，所以比考试更为重要。

要以严格的检查制度考核导游员的业绩和工作质量。很多国家在对导游员的考核时坚持 A · S · K 原则，即对导游员的工作态度（Attitude）、导游员的技能（Skill）和导游员的学识（Knowledge）进行考核。我们在考核导游员时可以借鉴外国的经验，但要强调对导游员工作态度的考核。严格考核导游员的工作时，必须建立相应的奖惩制度，要十分重视奖优罚劣，赏罚分明。

对在职导游员不仅要定期考核，也要为他们提供机会提高自己，让他们分期分批地接受岗位培训。岗位培训包括脱产培训、在职培训、夜大学或函授培训以及"年审"培训等。岗位培训的目的是：

（1）进一步增强民族自豪感，提高品德修养，增强抵御各种诱惑的能力；

（2）语言学习精益求精，努力提高语言表达能力；

（3）更新知识、扩大知识面；

（4）与同行切磋经验，提高导游服务技能，掌握新的导游技巧；

（5）了解世界，了解世界旅游业的新动向、新发展并研究世界旅游业的发展趋势。

如果在培训、选拔和考核导游员时真正坚持"三严"原则，中国导游队伍将成为一支随时能战、善于竞争、勇于迎接各种挑战的队伍，我国的导游服务质量乃至全国的旅游服务质量必将大大提高。

三、导游员的管理

导游服务工作的特点决定了对导游人员应进行灵活、实效、全面的管理。

（一）导游资格考试

自 1989 年起，我国实行导游资格考试制度，考试合格者取得导游资格证书。

（二）合同管理和导游证管理

取得导游资格证书者必须与所在或所服务的旅行社签订导游服务合同或在导游服务公司注册后才能担任导游工作。合同对导游员和旅行社双方各自承担的义务作出规定。凡未签订合同、未注册者，一律不颁发导游证，不准从事导游业务。

（三）IC 卡及年审管理

北京市自 2000 年 10 月 1 日起，对导游员的规范服务实行 IC 卡管理制度（IC 卡为智能信息卡，存储导游员的姓名、导游证号码、身份证号码、所属旅行社等基础信息以及违规记录、分值、年度检查等业务信息）。市旅游局建立导游员年度检查制度。各旅行社将所属导游员的导游证、IC 卡及有关年检材料送交市旅游局审查，符合规定的，予以通过年检。现时，全国各省、市、自治区都实行年审管理和记分管理。

《导游人员管理实施办法》明确规定对导游员实行计分管理，导游员计分办法实行年度10分制。导游员若违规操作，一经发现，按规定扣分。导游员的10分被扣完后，由最后扣分的旅游行政执法单位暂时保留其导游证，出具《保留导游证证明》，并在10天内通报导游员所在地旅游局和登记注册单位。正在带团中的导游员可持《保留导游证证明》完成剩余行程。

导游员违规操作，一次被扣10分者，不予通过年审；累计扣分达10分者，暂缓通过年审；一次被扣8分者，全行业通报；一次被扣6分者，警告批评。

（四）等级评定管理

对导游员初、中、高、特级的等级评定工作，分别采取考试、考核和评审相结合的方式。

本章提示

本章以知识介绍为主。通过本章的学习，学生应对导游员的相关知识有所了解，并应知道怎样才能成为一名合格的中国导游员。

本章要点

导游员的定义，导游员的类别，导游员在旅游服务中的地位和所起的重要作用，全陪、地陪、出境领队的职责，导游员的基本素质，导游员的职业道德、权利和纪律，管理导游员的方式、方法。

复习思考题

1. 什么是导游员？怎样理解导游员的定义？
2. 在旅游者心目中导游员应是什么样的人？为什么？
3. 导游员的职责是什么？领队、全陪、地陪的主要工作是什么？
4. 一名合格导游员应具备哪些基本素质？什么是“三过硬”？
5. 在现阶段，导游员应树立什么样的服务观念？
6. 为什么一名合格导游员必须是爱国者，必须是热爱本职工作的人？
7. “丰富知识”是一名合格导游员的必备素质，为什么？
8. 导游知识和导游技能之间应该是什么关系？
9. 为什么导游员必须具有相当的独立工作能力？请举例说明。
10. 为什么导游员必须具有竞争意识和进取精神？其重要性表现在什么地方？
11. 一名合格导游员必须是身心健康的人，为什么？
12. 什么是中国导游员的职业道德？怎样理解“信誉第一”？怎样做到“信誉第

一”?

13. 导游员应遵守哪些纪律?这与向旅游者提供高质量的导游服务有什么关系?

14. 导游员应掌握并正确运用哪些礼节、礼貌常识?哪些是人际交往中的待人接物常识?

15. 为什么说“培训导游员”是提高导游服务质量的关键?为什么要严格考核导游员?

16. 怎样正确管理导游员?

第三章

导游服务规程

导游服务是由个性、资质相异的导游员独立完成的,有较强的主观色彩,有随意性和不确定性。这些特点不利于导游服务工作的顺利进行,也无法保证导游服务质量,因此,规范导游服务工作程序很有必要。

导游服务规程是通过实践总结出的一套相对稳定的导游服务程序。照此向旅游者提供导游服务能基本保证导游服务质量,也可在某种程度上帮助导游员规避风险。

按标准程序为旅游者提供导游服务绝不是抹杀导游员的特性和主观能动性,恰恰相反,要求导游员在按标准程序提供服务时,一定要发挥自己的特长,不断创新,不断提高导游服务水平,提高导游服务质量。

第一节　地陪导游服务规程

《导游服务质量标准》(以下称作《标准》)提出:“地陪服务是确保旅游团在当地参观游览活动的顺利进行,并充分了解和感受参观游览对象的重要因素之一”,要求“地陪应按时做好旅游团(者)在本站的迎送工作;严格按照接待计划,做好旅游团(者)参观游览过程中的导游讲解工作和计划内的食宿、购物、文娱等活动的安排;妥善处理各方面的关系和出现的问题”。

地陪应严格按照服务规范为旅游团(者)提供各项服务。

地陪的导游服务规程是指地陪从接受接待社下达的旅游团接待任务起,到旅游团离开本地并做完结束工作为止的工作程序。

一、服务准备

准备工作十分重要,只要做好各方面的充分准备,就为导游服务的成功打下了良好的基础。“不打无准备之仗”,其道理就在于此。

地方旅游接待的准备工作分为业务准备、知识准备、心理准备和物质准备四部分。

(一)业务准备

1. 熟悉接待计划

接待计划是组团社委托各地方接待社组织、落实旅游团(者)活动的契约性安排,是导游员了解旅游团(者)和安排日程的主要依据。

(1)掌握旅游团(者)的基本情况

计划签发单位(组团社)联系人姓名、电话;旅游团种类(全包价、半包价等),费用结算方法;旅游团等级(豪华等、标准等、经济等)。

旅游团的团名、代号、电脑序号、人数(含×名儿童),住房、用车、餐饮标准等。

(2)熟悉旅游者的基本情况

客源国(地),领队姓名,旅游者姓名、性别、年龄、职业、民族、宗教信仰等。

(3)了解旅游路线和交通工具

全程旅游路线、入出境地点、乘坐的交通工具,尤其要掌握抵离本站的交通工具、时间和地点。若有变化,要尽快核实。

(4)了解旅游团的特殊要求

是否有住房、餐饮方面的特殊要求。

是否有需特殊照顾的残障旅游者、高龄旅游者和儿童。

2. 落实接待事宜

(1)核对或填写日程安排表

若内勤已编制好日程表,地陪应就表中注明的日期、出发时间、游览项目、就餐地点、风味品尝、购物、晚间活动、自由活动时间以及特殊项目与接待计划认真核实,如有出入及时与有关人员联系,问清情况,作出必要修改。

若由地陪填写日程安排表,地陪应认真填写,核对无误后交领导审核签字,一份交计调部门,一份由地陪保存并在接团期间随身携带。

(2)落实旅游车辆

确认在本地的旅游车以及与司机接头的时间、地点和联系方式。

(3)落实住房

熟悉旅游团下榻饭店的位置、概况、服务设施和服务项目。

核实旅游团的住房数、级别,是否含早餐等。

(4)落实用餐

与相关餐厅联系,确认各餐情况:团号、人数、日期、标准、特殊要求等。

(5)落实行李运送

若有行李车,地陪应与司机联系,告知旅游团抵达的时间、地点以及下榻的饭店。

(6)了解不熟悉的参观游览点

游览计划中若有不熟悉的景点，地陪应事先了解该景点的概况、开放时间、前往该景点的最佳时间和路线、最佳游览线路、洗手间位置等，以便游览活动顺利进行。

事先与参观单位联系，落实参观时间、内容；如有学术交流，应问清议题、范围等。

（二）知识准备

一个人的知识要靠长期的积累，导游员的丰富知识绝非一日之功，在接待旅游团之前做知识方面的准备似显过于仓促。但是，对一名新手或业余导游员来说，临阵磨枪还是必要的；而且，一个人的知识总是有限的，真正“无所不知、无所不晓”的人实际上是不存在的，如果导游员对某些专业知识或旅游景观不够熟悉，那么在接团前做一些知识准备还是应该的。导游员要准备的知识很多，主要是客源国（地）的概况知识，旅游团内大部分人所从事职业的专业知识，有关参观游览点的知识等，当前的一些热门话题和旅游者可能感兴趣的话题也要事先做好准备，与此同时，也做好语言准备（尤其是那些专业术语）。

（三）心理准备

导游员在接团前的心理准备主要有两个方面：

1. 准备面临艰苦复杂的工作

导游服务工作复杂繁重，不仅有正常的导游服务，也有一些需特殊照顾的对象要照顾，还有一些更复杂的问题和事故要处理……导游员必须做好充分的准备，要准备吃苦，准备迎接各种挑战。

2. 准备忍受抱怨和投诉

导游员的工作繁杂辛苦，导游员即使已热情周到地为旅游者服务，但不免还会有旅游者抱怨，对导游员的工作横加挑剔，甚至否定导游员的工作，提出投诉、抗议等。很多人不怕吃苦，但往往忍受不了不白之冤，做好充分的心理准备，就会冷静、沉着地面对各种不公正待遇，就会将爱心融入工作中去，无怨无悔地为旅游者服务。

（四）物质准备

旅游团抵达前，导游员要准备好必要物品：旅行社导游旗、扩音器、旅游车标志、宣传材料、结算账单、导游证、名片、记事本等。

二、接站服务

接站服务在地陪的导游服务中至关重要，因为这是地陪与旅游者的第一次接触，是地陪的首次亮相，是力争给旅游者留下美好第一印象的重要时刻，地陪应予以高度重视。

（一）接站前的服务准备

接站前的服务准备工作主要是确认交通工具的抵达时间。地陪在出发接站前要与各方联系，问清旅游团（者）所乘交通工具抵达的准确时间，力争做到计划时间、时刻表时间、问讯时间三核实并问清具体的接站地点。为了有条不紊地迎接旅游者，导游员必须提前30分钟到达机场（车站、码头），将车辆停在易见的地方。

（二）旅游团抵达后的服务

1. 认找旅游团

导游员进入机场（车站、码头）站在醒目位置举牌等待领队或全陪前来联系，也可从旅游者的民族特征、衣着等主动有礼貌地询问，或根据组团社的徽记找旅游团。找到旅游团后，要认真核实其国别（地区）、组团社名称、团名和领队（全陪）姓名，以防接错。

导游员向领队做自我介绍并介绍全陪；若有领导前来迎接，地陪应在适当场合将领导介绍给领队和旅游者，并请领导致简短欢迎辞。

与领队或全陪（国内团）核定实到人数，若与原定人数不符，要及时报告旅行社，让其通知有关部门做必要的调整。

2. 移交行李

如果有行李车为旅游团运送行李，地陪要认真与行李员一起清点、移交行李。

3. 集合登车

带领旅游者登车前往饭店。导游员应站在靠近车头的车门一侧迎接客人上车，必要时助游客一臂之力。旅游者登车后，要清点人数（注意不要用食指指着人点数）。人到齐、坐稳后，招呼司机开车。

（三）途中服务

旅游车离开机场（车站、码头）前往下榻饭店途中，是导游员显示才能、树立美好形象的重要机会，不应掉以轻心。在车上，地陪要努力做好下述几项工作。

1. 致欢迎辞

致欢迎辞的时间和地点应视具体情况而定，可在机场（车站、码头），也可在前往饭店途中。若在车上致辞，导游员应站在车前部，面对旅游者，用热情洋溢的语气欢迎客人的光临。

欢迎辞的内容主要应包括：(1)代表旅行社热忱欢迎游客光临；(2)自我介绍并介绍全陪和司机；(3)表明态度，愿竭诚为大家服务；(4)希望大家合作，多提宝贵意见和建议；(5)美好的祝愿。

2. 调整时间

若接入境旅游团，地陪应适时介绍两国的时差，请旅游者将自己的表调到北京时间。

3. 首次沿途导游

旅游者初到一地，对什么都感到新鲜，什么都想知道，所以导游员必须做好首次导游以满足旅游者的好奇心和求知欲。首次沿途导游是显示导游员的知识、导游技能和工作能力的大好机会，精彩成功的首次导游会使旅游者放心，也使他们高兴，从而在他们的心中树起导游员能干、可依靠的形象。

首次导游的内容主要有二：

(1)风光导游

做沿途风光导游时，要求导游员讲解内容简明扼要，语言节奏明快、清晰；重视景物的取舍，学会见景生情；善于随机应变，见人说人，见物说物；力争做到与旅游者观赏需要同步。总之，沿途导游贵在灵活，导游员要反应敏锐、掌握时机。

(2)风情导游

介绍本地的气候条件、社会生活、文化传统、著名特产、注意事项，以及将下榻饭店的位置、星级、特色、距市中心的距离，若时间许可，还应介绍本地的历史沿革、地理环境等，讲解时要简洁明了、见缝插针。

4. 分发旅游宣传品

向旅游者分发旅游宣传品、景点介绍册页、导游图等。

三、饭店内服务

饭店服务由饭店工作人员提供，导游员只起"协助"的作用。

(一)协助办理住店手续

协助领队或全陪(国内团)办理入住登记手续，请领队或全陪(国内团)分发钥匙和住房卡；导游员要记住领队、全陪和主要团员的住房号码，以便联系。

(二)照顾旅游者的行李进入各自的房间

(三)介绍饭店设施

向旅游者介绍中西餐厅、外币兑换处、邮电服务部、商务中心、商店等设施的位置和营业时间。还要告诉旅游者从饭店打港澳台及国际长途电话要加收服务费(三星以下饭店加收电话费10%的服务费，四五星饭店加收话费15%的服务费)。

(四)处理入住后的问题

协助处理入住饭店后可能出现的问题，如客房不合标准、房间打扫不干净、室内设施不全或损坏、卫生设备无法使用、行李错投、客人要求调换房间、增加房间及其他诸如此类的问题。

(五)带领旅游者用好第一餐

导游员应带领游客进入餐厅，待游客坐好后，要向他们介绍餐饮的有关规定：用餐标准，是否有饮料，若有，告知类别和数量；标准外要求增加的菜肴、饮料自费，要求单独用餐自费等。

(六)确定叫早时间

导游员每天要与领队商定第二天的叫早时间并将此通知全体旅游者以及饭店总服务台或楼层服务台。

四、核定日程

核定日程是旅游团抵达后的一项重要工作,可视作两国(两地)导游员合作的开始。

(一)认真核定日程

在旅游团到达前,地陪一般已经安排好该团在当地的活动日程。不过旅游者有权审核活动计划,也有权提出修改意见,他们认为导游员与其核定日程是一种礼遇,是对他们的尊重。旅游团领队希望得到旅游目的国(地)导游员的尊重和协助,视核定日程为其行使领队职权、在旅游者心目中确立权威的一个重要机会。特种旅游团除旅游活动外,还有其特定的任务,所以核定日程显得更为重要。

(二)正确处理可能出现的问题

1. 接待计划不符

有时双方所持的接待计划有部分出入,导游员要及时报告旅行社查明原因,分清责任。若是接待方的责任(例如,有的景点已名存实亡,但旅游产品上列有其名),导游员应实事求是地说明情况,向领队和全体旅游者致歉并认真介绍相应的替代项目。

2. 旅游者提出的一般修改意见

导游员要在"合理而可能"情况下尽量满足旅游团的要求;需要加收费用的项目,地陪要事先说明,按有关规定收取费用;对无法满足的要求,要详细解释、耐心说服;出现分歧时,要平等协商,合理解决。

3. 提出的要求与原计划不符且涉及接待规格

如果旅游者提出的要求与原计划不符又涉及接待规格,地陪一般应婉言拒绝,并说明地接社不便单方面不执行合同。

如果领队或全陪(国内团)提出的要求与原计划不符且又涉及接待规格,导游员不可自作主张,必须及时请示旅行社,按其决定处理。

五、参观游览服务

参观游览活动是旅游产品的主要内容,是旅游者期望的旅游活动的核心部分,是导游接待工作的中心环节;它是导游服务中最重要、最应精心设计的部分,也是导游员最辛苦的工作。

为了使参观活动顺利进行并获得成功,导游员应认真准备、精心安排、热情服务、生动讲解。

（一）出发前的工作

1. 提前到达集合地点

做好叫早工作，了解早餐情况，提前到达集合地点（以提前20分钟为宜），向旅游者问候，与之聊天，征询他们的意见和建议。

2. 清点人数

发现有人未到，要与领队联系寻找，若有人愿在饭店休息或外出自由活动，要将其情况通知旅行社内勤并和饭店有关部门。总之，若有缺席者，一定要了解其原因并做妥善安排。

3. 提醒注意事项

导游员要向旅游者预报天气和游览点的地形、行走路线的长短等情况，提醒旅游者多带衣服、换鞋等。

4. 强调守时

要求旅游者在活动时恪守时间。

做好准备工作的目的是为了准点出发，能否准时出发是衡量一名导游员组织能力的标志之一。

（二）前往游览地的沿途导游

1. 重申当天活动内容

汽车离开饭店后，导游员要向游客重申当天的活动内容，报告国内外重大新闻。

2. 风光导游

导游员要不失时机地介绍沿途景物，回答游客的问讯。

3. 介绍游览目的地

快到观赏客体时，导游员要介绍其概况，包括历史、形象、实体及传闻等。讲解要简明扼要，目的是为了满足游客事先了解有关知识的心理，激起他们游览景点的欲望，也可节省到目的地后的讲解时间。

4. 活跃气氛

如果旅途长，可以讨论一些旅游者感兴趣的国内外问题、教入境游客一些简单的中文词组并组织唱歌等娱乐活动以求活跃气氛。

总之，前往游览地的导游讲解要使旅游者对即将观赏的客体处于向往之中，同时也对沿途风光处于观赏之中。

（三）景点游览

如果有景点导游员，地陪就将旅游团（者）交给景点导游员，由其带领旅游团（者）参观游览并做精彩讲解，地陪予以积极配合。若无景点导游员，地陪就应：

1. 交代游览注意事项

抵达目的地正式游览前，导游员一般应在景点示意图前讲明游览路线、所需时间、集合时间和地点；提醒游客旅游车的型号、颜色、标志、车号和停车地点以便旅游者万一离队、掉队时能准时到达集合地点；再次强调恪守时间。

2. 严格执行游览计划

地陪应在计划时间和费用内保证旅游者充分地游览、观赏。不准无特殊情况就缩短游览时间，不得擅自增加自费项目，不得减少游览内容。

3. 游览中的导游讲解

这是导游员的基本任务，是对其知识、导游技能和经验的重要考验，是其知识和才能集中表现的舞台，导游员不得等闲视之。

导游讲解时导游员必须考虑具体的时空条件和听众的条件，力求做到有张有弛，主次分明；组织好故事情节，导游一个游览点，先讲什么、后讲什么、中间穿插什么典故和趣闻逸事，导游员要心中有数。

(1)讲解内容：主要包括景物的特色、用途、价值、地位等。

(2)讲解的深度：要因人而异、繁简适度。

(3)讲解用的语言：要适合游客的水平，要生动、自然，要让旅游者听清、听懂。

(4)讲解的方式：力争做到讲解和引导游览相结合，集中讲解和分散观赏相结合。

现场导游讲解要具有这样的特点：生动、形象、具体、亲切、灵活。

4. 参观活动

参观活动宜短不宜长。外语导游员在翻译时，介绍者的言语若有不妥，应予以提醒，请其纠正后再译；如来不及可改译或不译，事后说明。在翻译时，导游员要把好关，避免泄露经济情报。

5. 注意安全

在参观游览时，导游员要注意旅游者的动向并观察周围环境的变化，防止旅游者走失和意外事故的发生。在景观间转移时，导游员都要清点人数，发现少人，应及时寻找。

(四)返程中的工作

返程中，导游员可回顾当天参观游览的内容，必要时做补充讲解，回答旅游者的问题。

返程中的活动应视具体情况而定，如果不从原路返回，导游员应做沿途风光导游，若从原路返回，可做补遗讲解；如果旅游者显得疲惫，导游员可在简单回顾后让大家休息。

返回饭店下车前，导游员要向游客预报晚上和第二天的活动，确定第二天的叫早时间。

六、其他服务

旅游团(者)在本站期间,活动内容丰富多彩,除参观游览活动外,还有文娱活动、购买旅游纪念品、品尝地方风味等活动,这是旅游服务的重要组成部分,是参观游览活动的继续和补充,也是旅游者向往的活动内容。地陪应尽力为旅游团安排好各类健康、文明的活动,为他们提供优质服务。

(一)餐饮服务

1. 计划内的团队便餐

(1)核实用餐情况。地陪要根据接待社的用餐安排,了解当日三餐的用餐地点、时间,通常提前一小时与供餐单位联系,就人数、标准、时间、特殊要求等逐一核实并告知陪同人员和司机人数。

(2)导游员的服务。地陪要引领旅游者进餐厅就座,简单介绍餐馆及菜肴特色。旅游者要去洗手间,地陪引领前往,全陪留下看管行李物品。

在用餐过程中,地陪应去旅游者用餐餐厅一两次,了解情况,解答旅游者就餐饮提出的问题。如果餐馆提供的饭菜、饮料不达标准或提供变质、不洁食品,地陪应与餐馆交涉,维护旅游者的合法权益。必要时报告接待社。

餐毕离开时,导游员要提醒旅游者带好随身物品。

2. 品尝风味

旅游团品尝风味,有计划内的,也有旅游团要求自费品尝风味的。地陪要向旅游者介绍风味名菜的形成历史、特点及品尝方式。不经旅游者的热情邀请,导游员不与旅游者同餐。若与游客同餐,导游员要与他们友好交谈,不得反客为主。

(二)购物服务

帮助旅游者买到称心如意的旅游纪念品是导游员的一项重要任务,地陪要严格执行接待社制订的接待计划,根据游客的需求,安排购物活动,满足他们的购物要求;不得擅自更换购物场所、增加购物次数,更不得强迫、欺骗旅游者购物。

在到达指定购物商店前,地陪要向旅游者讲清购物时间、注意事项等,提醒大家守时。

商店若不按质论价、以次充好、销售假冒伪劣商品或不提供标准服务时,地陪要与商店负责人交涉,维护旅游者的权益,必要时报告接待旅行社。

若在景点遇到小商贩强拉强卖时,地陪要提醒旅游者注意,以免上当受骗;导游员和司机要尽力阻止小商贩上旅游车兜售商品。

(三)会见

旅游者(主要是专业旅游团)会见中国方面的同行或负责人,必要时导游员可充当翻译,若有翻译,导游员则在一旁静听。

地陪事先要了解会见时是否互赠礼品,礼品中是否有应税物品,若有,应提醒有关方面办妥必要的手续。

旅游者若要会见在华亲友,导游员应协助安排,但在一般情况下无充当翻译的义务。

(四)文化娱乐活动

文娱活动是一项重要的晚间活动,其中有计划内的,也有旅游者自费的。计划内的文娱活动,导游员须陪同前往,自费的文娱活动应协助安排。在文娱活动方面,导游员应注意:

(1)文化娱乐活动必须文明、健康,避免格调低下的内容。

(2)全陪要统筹安排,避免重复。

(3)在观看文艺演出前,导游员要做简单介绍,演出若有剧情,可简单介绍情节;演出结束后可帮助旅游者回顾并回答他们的问题。

(4)舞会。由有关单位组织的社交性舞会,导游员应陪同前往;而娱乐性舞会,导游员可代为购票,本人是否参加可自便;不管哪种舞会,导游员都无陪舞的义务。

(5)注意安全。在大型娱乐场所,导游员应提醒旅游者不要走散并注意他们的动向及周围环境的变化,以防不测。

七、送站服务

《标准》要求:"旅游团(者)结束本地参观游览活动后,地陪应做到使旅游团(者)顺利、安全离站,遗留问题得到及时妥善的处理。"

送站是导游活动的最后阶段,导游员要抓紧最后机会做好工作,力争给旅游者留下美好的最后印象。旅游过程中若曾出现过不愉快之事,导游员(包括全陪、地陪)应尽量做些弥补工作,多提供超常服务,努力使他们愉快地离开中国(本地)。

离境前的游客回家心切、情绪激动、杂事繁多、容易出错,导游员一旦松懈,必将功亏一篑,甚至前功尽弃,因此工作要加倍认真。

这一阶段导游员的主要工作有:

(一)送行前的业务

(1)旅游团离境前一天,地陪要认真核实旅游团(者)的机(车、船)票,了解机(车、船)票是否已经确认;了解并核实送站的确切时间和地点,力争做到计划时间、时刻表时间、票面时间和问讯时间的四核实。

(2)检查自己的行李看是否保留有游客的证件,若有应立即如数归还。

(3)与领队商定第二天叫早、出行李、早餐、集合及出发的时间,提醒旅游者有关事项。如果旅游团(者)出发时间很早,可能要提前用早餐,用餐地点和方式也有可能变化,地陪不仅要告诉旅游者,还应通知饭店订餐处提前安排。

(4)协助饭店结清与旅游者有关的各种账目;如旅游者损坏了客房设备,导游员应协助饭店处理好赔偿问题。

（二）送行

1. 集中交运行李

如果有行李车为旅游团运送行李，地陪要在离饭店前与领队、全陪和行李员一起清点行李，检查包扎情况，填写行李搬运卡并将卡和行李交行李员。

2. 集合登车

交接完行李、办理退房手续后，导游员带领旅游者登车，在车上清点人数，再次提醒旅游者检查一下是否遗忘随身携带的护照、钱包、照相机等贵重物品；还要查询游客是否交还饭店房间钥匙，是否已经与饭店结清账目。

3. 征求意见和建议

导游员要在适当时间诚恳地征求旅游者对导游服务及整个接待服务的意见和建议，并感谢他们的意见和建议。

4. 致欢送辞

这是一项加深感情、加深旅游印象、增加告别气氛、为整个旅游活动锦上添花的重要工作，导游员不可掉以轻心。致欢送辞，强调语气真挚、富有感情。

欢送辞的主要内容应包括：回顾旅游活动，感谢大家的合作；表达友谊和惜别之情；若旅游活动不很顺利，若导游服务有不尽如人意之处，导游员可借此机会再次向旅游者赔礼道歉；希望大家重访中国（某地），期待重逢，祝愿等。

如果导游员能用旅游者的语言深情地唱一首告别歌曲会产生更佳的效果。

5. 提前到达送站地点

地陪应按规定，安排充裕的时间，让旅游团提前到达送站地点：乘坐国际航班和地区航班离境的旅游团最好提前120分钟到达机场，乘坐国内航班离站的旅游团最好提前180分钟抵达，而乘火车、轮船离站的旅游团，要提前60分钟到达车站、码头。

6. 告别

到达机场（车站、码头）后，地陪应与领队、全陪和行李员交接行李，帮助旅游者办理托运行李手续（有的地方由行李员直接托运行李，只需将行李卡交给领队即可）。地陪和旅游者握手告别。

送乘坐国内航班（车、船）的旅游团（者），地陪要等旅游团乘坐的交通工具驶离后方可离开机场；送出境旅游团，等旅游者进入隔离区后，地陪就可离开机场（车站、码头）。

八、后续工作

（一）处理遗留问题

（1）认真、妥善处理旅游团在当地游览时遗留下的问题。

（2）认真对待旅游者的委托，按规定处理。

(3)与旅行社结清账务、归还物品。

(二)上交《旅游服务质量评价意见卡》

地陪应及时将《旅游服务质量评价意见卡》交给旅行社有关部门,旅行社根据此卡了解旅游接待服务的质量,旅游者的意见、建议和要求,也以此来检查、评价导游员的服务质量。

(1)涉及地陪的导游服务。《意见卡》中凡属针对地陪的表扬或批评,地陪应说明原因,反映客观情况,必要时写出书面材料。

(2)涉及其他接待单位的服务。《意见卡》中涉及餐厅、饭店、车队等方面的意见,地陪应说明真实情况,由旅行社向有关单位转达旅游者的意见或谢意。

(3)涉及严重问题。如果旅游者反映的情况严重、意见较大时,地陪要提交书面材料,内容要翔实,尽可能引用旅游者的原话。涉及旅行社的接待服务,旅行社要认真总结,尽快改进;涉及其他单位,则由旅行社与相关单位交涉。

(三)总结工作

总结工作很重要,它能帮助旅行社领导和有关部门了解旅游者,了解旅游活动的状况,特别是存在的问题及旅游者的意见和建议,以利于改进工作。

总结工作对导游员本人则更为重要,通过总结积累成功经验,吸取失败教训,发现导游技能、语言、知识方面的不足以便及时补课;旅游活动中所了解的客源地和旅游者的情况要及时整理,不断补充,以便向未来的旅游者提供更有针对性的服务,提高导游服务质量。

写陪同小结和经验总结,导游员必须坚持实事求是的原则,不能好大喜功,不能报喜不报忧,更不能文过饰非。对旅游者的意见和建议,力求引用原话并注明旅游者的身份。

旅游过程中若发生重大事故,地陪应实事求是地写出翔实的书面报告。

第二节　全陪导游服务规程

全程陪同导游员,处于导游服务集体的中心,在全面实施旅游接待计划、保证国内各地方接待旅行社之间的联络以及旅游活动的连贯性和多样性等方面起着重要作用。

《标准》指出:“全陪服务是保证旅游团(者)的各项活动按计划实施,旅游顺畅、安全的重要因素之一。”要求“全陪作为组团社的代表,应自始至终参与旅游团(者)移动中各环节的衔接,监督接待计划的实施,协调领队、地陪、司机等旅游接待人员的协作关系。全陪应严格按照服务规范提供各项服务”。

一、服务准备

(1)认真研究旅游团。研究旅游团的性质和特点,旅游团组成人员的民族、阶层、职业、年龄、性别等。研究旅游团的组成状况从而确定旅游接待计划的重点和服务方向;从旅游者的阶层、职业,可以了解他们的文化水平、生活情趣和审美特点以及他们的消费水平、购物趋向等;还应研究旅游团的特殊要求,以求旅游接待服务更具针对性。

接待入境旅游团的全陪不仅要熟悉旅游活动计划,还要了解旅游路线上是否有不对外开放的地方和边境地区,若有,提醒旅行社的有关部门办理《旅行证》或《边防通行证》。

(2)了解旅游团在中国境内旅行、特别是出境的交通工具及其票证。

(3)做好心理准备、知识准备和物质准备(宣传品、个人证件、生活用品以及必要的钱款等)。

(4)掌握各地接待旅行社的地址、电话号码,以便联系。

二、全程陪同服务

(一)入境站接团服务

(1)提前半小时到达接站地点与地陪一起迎候旅游团。

(2)协助地陪尽快找到旅游团,致欢迎辞。欢迎辞内容包括:代表旅行社欢迎旅游团,介绍自己和地陪,表示真诚为旅游者服务的愿望以及良好祝愿等。

(3)协助地陪核对实到人数,若有出入,应及时报告组团社。

(4)协助地陪集中、清点、移交行李并一起带领旅游者上车。

对于国内旅游团,全陪要代表组团社,在预定时间和地点集合旅游者,然后带领旅游团前往外地旅游。

(二)入住饭店服务

(1)一般由地陪协助领队办理旅游团的住店手续,请领队分配住房。全陪则安排旅游者在饭店大堂休息,向他们分发饭店联系卡并协助饭店行李员分发旅游者行李。全陪要记住领队及重要人员的住房号,最好掌握全团住房分配名单;全陪拿到自己的住房钥匙后告知全团自己的房号。

(2)协助地陪处理旅游者入住过程中可能出现的问题。

(3)若地陪在饭店无房,待其走后,全陪要负起全责照顾好全团旅游者。

(4)掌握与地陪联系的办法,记住饭店总服务台的电话号码。

国内旅游团的全陪在地陪协助下办理入住饭店手续,分配住房,分发房卡并协助地陪处理相关问题。

(三)核对、商定日程

1. 参与日程核定工作

参与核对、商定日程工作，如遇难以解决的问题，如领队提出与原日程不符或涉及接待规格的要求时，全陪要及时报告组团社。

2. 核对机票、签证

在核定日程后，入境旅游团的全陪要与领队核对机票、签证：

(1)核对旅游团的出境机票以及外国组团社已经订妥的、由领队自带的中国境内机票并协助确认。

(2)核查旅游团的签证尤其是不在团体签证名单上的旅游者的签证是否与旅游团在华日期相符。

(四)各站服务

1. 监督、协助地接社和地陪执行旅游计划

(1)核实、检查各地在交通、住宿、餐饮方面的服务质量，若发现有降低质量标准的问题，要及时交涉，争取改善和补偿，维护旅游者的合法权益；必要时报告组团社并在《全陪日志》中注明。

(2)协助地陪做好接待服务工作，提高导游服务质量。

(3)若活动安排有明显重复，应建议地接社和地陪做必要的调整；若对当地的接待工作有意见和建议，要诚恳提出，以求改进。

2. 做好联络、协调工作

(1)做好领队和地陪、旅游者和地陪之间的联络、协调工作。

(2)做好旅游线路上各站间，特别是上下站之间的联络工作；通报旅游团的状况、领队的意见、旅游者的要求、建议等情况。

3. 保护旅游者安全

(1)在景区、景点游览过程中，全陪要注意观察周围环境和旅游者的动向，以免旅游者走失或发生意外。

(2)每次上车以及在景点移动、集合时都要清点人数，发现少人，应及时寻找。

(3)一再提醒旅游者注意安全，保管好随身携带物品。

4. 当好购物顾问

(1)正确宣传各地的风物特产，提出合理建议，帮助游客买到称心的旅游纪念品。

(2)游客购买古玩、字画、中药时要明确告知相关规定。

5. 培养旅游团的时间观念

全陪要(与领队一起)配合地陪，从旅游活动一开始就严格掌控时间，培养旅游者守时的观念。对孩子多、新婚夫妇多的旅游团，对头天过度劳累的旅游团，要一再提醒旅游者守时；旅游者购物时更要强调守时。当然导游员自己要以身作则，恪守时间。

（五）离站服务

1. 离饭店前的服务

（1）了解交通票证的落实情况和离站的准确时间，若有变化，提醒地接社及时通知下一站。

（2）与地陪一起协助旅游者跟饭店结清账目。

（3）与地陪、领队一起商定叫早、出行李和出发时间。

（4）离店前参与清点、移交行李事宜，提醒旅游者带好随身携带的行李和旅行证件。

（5）提醒旅游者在交通周转时一定要恪守时间。

2. 在机场（车站、码头）的服务

（1）协助领队办理离站手续、托运行李；妥善保管行李卡或行李托运单。

（2）请领队分发登机卡或分配列车包房、卧铺位等。

（3）如遇特殊情况，航班（车、船）延误或取消，全陪要协助机场（车站、码头）工作人员和地陪安排旅游者的食宿。

（六）旅行途中的服务

1. 注意安全

与有关人士一起保护旅游者的人身、财物安全，也要提醒旅游者注意安全。

2. 安排好旅途生活

（1）与餐饮部门负责人联系，商讨饮食方面的问题，告知游客的饮食习惯、特殊要求或禁忌。

（2）组织适当的文娱活动，以活跃旅途生活。

（3）视具体情况做些专题讲解或讨论一些大家感兴趣的问题。

（4）若有游客身体不适或突患重病，全陪要给予特殊关照并采取紧急措施。

（七）抵站服务

1. 抵达下一站，提醒旅游者携带随身行李下机（车、船），协助乘飞机的旅游者凭行李卡提取行李。

2. 出站后及时与当地的地陪联系，若出现漏接现象，应尽快与地接社联系，告知情况。

3. 联系上地陪后，将保管的行李卡或行李托运单交给地陪，向地陪介绍领队并协助地陪做好离开机场（车站、码头）前往下榻饭店的有关工作。

（八）离境站服务

离境站服务是全陪服务的最后环节，要与当地地陪配合做好离境站的服务工作，让旅游者愉快、顺利地离开中国。

1. 离境前的工作

（1）与领队落实离境票证，协助确认回程机票。

(2)提醒旅游者备齐旅行证件、海关申报单、文物字画及贵重药材的购物证明并告知一定要随身携带,不要放在托运的行李中。

(3)主动征求旅游者的意见和建议,请领队和旅游者填写《征求意见表》。

(4)在适当时间致欢送辞,若有工作失误、安排不当,全陪要向旅游者表示歉意,对他们的谅解和合作表示感谢。

(5)及早落实自己的返程交通票证。

2. 送站

(1)协助领队办理离境手续。

(2)在隔离区前与旅游者握手告别,旅游团进入隔离区后,导游员就可离开。

国内旅游团在各站间转移时,一般由全陪在地陪协助下办理离站手续,最后将旅游团安全带回。

三、后续工作

(一)处理好遗留问题

(1)协助旅行社处理好旅游过程中事故的遗留问题。

(2)认真办好旅游者的委托事务。

(3)处理与派出旅行社有关的事务。

(二)写好《陪同日志》

《陪同日志》对导游员、对旅行社领导都很重要,全陪不应掉以轻心,要认真撰写。《陪同日志》内容主要包括:

(1)实事求是地总结经验教训。

(2)详细、真实地反映旅游者的意见和建议。

(3)旅游期间若发生事故,须做翔实汇报,必要时另写报告。

第三节 出境旅游领队服务规程

出境旅游领队是经国家旅游行政管理部门批准的有权经营出境旅游业务的旅行社委派的出国旅游团队的专职服务人员,代表该旅行社全权负责旅游团在境外的旅游活动。在旅游过程中,领队起着沟通派出方旅行社和境外接待方旅行社、旅游者和旅游目的地国家(地区)导游员之间桥梁的作用。其主要任务是:维护旅游团成员间的团结,协调旅游团同境外接待方旅行社导游员之间的关系,监督接待方旅行社全面执行旅游合同规定的内容,协助各地导游员落实旅游团的食、住、行、游、购、娱等各项服务;维护旅游团成员的正当权益;负责处理旅游团在境外所遇到的各种紧急事宜,保证旅游团在境外旅游的安全和顺利。

一、服务准备

(一)业务准备

1. 熟悉旅游团

了解旅游团成员的姓名、性别、年龄、职业,旅游团中的重点旅游者,需特别照顾的对象以及特殊要求等。

2. 熟悉旅游活动计划

3. 准备出境文件并核对各种票证

准备好护照或其他出境证件、签证、机票、《国际预防接种证书》(黄皮书)、海关申报单及《中国公民自费出国旅游团队名单表》(以下简称《名单表》)等文件并进行核对:

(1)核对护照与机票,包括中英文姓名、前往国家。

(2)核对机票与行程,包括国际段和国内段行程、日期、航班、间隔时间等。

(3)核对护照与名单,各项一一对应,核对实际出境旅游人数是否与《名单表》一致。

(4)核对护照内容,核对签证的有效期、签证水印及签字等。

(二)知识准备和心理准备

1. 了解旅游目的地国家和地区的概况,熟悉旅游景点。

2. 海外领队要准备吃苦受累,准备受气,也要准备遭遇危险。

(三)物质准备

1. 准备好领队证、已核对好的票据、证件和各种表格。

2. 准备好必要的团队费用。

3. 准备好社旗、社牌、胸牌、行李标签等。

4. 准备好国内外重要联系单位的电话号码及名片等。

5. 准备好日用品,如闹钟、计算器、签字笔等。

6. 准备好常用药品,如感冒药、胃肠药、消炎药、止泻药、晕车药等。

二、行前说明会

办理好签证、机票、名单表等后,就得举行由参游人员参加的"出境旅游说明会"。说明会的目的,一是提供机会让领队与旅游者、同团旅游者之间相互认识;二是领队要将有关事项告知每一位客人,还要落实一些具体事项。

(一)说明会内容

1. 致欢迎辞。

2. 领队自我介绍,表明愿为大家服务的态度,希望旅游者配合、监督。

3. 行程说明:按行程表逐一介绍,但必须强调表上的游览顺序可能变化,也要说明哪些活动属自费项目。

4. 提醒旅游者带好有关物品：洗漱用品和拖鞋（在境外最好使用自带的）、衣物、常用药物、热水器等。

5. 告诉旅游者中国海关的有关规定。

6. 卫生检疫：通常在开说明会时由旅行社联系检疫局人员来打防疫针并发给黄皮书，也可在出境时购买必备药物并领取黄皮书。

7. 提醒旅游者在境外注意安全。

8. 提醒旅游者在境外保管好自己的财物。

9. 告知有关国家和地区的法律及海关规定，介绍中国和外国的入出境程序及有关手续。

10. 通知出境时的集合时间和地点。

11. 提出要求：注意统一活动，强化时间观念，全团成员团结友爱。

（二）落实事项

1. 分配房间。

2. 落实单项服务等方面的特殊要求。

3. 落实餐饮方面的特殊要求。

三、全程陪同服务

（一）办理出境手续

中国出境的工作流程：

团队集合 → 通过海关 → 办理乘机手续 → 通过卫生检疫 → 通过边防检查站

1. 提前到达集合地点并准时集合、清点旅游团人数。

2. 办理登机手续，准确统计托运行李数并保存好行李卡，分配飞机座位（火车、轮船铺位）。

3. 办理出境手续：

（1）《名单表》上的旅游者按顺序排队，依次过关；未上《名单表》的客人可走其他通道；《名单表》加盖边检章后由领队收存一份，入境时据此核查；

（2）出示黄皮书，通过卫生检疫；

（3）通过安检。

（二）办理外国入境手续

境外国家（地区）入境工作流程：

过卫生检疫 → 办理入境手续 → 领取托运行李 → 过海关查验

1. 预先填妥入境卡和行李申报单，准备好有关证件。

2. 带领旅游团办理好证件查验、海关检查和卫生检疫等入境手续。

3. 乘坐火车、汽车通过国界时，领队应将团队的证件收齐，旅游者坐在座位上，请移民单位的官员上车检查（一般只核对人数，不检查行李）。

（三）境外旅游服务

1. 抵达目的地后，领队应立即与当地接待社的导游员接洽。

2. 清点行李与团员人数。

3. 安排团队入住饭店：

（1）负责办理入住手续并分配房间。

（2）宣布叫早、早餐、出发时间及领队、导游员的房间号、电话号码等。

（3）检查行李是否送到客人房间。

（4）协助团员解决入住后的有关问题。

（5）提醒注意事项：入住境外饭店，要付服务生小费，一般早晨离店时在床头柜上放少许零钱（不少于1美元，忌给硬币）；境外饭店大多禁烟，一般不提供开水；住宿旅客不要随地吐痰，不应大声喧哗。

4. 监督实施旅游计划，与当地导游员商定日程：

（1）遇有当地导游员修改日程时，应坚持"调整顺序可以，减少项目不行"的原则，必要时报告国内组团社。

（2）当地导游员推荐自费项目时，要征求全体旅游团成员的意见。

5. 游览中，留意旅游者的动向，防止各种事故的发生；尽力防止旅游者滞留境外不归，若发生此类事件，必须立即报告有关部门并提供滞留不归者的相关信息。

6. 与接待旅行社密切合作，妥善处理各种事故和问题，消除不良影响。

7. 餐饮服务。若出现明显吃不饱或质量太差的现象，应要求增加分量或提高质量，费用应由地接社导游员支付；必要时可当时就与地接社联系。

8. 指导购物

（1）领队要事先向旅游者讲清旅游目的地的出境物品限制及中国入境物品的有关规定，例如，居民旅客携带超出5000元人民币的个人自用物品，非居民旅客携带拟留在中国境内的超出人民币2000元的自用物品进境，中国海关对超出部分的个人自用进境物品征税，对不可分割的单件物品，全额征税。

领队也要向旅游者讲清在境外免税店购物的有关常识，例如，在韩国免税店购物，要出示护照和回程机票，购物后在出境机场提货，在日本，就可凭护照和机票直接购买免税物品；在欧洲商店购物时，领队要提醒旅游者索取购物发票和退税证明，凭此在出境机场退税或回国后在北京、上海、广州等地办理退税手续。

（2）当地导游员若过多安排购物次数或延长购物时间时，领队要及时交涉，阻止计划外购物安排。

（3）购物时，领队要提醒旅游者注意商品质量和价格，谨防假货和以次充好。

9. 维护旅游团内部的团结，协调旅游者之间的关系，妥善处理矛盾。

10. 保护旅游者安全：

(1) 领队应有安全意识，在境外旅游时时刻警惕，尽力保护旅游者的人身和财产安全。

(2) 领队应事先向旅游者介绍旅游地民族的宗教信仰、习俗禁忌，提醒旅游者予以尊重。提醒旅游者在政治、宗教问题上不与当地居民争论。发生紧急情况，尽力避免事态扩大，与当地导游员密切合作，及时报警并报告中国使领馆，按其指示采取相应措施。

(3) 游览项目中若有不安全因素，领队要提醒当地导游人员向旅游者讲明实情，采取有效的防卫措施并提醒旅游者注意安全。

(四) 办理外国离境手续

境外国家(地区)离境工作流程：

办理乘机手续 → 缴纳机场税 → 过边防检查 → 过海关检查 → 办理购物退税

办理离境手续时，旅游者应手持护照、出境卡和登机牌，排队按顺序审核出境。

(五) 办理回国入境手续

回国入境工作流程：

过卫生检疫 → 过边防检查 → 过海关检查 → 团队解散

旅游团回国后，一般在机场解散，领队一一与旅游者握手道别。

四、后续工作

(一) 处理遗留问题

(1) 协助旅行社领导处理可能出现的投诉问题。

(2) 妥善处理旅游者的委托事务。

(3) 与旅行社结清账目，归还物品。

(二) 写好《领队日志》

领队的陪团日志非常重要，组团旅行社的领导往往是通过《领队日志》了解接待国(地)旅游业的发展状况、旅游服务水准、导游员的业务水平、旅游设施水准以及演变状况等，从而采取必要对策。因此，领队应重视陪团日志的编写工作。

《领队日志》的内容主要包括下述几点：

(1) 旅游者的状况、表现和意见、建议以及对旅游活动的反映。

(2) 接待方的饭店、交通、餐饮、娱乐场所等旅游设施状况及接待水准。

(3) 接待方全陪和各地导游员的知识水平、导游服务技能、处理问题的能力和服务态度。

(4)接待方旅行社落实旅游接待计划的状况以及存在的主要问题。

(5)与接待方导游员之间的合作状况以及存在的主要问题。

(6)旅游过程中出现的问题或事故的原因、处理经过和结果、旅游者的反映等。

(7)带团中的成功经验和失败教训以及自己的意见、建议等。

第四节　散客接待服务规程

一、散客旅游的概念

(一)散客旅游的概念

散客旅游,亦称半自助旅游,是指由旅行社为旅游者提供一项或多项旅游服务,而由旅游者自行安排旅游行程,零星现付各项旅游费用的旅游形式。

散客旅游与团队旅游有如下差别:一是团队旅游多由旅行社组织,严格按约定的旅游计划进行游览活动,而散客的旅游活动一般由旅游者自己安排;二是旅游团队在出游前一次性预付全部或部分包价费用,而散客旅游的付费方式是零星现付,即购买什么旅游服务产品,按零售价当场支付;三是散客旅游费用高于团队旅游。

至于散客包价旅游,是指 9 名以下游客采取一次性预付旅游费用的方式,有组织地按预定行程计划进行的旅游形式。散客包价旅游的包价服务项目和旅游方式与团体包价旅游相同。

散客旅游发展很快,已经成为当今旅游活动的主要形式。这是因为:

(1)越来越多的中青年参加旅游活动,而他们不愿受旅游团队的约束;

(2)旅游者的旅游经验越来越丰富,自主意识日益增强,他们愿意也能够自行安排旅游活动;

(3)国际经济、文化联系增强,使商务活动和文化交流日趋频繁;

(4)交通和通信的发展为散客旅游的发展提供了条件;

(5)世界各国和各地区不断调整旅游接待机制,增加旅游产品的文化含量,建立计算机网络化预定系统,建立广泛、高效、优质的旅游服务供应网络,从而促进了散客旅游的发展。

(二)散客旅游的特点

散客旅游具有批量小、批次多、预订期短、要求多、变化多,对旅游服务效率和质量的要求更高于旅游团队等特点。

二、旅行社散客部的工作

旅行社散客部一般为散客提供下述服务:

(一)旅游咨询服务

即旅行社散客部人员向咨询者提供各种与旅游有关的信息和建议的服务。当咨询者来电、来函或亲自来旅行社询问时,散客部人员都必须态度热情,介绍要详细耐心,努力促使客人作出外出旅游的决定。

(二)委托服务

即旅行社为散客提供的各种按单项计价的可供选择的服务。当客人做出决定委托旅行社为其提供一项或多项旅游服务时,散客部人员要让其填写"生活委托书",办理委托手续,交纳费用。

委托服务分为受理散客来本地旅游的委托、办理散客赴外地旅游的委托和受理散客在本地的旅游委托。旅行社为散客提供的单项委托服务主要有:抵离接送,行李提取和托运,代订酒店客房,代租汽车,代订、代购、代确认交通票据,代办入境、出境、过境临时居住和旅游签证,代办国内旅游委托,导游服务,代向海关办理申报检验手续等。

(三)选择性旅游

即通过招徕,将赴同一地区或相同旅游景点的不同地方的旅游者组织起来,分别按单项计价,前往指定地点参观游览。

三、导游员的服务工作

(一)接站服务

导游员接受旅行社委派的散客接站任务后,要认真做好迎接的准备工作并比接站时间提前20分钟到达机场或提前30分钟进入车站站台和码头等候客人。

接到客人后,导游员要代表旅行社热情欢迎客人,引导客人带好行李上旅游车。在前往饭店途中,导游员要进行风光导游和风情导游并简单介绍下榻饭店。到饭店后,导游员要协助散客办理住店手续,照顾行李进客房并与客人核定游览日程安排;如果客人只要求接站服务,导游员要向其热情推荐旅行社为散客准备的旅游产品。

如果在机场(车站、码头)没有接到客人,导游员要与司机密切配合,在确认本次航班(列车、轮船)的旅客已经全部出港后,还应在尽可能的范围内寻找至少20分钟。确实找不到应接的客人,导游员要与旅行社散客部联系,经同意后方可离开机场(车站、码头),但必须前往散客预定下榻的饭店询问。若客人已经入住饭店,导游员要与其联系,实事求是地说明情况,诚恳地道歉。最后向旅行社散客部报告接站的全过程。

(二)导游服务

导游员要做好出发前的各项准备工作并提前15分钟抵达集合地点,引导旅游者上车。若旅游者分散住在不同的饭店,导游员要与司机密切配合,按时到各饭店接客人。

游览前,对游览线路,导游员要提出合理建议,让游客自由选择;在游览过程中,旅游者提出变更游览线路和时间,一般情况下可满足其要求,如果游览线路变更造成超出预定费用时,导游员要说明差价由旅游者自理。

驱车前往景点游览途中,导游员要做好风光导游和风情导游,并用生动的语言介绍游览景点的历史沿革及景观特色等内容。

到了现场,导游员要做生动的导游讲解,讲解内容与团队旅游相同。但是,如果游客人数少,导游员可采用互动式导游讲解方式,即边游览、边讲解、随时回答游客的提问,可能时与游客讨论与景点有关的一些问题。

在游览过程中,导游员要随时注意旅游者的动向以及周围环境,防止意外事故的发生。

散客的自由活动时间较多,导游员要当好顾问,并提醒他们注意安全。如果旅游者提出要求时,导游员可协助他们安排购物或晚间娱乐活动。

(三)送站服务

导游员接到送站任务后,要了解游客的人数、下榻的饭店、将乘坐的交通工具及出发时间并做好其他准备工作。

导游员应在送站前 24 小时与游客联系,确定送站地点和时间。如果一时联系不上,导游员要留言,告知再次联系的时间。

送站时,导游员应按约定时间提前 20 分钟到达集合地点,协助游客办理离店手续,提醒游客带好行李及随身物品,照顾客人上车,然后前往机场(车站、码头)。如果需送站的客人不住在同一家饭店,导游员要与司机密切配合,严格按约定的时间顺序和行车线路到各饭店接客人。

在前往机场(车站、码头)途中或在机场(车站、码头),导游员要代表旅行社致欢送辞、征求意见和建议并协助客人做好各种送站服务工作。

到达机场后,导游员要协助游客办理登机手续,在游客进入隔离区前与其握手道别;到车站、码头后,导游员要带领游客进入车厢或舱位,协助安顿好行李,交给车、船票,然后握手道别。

如果在约定时间、地点找不到需送站的客人,导游员要与饭店前台联系并与司机合作共同寻找。如果超过约定时间 20 分钟还没有找到客人,导游员要向旅行社散客部报告并随时与之联系。确定找不到客人后,经散客部同意,导游员方可停止寻找,离开饭店。

在按顺序接下榻在不同饭店的客人时,若遇严重交通阻塞或其他特殊情况,导游员应及时向旅行社散客部报告,由散客部通知下方饭店的客人,请其等候,或由旅行社另行派车送站。

导游员在完成接站、导游讲解或送站服务工作后,都应向旅行社散客部反馈有关情况，必要时应写出详细的书面报告。

第五节　景点景区导游员的服务规程

景点景区导游服务是导游服务的一个组成部分，包括旅游区、自然保护区、博物馆、纪念馆、名人故居等地的导游服务。景点景区导游员应通过讲解，使旅游者对该景区、景点或参观地的全貌和主要特色有较为全面的了解，并增强他们对生态环境、旅游资源和文物的保护意识。

一、服务准备

导游员对自己所在的景区、景点或参观地各方面的情况都应了如指掌，即要掌握景区、景点的名称、特色、价值、建筑风格及特征、民间传说，以及动植物、地质、民族、宗教等相关知识。

二、导游服务

(一)热情接团

在景点景区入口处接到旅游团后，导游员要热情友好地致欢迎辞。然后在示意图前介绍景点景区概况、游览线路、主要景观及注意事项。

(二)参观游览

导游员要严格按规定的游览线路安排参观游览活动，边游览边做精彩讲解，引导旅游者欣赏美、享受美。游览、讲解内容应有所侧重，但导游员不得擅自减少游览项目、缩短讲解时间、中止导游活动。

(三)注意安全

参观游览时，导游员要留意周围环境变化和旅游者的动向；提醒旅游者跟上队伍，以免掉队或进入不安全的岔道；在景观间转移时要清点人数，发现少人要组织寻找；注意劳逸结合，对老人和孩子给予特别关照；提醒旅游者注意安全。

(四)其他工作

(1)导游员要结合景物或展品，宣传生态环境和文物保护知识，阻止旅游者损害景点景区的生态环境，破坏旅游资源，更要防止少数旅游者乱涂乱画，损坏文物，甚至偷盗文物。

(2)有的旅游者在寺庙烧香拜佛，购佛像要求开光等，导游员不宜过多干预，但不得为谋私利而与经营者串通欺骗旅游者。

(3)旅游者在景点景区的小摊上购物，导游员不便干预，但旅游者要在小摊上购买价格高的物品或古玩、仿古艺术品时，导游员要提醒他们慎重，以免上当受骗；有的旅游者要求导游员鉴定古玩时，导游员不要不懂装懂，而应坦诚表示自己不懂,并建议旅游者去正规商店购买古玩和仿古艺术品。

三、送别服务

送别服务中最重要的内容是致欢送辞,首先对旅游者参观游览中的合作表示感谢,征询意见与建议,欢迎再度光临,并祝大家旅途顺利,一路平安。

本章提示

本章简单介绍了各类导游员的工作,是很重要的一章。通过本章学习,学生应了解导游员在带团中各阶段应做什么,怎样完成导游服务工作。

本章要点

导游服务集体的构成,地陪、全陪、出境领队在带团过程中应做的工作及注意事项,散客旅游与团队旅游的差异,接待散客时导游员的工作以及景点景区导游员的服务工作。

复习思考题

1. 接待旅游团前导游员应做哪些准备工作?为什么对不同类型的旅游团必须做不同的准备?

2. 为什么要与旅游团核定日程?

3. 全陪、地陪和领队的工作各有什么侧重点?地陪接待工作程序包括哪些部分?

4. 接待散客有哪些特殊之处?

5. 欢迎辞和欢送辞各应包括哪些内容?致辞时各应注意什么?

6. 怎样做好现场导游讲解?

7. 沿途导游应注意什么?怎样使长途旅行的气氛活跃起来?

8. 为什么应重视总结工作?

第四章

导游服务技能

导游服务工作是一门艺术,它的艺术性表现在导游方法的多样性、灵活性和创造性。这是由导游服务工作的特殊性质、复杂对象、广泛内容所决定的。导游服务的过程就是导游员以丰富多彩的社会生活和宏伟壮丽的自然美景为题材,以层次不同、审美情趣各异的旅游者为对象,对各类知识整理、加工和提炼,进行再创造的过程。就是说,导游服务技能的获得和提高,除了学习书本知识外,更为重要的是要通过反复的导游服务实践,不断摸索、不断积累、不断总结。而且,每个导游员必须学习众家之长,结合自身条件,在导游实践中逐渐形成、提高、完善自己的导游风格。

要练就高超的服务技能,首先要树立正确的服务理念和很强的服务意识:要诚信待人,以诚待客才能让旅游者放心,赢得他们的好感,让他们感到导游员可信赖、可依靠,就会与导游员一起克服困难,使旅游活动顺利进行;要宽容待人,只有善解人意,宽容理解,导游员才能与旅游者顺畅沟通,才会听见他们的心声,才能获得他们对导游服务工作的宽容和理解;要有很强的服务意识,导游员要善于了解旅游者的心理需求,了解他们的切身感受,想旅游者之所想,急旅游者之所急,关心他们,始终将他们放在心上,热情帮助他们排忧解难,满足他们的正当要求。只有当旅游者在观念上、情感上都能接纳、亲近导游员时,才会乐意接受导游员的指令,一起去参观游览、去观景赏美,导游员的导游服务技能才有可能圆满发挥出来,才能产生理想的效果。

第一节　服务技能

导游服务是一门艺术。作为一种服务技能,主要体现在导游员掌控旅游团队并让游客满意导游服务,甚至大加赞赏的能力和技巧。

一、导游员要树立良好形象

导游员在旅游者心目中树立起良好形象,具有极为重要的意义。导游员必须通过人际关系的各种正当手段来赢得游客的信任和好感。树立起良好形象的导游员,就有可能将旅游者团结在自己周围,与他们商量问题就比较容易,旅游者会协助他们信得过的导游员解决困难,正确对待旅游活动中可能出现的不足之处。反之,导游员一定会遇到不少麻烦。

导游员怎样才能在旅游者心目中树立起良好形象?我们认为知识、自信和谦虚是关键。知识丰富,语言表达能力强,对每一个景点、每一种文化现象都能用生动、形象的语言作正确、精彩的讲解,这样的导游员容易博得旅游者的好感;在旅游者面前,导游员要始终精神饱满,充满自信,遇事沉着,处事果断,办事利索,说话不模棱两可,出了问题不推诿责任。这样的导游员容易获得旅游者的信任。

自信,并不意味着不要谦虚。在旅游者面前狂妄自大、夸夸其谈、不懂装懂,往往会惹人笑话,令人反感。缺乏知识修养又目中无人的导游员不可能在旅游者面前树立起良好形象,不可能成为称职的导游员。

导游员、特别是地陪,与旅游者的接触是短暂的。游客虽然会全方位地品评导游员,但短暂接触使导游员、特别是地陪的形象(仪表)给游客留下较为深刻的印象,尤其是第一印象,它往往关联着信任程度。因此,导游员要重视自己的形象,衣着整洁、举止大方、言语文雅、态度真挚、不卑不亢、风度翩翩的导游员会在旅游者心目中留下美好的形象。形象一旦形成,导游员要继续努力,多干实事,多为旅游者提供个性化服务和细微化服务,始终维护、不断加深自己在旅游者心目中的美好形象。

二、处理好人际关系

导游员要与各方人士打交道,有的好相处,有的难交往,要在短时间内与各种各样的人友好相处,是对导游员的一大考验。但是,为了向旅游者提供高质量的导游服务,必须处理好人际关系。

(一)导游服务集体内部关系的处理

导游服务集体各成员之间建立良好关系是导游活动成功的保证,而良好关系的建立有赖于各方的共同努力。

1. 导游服务集体应该协作共事

导游服务集体中,全陪、地陪和领队代表着三个方面,维护着各自代表的旅行社的利益,他们有各自的职责,有明确的分工;他们的脾性各异,作风不一,工作方式不同,对一些问题的观点往往相左,所以,出现一些矛盾和麻烦是正常现象。

但是,导游服务集体成员之间应该是协作共事关系。导游人员之间的分工协作、相互补充具有十分重要的意义,这是旅游企业的需要,是导游服务工作的需要,也是提高导游服务质量、圆满完成接待任务的根本保证,是旅游活动成功的关键。

2. 导游服务集体能够协作共事

导游服务集体各成员之间应该协作共事,也能够协作共事,这是因为:

(1)有共同的努力目标

导游服务集体三成员代表着各自旅行社的利益,但是他们有共同的服务对象:同一旅游团的旅游者;有共同的工作任务:实施旅游接待计划;也有共同的努力目标:组织好旅游活动,让旅游者获得心理上的最大满足,物质上、精神上的最大享受,从而提高旅游企业的声誉,为旅游业的发展作出贡献。

(2)有共同的利益

旅游企业之间合作共事是旅游企业兴旺发展的保证,而实现这种合作共事关系的前提是平等互利、互守信用和为旅游者提供优质服务,是通过全陪、地陪和领队友好合作、共同高质量地接待旅游团来具体体现的。因此,导游服务集体三成员之间没有任何理由势不两立、相互拆台。

全陪和地陪之间更有共同的国家利益,有维护中国旅游业声誉的共同目标,有必须执行的国家方针政策,因此更没有理由不协作共事。

(3)有必须履行的旅游合同

全陪、地陪和领队在工作中可能会出现一些矛盾,甚至争论,但他们必须执行旅游企业之间、旅游企业与旅游者之间签订的合同,必须落实合同规定的内容。就是说,执行旅游合同是导游服务集体三成员的共同任务,是他们协作共事的根本基础。

3. 实现协作共事关系的方式方法

(1)主动争取各方配合

导游员应该是最懂人际关系的人,是最会尊重人、理解人、体谅人的人。为了实现协作共事关系,导游服务集体的每个人都应主动争取其他方的配合,形成合力,共同努力完成旅游接待任务,反对短期行为和本位主义。争取各方配合的主要途径是及时交流信息、沟通各方想法,在求得意见一致的基础上协同行动。

(2)尊重各方的权限和利益

导游服务集体成员虽然代表着各方的利益,工作也各有侧重,但他们之间是平等的,各方的配合是互补、互利的;他们应互相尊重对方的工作权限,切忌干预对方的活动,不涉及工作上的保密禁区,不侵害他方利益。

(3)建立友情关系

导游服务集体各成员都应正确运用公共关系中的工作关系(理性关系)和情感关系(人情关系)相统一的方法,建立起和谐、美好的友情关系,同时要把握好这种友情关系,限制在法纪和社会承认的范围之内。功利关系距离适当,异性间距离正常,尊重彼此的隐私权。

(4)互相学习

导游员之间存在互补关系,需要相互学习、取长补短。这是增长知识和才干的一条捷径,也是搞好协作关系的有效方法。

(5)勇于承担责任

工作中若出现问题或事故,导游服务集体各成员都应从大局出发,同心协力处理好问题和事故,然后在分析原因的基础上分清责任。各自都应勇于承担属于自己的责任,切忌相互指责和推诿。

总之,为搞好协作共事关系,共同高质量完成导游服务工作,导游服务集体各成员都必须摆正位置,做好各自的工作,为了共同的利益,同舟共济,相互体谅,共同努力。

(二)与入境旅游团领队关系的处理

入境旅游团领队是导游服务集体的重要成员,然而他的地位特殊:他是境外组团社的代表,中方导游员与他的合作实际上是中方旅行社与境外组团社共同执行旅游合同的关系,是中外旅行社之间的协作关系;他是旅游团的代言人,负有维护旅游者合法利益的责任。中方导游员搞好与领队的关系,得到领队的理解、合作和支持至关重要;如果搞不好与领队的关系,就有可能处处受制,就会遇到很多困难。

搞好与领队的关系,除上文(一)3 中各种方法外,还要在下列方面多做努力:

1. 尊重领队

尊重领队,要尊重他的人格,尊重他的工作,尊重他的意见和建议;尊重领队,要发挥他的特长,随时注意给他颜面,遇到一些可以显示权威的场合,要多让领队,尤其是职业领队出头露面,使其获得旅游者的好评。

尊重领队,要遇事多与领队磋商:在旅游日程、旅行生活的安排上多与领队商量,在游览项目被迫变更时、旅游计划发生变化时、增加新的游览项目时、与旅游者发生矛盾时更要与领队商量,实事求是地说明情况,争取他的理解和协作。越过领队直接与旅游者商量活动内容的工作方式不可取。多与领队商量,以求更清楚地了解旅游者的兴趣爱好以及他们在生活、游览方面的具体要求,从而向他们提供具有针对性的服务,掌握工作主动权,提高导游服务质量。

2. 关心领队

入境旅游团的领队实际上是一位特殊旅游者,导游员要在生活上提供方便,给予关照,帮助解决困难。

3. 支持领队

领队就旅游计划的实施、接待方的服务工作提出意见和建议,要给予足够的重视;在工作上遇到困难和麻烦时,要给予必要的支持和帮助;旅游团内部出现矛盾时、领队与旅游者之间发生纠纷时,中方导游员一般不介入,不得落井下石,而是相反,在可能时助其一臂之力,帮助领队摆脱困境。这样做有助于相互产生信任感,有利于加强双方的合作。

4. 避免正面冲突

(1)合理化解矛盾

导游活动中,领队与接待方导游员对某些问题意见相左、出现矛盾是正常现象。一旦出现这种情况,中方导游员要主动与领队沟通,力争及早消除误解,化解矛盾,避免分歧继续发展。

(2)避免与不合作领队正面冲突

有些职业领队不易相处,为了讨好旅游者,他们一再提"新主意",给接待方导游员出难题,以显示自己的"知识渊博"、"对中国的了解"以及"为旅游者着想";有些领队一味照顾自己的游客,以换取他们的欢心,而不考虑实际情况;有些领队就是境外组团社的老板或亲属,有时会提出过分要求(超出旅游合同确定的内容和标准),甚至当着旅游者的面无理指责接待方服务不周、导游员工作失误等。

面对这样不合作的领队,导游员的正确态度应是:

首先,导游员该做什么就继续做什么,绝不要让其牵着鼻子走,以免被动。然后该解释时要耐心解释,该争辩时要据理力争。

其次,交涉、说理时,导游员应始终坚持以理服人,不卑不亢,不与之当众冲突,事后仍要尊重他,遇事多与他磋商,争取他以后的合作。

(3)争取旅游者的支持

导游员为旅游者提供的服务到位、质量高,他们对导游服务满意了,当领队不合作时,大多数旅游者会同情、谅解甚至会支持导游员。若能做到这一点,则有助于导游员处理好与领队的关系。

(三)与旅游接待单位关系的处理

旅游接待服务的食、住、行、游、购、娱,需要旅行社、饭店、餐馆、交通部门、商场、景区景点及娱乐场所等各部门的密切合作、共同努力才能顺利完成。旅行社与其他旅游接待单位是平等的,通过协议组合在一起,各自有明确的职责,但他们之间的关系应是相互配合、相互依存、长期协作的关系。

导游员要记住旅行社与其他旅游接待单位之间的协作关系准则,努力维护这种协作关系。导游员要熟悉旅游接待单位之间的协作内容,了解各个环节可能出现的差错和失误,一旦发生,就及早沟通,采取措施及时协调,做好衔接工作,使各单位的服务供给正常有序,保证旅游活动顺利进行。

此外,导游员往往在外独立带团,经常会有意外,甚至有紧急事件发生,一个人是很难处理好的。因此,导游员要善于利用与各地旅游接待单位的协作关系,主动争取他们的帮助。

(四)与合作者关系的处理

旅游车司机、餐厅服务人员、商店售货员等是导游员的合作者。导游员与他们的工作不同,服务形式和服务内容也各不相同,而且受不同旅游接待单位的委派,但是大家都是旅游服务的提供者。导游员与他们之间的关系是平等的协作关系,把自己摆在高于或低于合作者的位置都是不对的。正确的做法应该是:

1. 尊重合作者

导游员要尊重合作者,与他们友好相处。当有人工作不到位,损害旅游者的合法权益时,导游员要诚恳提出,与之交涉,必要时通报此人的所在单位和接待旅行社,但不能对他们的工作指手画脚,更不得命令、指责。

2. 虚心学习

导游员要虚心,要善于向合作者学习,有事多请教。

3. 坚持原则、平等协商

当遇到困难、出现问题时,导游员要在"不违反协议"、"为旅游者提供优质服务"的原则基础上,与合作者平等协商。若对方一意孤行,甚至刁难导游员,就应采取必要措施并及时报告接待旅行社。

三、其他一些关系的处理

(一)强和弱的关系

身体好、年轻的旅游者希望活动量大一点、行动速度快一点、日程安排得紧一点,而年老体弱者则相反,希望从容地游览,不愿意太紧张、太劳累。如果一个旅游团由体质差异大、年龄悬殊的人组成,导游员必须认真对待"强弱"这对矛盾。处理这一矛盾的原则是:使强者的充沛精力有发挥的余地,而不使弱者过分劳累。例如,游览长城,在导游讲解、告知集合时间和地点后,导游员可让年轻力壮者爬长城,对年老者、体弱者则要尊重他们的意愿,或在车上休息,或在长城附近散步,或缓缓地爬一段长城。这样安排可使强者和弱者都能量力而行、各得其所。

(二)多数和少数的关系

由于旅游者的兴趣爱好相异、健康状况不同,或由于内部矛盾,旅游团内部对活动日程有时会出现两种意见,甚至多种意见。碰到这种情况,导游员要谨慎处理,避免给旅游者留下偏袒某一方的感觉。处理这对矛盾时,导游员首先要向旅游者实事求是地讲明情况,请领队、全陪(国内团)协助做统一意见的工作,力求找出能兼顾各方的办法,争取让各方都得到部分满足,但也各作出一些让步。如果无法统一,导游员应再与大家商量,寻找合理而可能的变通办法,如双方要去的地方在同一线路或绕道不远,可将旅游者送到甲地、再去乙地,并约好时间,返途中到甲地接他们,或送部分旅游者到甲地后请他们自己坐车回饭店等。

(三)劳和逸的关系

疲于奔命必定会影响游兴,不可能达到旅游的真正目的。只有当旅游者的心情好、游兴浓、精力充沛时,旅游活动才可顺利进行,导游员带团也可轻松自如。所以导游员在安排日程时一定要遵循劳逸结合原则。

为了使旅游者有劳有逸、顺乎自然地欣赏风光美景,导游员还应掌握好导游节奏,处理好游览活动的张、弛关系,行进速度的缓、急关系和导游讲解的快、慢关系等。

此外,导游员在带团过程中要合理安排活动日程,兼顾参观、游览、娱乐、购物和休息,力争让旅游者的各方面要求都得到满足。

四、特殊旅游者的接待

旅游者中不乏老年人、儿童、残障人士和宗教界人士,还有身份特殊和社会地位很高的旅游者。对导游员而言,他们是旅游者,但对他们的服务必须有别于一般旅游者,如果稍有疏忽,或重点不突出,就有可能发生很多麻烦,造成不良后果,所以,导游员要高度重视特殊旅游者的接待,要不怕麻烦,不辞辛苦,力争为他们提供优质的导游服务。

(一)老年旅游者的接待

参加旅游活动的老年人越来越多,其中还有高龄旅游者(80 岁以上)。怎样接待好老年旅游者是导游员需要解决的一个重要课题。一般而言,接待老年旅游者,尤其接待高龄老人,导游员应多尊重、多关照、多提醒、多注意其安全。

1. 尊重老年旅游者

导游员要发扬中华民族尊敬老人的优良传统和美德,对老人要谦恭尊敬,要维护他们的人格尊严,尊重他们的意见和建议,满足他们的正当要求。如果他们的意见与事实有出入、要求不合理、建议不可取,导游员不能当场驳回,以免让老人下不了台;要耐心解释;若要求在当地满足不了,除解释外还要道歉。

2. 关心老年旅游者

年纪大的人一般腿脚不灵活,行动不方便,听力有障碍,眼睛也看不清,导游员在引导参观游览时,一定要注意老年人的这些问题。

(1) 行进速度放慢

游览时,导游员要尽量选择平坦的道路,放慢行进速度,必要时适当等待,照顾走得慢或落在后面的高龄旅游者。

(2) 慢讲解、大音量、多重复

讲得速度要慢,必要时加大音量,适当重复;老人经常会重复同一个问题,导游员要耐心、不厌其烦地回答。

(3)照顾老人的需要

必要时搀扶老人上下台阶、上下车；要根据老人的生理特点，适当多安排上卫生间的次数；随时察言观色，发现异常情况，立即询问，及时关照。

(4)劳逸结合

活动安排要留有余地，要少而精；游览中适当安排休息，尤其是午饭后，最好能安排午间休息；晚上活动安排要少、要短，尽可能让老人早回饭店休息。总之，要采取必要措施保持老人的体力或让他们尽快恢复体力。

3. 多提醒、注意安全

老年人记忆力减退，导游人员要多做提醒工作：

(1)重复提醒有关事项

多次重复出发时间和活动安排，提醒他们不要忘记；提醒他们增减衣服，穿合适的鞋；随时提醒他们保管好证件和随身物品。

(2)提醒注意安全

行走时，特别是路面高低不平、上下台阶时，提醒他们注意脚下；提醒他们跟上旅游团以免走失，提醒他们万一走失，不要着急，不要到处乱找，而要留在原地，等待导游员回来寻找。

(3)提醒量力而行

提醒老人如果体力不支、行走不便、感到疲乏时要及时提出，以便导游员安排其先回车上休息或留在原地休息。若留在原地休息，就提醒他不要离开，待游览告一段落时导游员会回来找他。

有的老人不愿成为导游员的负担，累了就自作主张，找个地方休息，或自己回旅游车，结果迷了路；有的老人累了还硬撑着跟团队活动，结果造成更大的麻烦。所以，导游员要一再提醒老年人，需要导游员帮助时一定要及时提出，并真诚地告诉他们导游员是为他们服务的，不怕麻烦。

4. 热情为西方老人服务

外语导游员要注意两点：一是很多西方老人不服老，例如我们一般称老人“老先生”、“老太太”，以示尊敬，然而西方老人可不喜欢别人用“老”来称呼他们，所以，导游员只需称老人“×先生”、“×太太”即可。又如，当导游员主动帮助他们时，可能会遭到婉拒，此时，导游员应尊重他们，不要勉强，不要主动搀扶他们也不要提供拐杖。二是西方人，尤其是老人，有不愿打扰他人的习惯，但这并不等于不需要别人帮助，所以，导游员要做个有心人，要注意老人的动向和神情变化，必要时提供可能的帮助。例如，有的旅游车台阶高，老人上下车不便但不愿意别人扶，导游员可以放个脚垫，方便老人上下车。

(二)儿童的接待

父母外出旅游时，一般会偕年幼的子女同行，让他们见见世面，增长见识。导游员接待的旅游团中有儿童时，要特别注意。

当然，旅游期间，儿童安全的主要责任者应该是他们的父母，但导游员绝不能因此而掉以轻心，而要重视这批特殊的旅游者。对待儿童，导游员应做好下述工作。

1. 重视儿童的安全

(1)照顾好儿童

导游员应该随时提醒父母照管好自己的孩子，特别在人多、热闹、较乱的地方游览时，在上山下山、上下台阶时，在崎岖不平的道路上或在河、湖边行走时，要提醒父母不要让孩子乱跑，以免他们走散、走失，避免孩子摔跤，掉到河、湖里去。导游员也要随时注意孩子的动向，协助父母管好孩子，防止意外事故的发生。有时讲一些有趣的童话故事，既活跃气氛也可以吸引孩子。

(2)警惕坏人拐骗儿童

导游员还要注意不要让可疑的生人接近孩子，以防不法分子拐骗儿童。

(3)有病及早诊治

孩子生病，导游员要提醒其父母及早去医院诊治，必要时陪他们去医院，但不建议他们用什么药，更不得将随身携带的自用药给儿童服用。

2. 多关照儿童，但要适度

(1)多关心儿童

导游员要多关心孩子的衣着冷暖，提醒父母让孩子多休息、别太累，用餐时与餐厅服务员联系为孩子提供专用的椅子、餐具。

(2)关照要适度

儿童要多关照，但不能冷落其他旅游者；关心孩子是应该的，但不能溺爱，不能迁就儿童的坏习惯，不能满足其无理要求。

(3)几项注意

①不要摸外国孩子的头，这会让孩子不自在，父母不高兴；更不能用手指敲打泰国孩子的头，泰国人认为，被打的孩子会遭遇不幸。

②不要给孩子买玩具、食物，更不要让他们吃自己随身携带的食物。

③不要单独带儿童外出活动，即使父母同意也不要这样做。

3. 掌握儿童的收费标准

根据儿童的年龄、身高，在乘机(车)、住房、用餐、门票诸方面有不同的收费标准，导游员要掌握并正确执行。

(三)残疾旅游者的接待

旅游团中有时会有截瘫、盲人、聋哑等旅游者，而且，可以预料，将会有越来越多的残疾人士参加到旅游队伍中来。接待残疾旅游者会给导游员增添很多工作和困难，但是残疾人士克服了许多常人难以想象的困难外出旅游，导游员应该高兴、为此感动，应该努力克服困难，热情周到地为他们服务。

1. 尊重残疾旅游者

(1)尽力满足正当要求

对残疾旅游者,导游员要多尊重,要真诚热情地接待他们,要尽力满足他们的正当要求。

(2)不谈论残疾话题

导游员与残疾旅游者相处时多讲些高兴的事,注意不要涉及有关残疾的话题,更不要问他们致残的原因,若残疾旅游者自己提起致残原因时,导游员一般应认真倾听,但不要深入讨论。

(3)不能讥笑、歧视

导游员必须注意,在任何时候、任何场合都不得讥笑、歧视残疾旅游者,不得以任何借口伤害他们的自尊心。

2. 热情服务,注意方式方法

导游员应热情周到地为残疾旅游者服务,根据不同情况为他们提供种种方便。

(1)腿脚不方便的旅游者

引导腿脚不便的旅游者游览时,尽量不走或少走台阶,尽可能走平坦的道路,有无障碍通道的地方让他们走无障碍通道。

(2)聋哑旅游者

讲解时尽量靠近聋哑人并放慢讲解速度,以便他们从导游员的口型来获取信息,懂手语的导游员应打手语帮助他们(导游员最好能学一点手语,以便更好地为聋哑旅游者服务)。

(3)视障旅游者

对盲人的讲解要生动形象,帮助他们调动想象思维,从而从导游员的讲解中获取美的享受;有可能时,让视障旅游者触摸某些可以触摸的东西;有盲道的地方引领他们走盲道。

(4)合理安排游览活动

残疾旅游者不仅行动困难,在游览时也比常人更劳累,导游员要合理安排游览活动和行走线路,注意安排休息时间,要照顾好他们上卫生间,到餐厅用餐时要尽可能为他们提供方便。

(5)注意服务的方式方法

导游员必须注意,生理上有缺陷的人往往有很强的自尊心,如果导游员的言语不当,或过分的关心、照顾,过分殷勤的服务,有时不仅达不到预期的效果,反而会刺伤他们的自尊心,使他们对导游员的言行产生反感。若出现这种情况,会给导游员的工作带来不少的麻烦。所以,导游员在接待残疾旅游者时要谨慎,一定要注意自己的言行,注意服务的方式方法。

（四）宗教界旅游者的接待

宗教界人士参加旅游活动，除旅游外往往还要进行宗教交流活动。他们大多友善，但特殊要求较多。导游员要努力做好如下工作，向宗教界旅游者提供高质量的导游服务。

1. 学习掌握我国的宗教政策

导游员要学好、用好我国的宗教政策，掌握相关的基本情况，在与宗教界旅游者交往时，导游员要做到：

（1）不参与涉及宗教问题的争论。

（2）不宣传“无神论”。

（3）不将宗教、政治、国家制度混为一谈，不妄加评论。

2. 学习相关宗教的教义、教规

导游员要学习一点相关宗教的教义和教规，了解接待对象的教职，以免在接待中发生差错，造成误会。

3. 满足特殊要求

宗教界人士在生活方面一般都有一些特殊要求和禁忌，导游员必须熟悉并不折不扣地予以满足：提前通知饭店、餐馆有关宗教旅游者的生活禁忌和饮食要求，让其做好准备；一定要安排伊斯兰教旅游者在有穆斯林标志牌的餐馆用餐。

4. 尊重宗教信仰和戒律

导游员要尊重旅游者的宗教信仰，熟悉相关宗教的习惯和戒律，时时处处予以尊重。

（五）高层 VIP 旅游团（者）的接待

社会地位高的旅游者，一般文化素养高、知识面广。他们游览时，希望听到内容丰富、正确、高质量的导游讲解，希望能与导游员进行愉快的、高水平的交流，有问题时，希望能得到正确、流利的回答。他们除参观游览外，往往还担负着其他任务和使命，因此，做好这类旅游者的导游服务工作具有十分重要的意义，有利于扩大旅游企业和地区旅游业的影响，提高其声誉，导游员要予以高度重视。

1. 充满自信

高层旅游者的社会地位虽然高，但是在参观游览时，他们只是一名普通的旅游者，只是导游员的一名服务对象，导游员不要因对方的地位高而胆怯，不要因对方的官大而有太大的心理压力。如果导游员像对待其他旅游者一样，有一颗平常心，信心十足地接待他们，沉着地导游讲解，就有可能向他们提供高质量的、令其满意的导游服务。

2. 充分准备

接待高层旅游者，要做好充分的准备，如形象准备、心理准备、知识准备等。

知识是一个人努力学习、长期积累起来的，但若有可能，接待前就相关知识做好充分准备相当重要，尤其有必要准备相关的专业知识、设想可能谈及的问题。这样可以帮助导游员生动、精彩地讲解，流利地与旅游者交谈并正确地回答他们的问题。

3. 多尊重

社会地位高、文化素养高的人待人接物时一般都友好、客气、尊重他人，同时也希望得到他人的尊重。导游员在为高层旅游者提供导游服务时，不允许出现任何方面的差错，所以导游员一定要谦虚谨慎，尊重他们的意见和建议，重视他们的要求，满足他们的正当要求。

4. 多请示

接待高层旅游者时，导游服务要以主要领导为核心，导游讲解也要以主要领导为主；严格按规定进行游览活动并随时请示陪同人员，努力高质量地完成导游服务工作。

第二节　语言技能

语言，是人类沟通信息、表达和交流思想感情、达到相互了解的重要手段，是人类最重要的交际工具。语言是一种特殊的社会现象，它随着社会的发展而发展，为人类社会服务。

语言，是导游员最重要的基本功之一，正确使用语言（汉语、外语），优美、得体的语言表达对导游工作质量至关重要。

一、导游语言

在长期的导游实践中逐渐形成了具有导游工作特色的行业语言——导游语言。这是一种用于同游客交流思想感情、指导游览、进行讲解、传播文化的具有丰富表达力、生动形象的口头语言。

我国著名美学家朱光潜先生指出："话说得好就会如实地达意。使听者感到舒适，产生美感。这样的说话就成了艺术。"导游员的语言表达，直接影响着游客的心理活动，所以应该在语言艺术的"达意"和"舒服"上下功夫。

（一）导游语言的运用原则

导游语言，是一种高雅的口头语言，有"快、急、难、杂"的特点，往往没有时间字斟句酌，但是，一名优秀导游员却能以准确、精彩的语言生动形象地进行导游讲解，这是因为他不仅具有扎实的语言功底，而且在运用语言时又遵循"正确、清楚、生动、灵活"四原则并重视导游语言的"八要素"。

1. 导游语言"四原则"

（1）正确

正确性是导游语言科学性的具体体现。语言的科学程度直接影响着旅游者的心理,他们的兴趣、情绪随之升降。导游语言的科学性越强就越能吸引对方的注意,越能满足他们的求知欲,导游员也会受到游客更多的尊重。

导游语言的正确性主要表现在下述三个方面:

①语音、语调、语法、用词造句正确,讲外语时要避免家乡音和汉语语法的影响。

②多用敬语和谦语。与旅游者交往时多用敬语和谦语有利于传达友谊和感情,但必须尊重对方的风俗习惯,也要适合自己的身份;礼仪用语要适度,不宜矫饰,避免使用对方礼仪上忌讳的语言;多用东、西方的成语、谚语,适当引用名人名言,这往往能起到画龙点睛的作用,还可使导游员的谈吐显得高雅,使人产生好感,但要正确、恰到好处,附庸风雅的言辞只会使人耻笑;使用俚语要谨慎;不要乱用高级形容词。

③内容、观点正确。讲话的内容必须有根有据、正确无误。切忌胡编乱造、张冠李戴,即使是神话传说也应有其本源,不能信口开河。

(2)清楚

清楚,是导游语言科学性的又一体现,要求导游员在导游讲解时:

①简洁明了,确切达意;措辞恰当,组合相宜;层次分明,逻辑性强。

②文物古迹的历史背景、艺术价值,自然景观的成因及特征必须交代清楚。

③使用通俗易懂的语言,忌用生僻的词汇、冗长的书面语;不要满口空话、套话;使用中国专用的政治词汇时要向外国游客作适当解释。

(3)生动

生动形象,是导游语言美之所在,是导游语言的艺术性和趣味性的具体体现。语言的生动性不仅要考虑讲话的内容,也要考虑表达方式,而且,还要力求与神态表情、手势动作以及声调等和谐一致。导游员的语言表达如果是平淡的、背书式的单调、呆板,甚至是生硬的,必然使听者兴味索然,甚至会使对方在心理上产生不耐烦或厌恶的情绪;而生动形象、饶有趣味、发人深省的导游讲解才能起到引人入胜的作用。所以要求导游员在导游讲解时力争做到:

①使用形象化的语言,以创造美的意境。

②语言生动流畅。语言生动流畅才能达意,给人以美感,它是导游讲解成功的基本保证之一。它不仅要求导游员讲话的音调正确优美、节奏适中、语法无误、用词恰当,更要求导游员的思维逻辑清晰,讲解的中心内容明确,有整体性和连贯性。如果逻辑混乱、词不达意、结结巴巴、吞吞吐吐,不仅得不到导游讲解的预期效果,还可能会引起误会,当然更谈不上让旅游者获得美的享受了。

③在充分掌握导游资料的情况下注意趣味性,努力使情景与语言交融,给人以美的享受,激发起浓郁的游兴。

④恰当的比喻。比喻使讲解更易理解，生动的比喻往往会让人感到亲切。

⑤富有幽默感。“幽默是一种优美的、健康的品质。”（列宁）幽默是一个人具有相当修养和文化水平的表现，是一个人聪明才智的标志。

讲话幽默风趣是导游语言艺术性的重要体现，它使导游语言锦上添花，使听者感到轻松愉快，使气氛活跃、增高游兴；遇到问题时，幽默可以稳定情绪，保持乐观，忘记忧愁和烦恼；幽默也是一种处理问题的手段，它可以消除人际关系的龃龉，可以缓解、甚至摆脱窘境。

有位哲人曾说过，“幽默是人际关系的润滑剂”，但是，如果“幽默的话说得不好，很容易变成友谊的致命伤”。所以导游员要避免滥用幽默，要注意幽默语言的品位，切勿伤害在场任何人，不要针对一个人的身体缺陷，也不要针对他国的内政、宗教和王室。

（4）灵活

导游员要灵活地使用导游语言，对特定景点的讲解要适应各类旅游者的文化素养，满足他们的不同层次的审美要求。例如，对专家、学者和中国通，导游员在讲解时要注意语言的谨慎、规范；对初访者，导游词要热情洋溢；对年老体弱者，讲解时力求简洁从容；对青年，导游讲解应活泼流畅；对文化水平低的旅游者，导游语言要力求通俗化。这就要求导游员在较高的语言修养的基础上灵活地安排讲解内容，使其深浅恰当；灵活地运用语言，使其雅俗相宜，努力使每个旅游者都能获得美的享受。

2. 导游语言的“八要素”

（1）言之有物。导游讲解的内容要充实，有说服力；导游员的语言应是客观事物的观念化，具有鲜明的思想性；不讲空话，套话，不玩弄美丽的辞藻。

（2）言之有据。导游员讲话要负责，切忌弄虚作假；导游员讲解必须有根有据，令人信服，不得胡编乱造、张冠李戴。

（3）言之有理。导游员说话要诚实，要讲道理，以理服人，即要言之有理，入情入理。

（4）言之有情。导游员的言语要友好，富有人情味，让旅游者感到亲切、温暖。

（5）言之有礼。导游员讲话要言语文雅，谦虚敬人，令旅游者听后赏心悦耳。

（6）言之有神。言者有神，言必传神，导游讲解时多用形象化的语言，声音传神，引人入胜。

（7）言之有趣。导游讲解要诙谐、幽默、风趣，能令人愉悦，活跃气氛，提高旅游者的游兴。

（8）言之有喻。导游员在导游讲解时要适当比喻，生动易懂，给游客留下深刻美好的印象。

上述“八要素”中，言之有理体现了导游语言的思想性，言之有物、言之有据体现了导游语言的科学性和知识性，言之有神、言之有趣、言之有喻是导游语言的艺术性和趣味性，言之有礼、言之有情则是导游员的文化修养在导游讲解中的具体体现。

总之，导游语言是一种高雅的口头语言，具有生动形象、通俗易懂并能从多方面调动旅游者注意力、激发游兴的特点。为此，在导游讲解中，导游员必须注意语言的科学性（实事求是）、知识性（融会贯通各种相关知识）和艺术性（幽默、风趣、传神）。成功的导游讲解一定有严密的思维逻辑、严谨的语言结构、流畅的表达方式和娴熟的导游讲解技能，以及典故、成语、谚语、比喻等语言成分和手段的恰当运用，还要和自己的神态表情、手势动作及声调和谐一致。

（二）导游语言的音、调和节奏

导游语言是一种口头语言艺术，讲究音调的高低轻重，语言的起承转合、自然流畅，以及节奏的徐疾顿挫，即讲究语言的音乐性。为了充分发挥语言艺术的作用，就要努力使导游语言的音、调和节奏运用恰到好处，根据实际情况灵活运用，达到传神的目的。

1. 导游语言的音、调

德国人哈尔拉德·巴特尔指出："讲话的艺术在于适中。"作为口头艺术语言的导游语言在运用时必须掌握"适中"这个原则。

导游讲解时，导游员要避免声音过高或过低，声音太高，造成噪声，令人讨厌，高声说外行话更让人瞧不起；声音太低，让人听起来费劲，还会给人以说话无把握、缺乏信心的印象。因此，导游员讲话时的声音强弱要适度，以游客听清为准（必要时借助扩音器）。

导游讲解时，导游员的语调要优美、自然、正确又富于变化，让人听起来悦耳动听，亲切自然，以求产生感染力，打动旅游者的心弦。所谓正确，是指导游员在用外语讲解时语言要标准，语调要符合外语习惯；优美自然是指语言流畅、起伏有度，讲话时既不矫揉造作，也不平淡无奇。

2. 导游语言的节奏

节奏是导游语言艺术性的要求之一，包括：

（1）讲解的节奏

视具体情况而定，要快慢结合，徐疾有致。

（2）声调的节奏

导游讲解时导游员的声音要抑扬顿挫有度，声调要适时变化，富有感情色彩，要有音乐般的节奏感。

音、调和节奏体现着导游语言的艺术性，直接影响旅游者的审美效果，导游员要予以高度重视。导游讲解时导游员应努力做到语言流畅，语气亲切，节奏分明，音调优美，悦耳动听；力求与导游活动浑然一体，有声有色，使客、导之间有思想上的交流,有感情上的共鸣。

二、应对技能

导游员与旅游者的交往时间虽然不长,但涉及范围很广;大家相处一般是轻松愉快的,但有时也会出现不愉快、令人尴尬的情况。此时,如果导游员的语言技巧娴熟,应对得当,就可化解矛盾、解决难题,使旅游者满意,导游员自己也高兴,双方关系就会更和谐,也可以显示导游语言的高品位和导游服务的高质量。

导游员与旅游者的交往广泛,涉及的问题很多,下文将就“应答”、“道歉”、“回绝”、“聚谈”诸方面简单介绍导游员常用的应对技巧。

(一)应答

导游员与旅游者在一起,一般是友好相处,有问有答,谈笑风生。但是,旅游者中总有那么一小部分人,或由于禀性,或由于误解、错觉,或故意发难,喜欢不时地刁难导游员,还可能提出一些涉及政治方面的挑衅性问题。

应对旅游者的刁难,处理挑衅性的问题,政策性强,但又不能回避,这要求导游员沉着冷静,必要时据理驳斥,表明自己的立场、观点。

1. 沉着应对

(1)“冷处理”

对个别旅游者的刁难和挑衅,绝不能一听就头脑发涨,跳起来与其针锋相对,高声驳斥,在一般情况下进行“冷处理”是正确的做法。有关政见问题,最好别当面争论,以免激化矛盾。

(2)避免正面冲突

导游员要有主人的气度,但不能无原则地一味忍让,而应在必要时进行适度反击,反击要有理、有利、有节,要力求不伤主人之雅、不损客人之尊,避免正面、公开冲突。

(3)不可意气用事

导游员与旅游者交往,什么时候都不能意气用事。对持有不同政见者,对刁难过、挑衅过自己的旅游者,事后都不得故意冷落他们、不为他们服务;而是相反,相遇时要热情招呼,要继续为其周到服务,满足他们的正当要求。

2. 正面回答

如果有个别旅游者提出有关国家统一、民族团结、邪教、歪曲历史等诸如此类的原则性问题,导游员一定要立场坚定、观点鲜明地给予明确回答,绝不能模棱两可,更不能态度暧昧,必要时严正驳斥。正面回答或是严正驳斥,必须有理、有据、有节。

(二)道歉

由于旅行社安排不当,或由于导游员的工作失误,造成旅游者不愉快、抱怨甚至抵触，导游员发现后必须立即采取相应的弥补措施，或满足其正当要求，或给予某种补偿；但别忘了还要向旅游者道歉，以求消除误会，获得他们的谅解，摆脱被动局面。有时，其他接待单位的服务不到位，让旅游者不高兴，导游员了解后也要代人受过，代向旅游者道歉。有时，由于不可抗因素而服务不周，造成一些不愉快或意外麻烦，这当然不是导游员的责任，但也要实事求是地进行耐心解释，以免旅游者因误解而迁怒于导游员和接待单位。

1. 道歉要及时

导游员一旦发现接待单位错了或自己错了，就应向旅游者道歉，越早越好。勇于承认自己的过失、敢于承担责任的导游员不但不会引起旅游者的反感，恰恰相反，这样的导游员会得到他们的尊重。道歉这事越耽搁就越难启齿，所以要抓住时机，不放弃机会。

2. 道歉要真诚

导游员知道错了，就应真心诚意地向旅游者道歉。真诚的道歉会得到旅游者的谅解，获得他们的好感。导游员必须注意，不要让旅游者感觉到你的道歉是被迫的，甚至是在推诿责任。若是这样，就可能会造成更多的麻烦。

3. 道歉要大方

错了就是错了，导游员知道错了，就应实事求是地承认错误，就得大大方方地向旅游者道歉。如果导游员能在全团旅游者面前道歉，效果会更好，会使客导之间的关系更加融洽。

4. 勇于承担自己的责任

导游员知错就要勇于承认，知错就改，知错就要向旅游者真诚道歉，但不能大包大揽，把所有责任都揽在自己身上。若这样，绝不代表导游人员勇敢、风格高尚，而只能证明他的无知。导游员要学会分清责任，只承担自己的责任，学会分辨"深感遗憾"和"必须道歉"的区别，不要为息事宁人而认错，更不要糊里糊涂地作出赔偿承诺。

有时，导游员虽然要向旅游者致以歉意，但要设法表明"责任不在我"。例如，旅游团因更换航班比原计划提前到达，地陪事先并不知道，等到导游员赶去会合时，有的旅游者就可能不满，发出指责、抱怨声，这时导游员会感到委屈，但绝不能说"这不是我的责任，是你们提前到了"。若这样说，旅游者会更生气，导游员只会更被动。通常，导游员最好这样说："我刚知道各位提前到达，让你们久等了，请各位原谅。在以后的游览过程中请各位给我机会弥补这次过失，让大家在北京游览愉快。"这样说，表明"我没有迟到，而是你们早到了，责任不在我"；"请大家原谅"、"弥补过失"之类的话显示了导游员的风度；"让大家游览愉快"本来就是导游员的责任，而在这里说，显示出导游员的友好态度、良好作风，定会收到很好的效果。

(三)回绝

旅游者会提出种种要求,很多是合情合理的,也有可能办到的,但也会有一些既不合理又无法实现的要求,甚至是些无理的要求。对于这类要求,导游员无法或不能予以满足,就得拒绝。通常,旅游者大多是明白人,只要导游员耐心地讲清道理,他们会接受导游员的解释,会谅解导游员。然而,拒绝旅游者的要求,不免会让部分旅游者失望,使他们感到伤了面子,客导之间也可能会失和,为短暂的旅游活动蒙上阴影。这就要求导游员学会一些回绝旅游者的技巧和方法并正确运用。

1. 婉言拒绝

旅游者提出的要求虽然合理但实现不了,导游员不能直截了当地一口拒绝,以免伤了对方的自尊心。最好是先肯定对方的要求,然后婉转地说明不能实现的理由。例如,旅游者提出超出接待标准的要求时,导游员可以"接待旅行社不能单方面不执行旅游协议"为由加以婉拒。又如,旅游者要求增加计划外的游览活动,但时间不允许时,导游员就可以这样予以婉拒:"你们的要求很有意思,要去观赏的景点确实很美,如果时间许可的话,我会尽量安排。"

有时,导游员也可借故推脱或用耸肩摊手的动作表示"无可奈何"、"办不到",对一些难以回答的问题,导游员可顾左右而言他,或借口回避。

2. 直接拒绝

对一些原则性问题必须坚持,对一些有伤风化或我国法律禁止的要求和建议,导游员必须明确无误地拒绝。

对一些合理但根本实现不了的要求,导游员要说明原委,致以歉意,但应当机立断,明确告知不能满足其要求。有的导游员对旅游者的个别要求明知办不到,但怕伤和气,或者不好意思当场回绝,就含糊地答应了,这样做不仅会误事,还可能会更伤和气,让导游员处于尴尬境地。

(四)聚谈

导游员与旅游者相处的时间不长,但应利用各种机会多与他们交谈,让他们更多地了解中国、了解首都,导游员也在交谈中进一步熟悉客源国(地)。为了使聚谈成功,应该掌握谈话艺术并熟练运用,而高超的谈话艺术绝非一日之功,希望导游员勤奋学习,虚心请教,勇于实践并做有心人,长期总结、积累。

导游员与旅游者交谈时若能注意下述诸方面,可能会获得比较理想的结果。

1. 善于选择话题

导游员与旅游者交谈一般不宜开门见山、直接切入某一话题,而应先说一点别的,例如,与英国人聊聊天气,与法国女性谈谈服饰打扮,与老人说说养生之道,然后趁机转入某一话题。

为了使聚谈愉快、成功,导游员要善于选择话题:

(1)大家感兴趣的话题

多人聚谈，话题不能太专，而要选择在场大多数人感兴趣、谈得起来的话题。

(2)令大家高兴的话题

大家聚在一起，忌讳让人扫兴、不愉快的话题，而要选择令人愉悦、舒畅的话题。

(3)健康的话题

聚谈，忌讳格调低下的话题，那些乱七八糟、博人一笑的庸俗内容绝不是导游员与旅游者欢聚时的交谈内容。另外，导游员与旅游者交谈，必须讲究语言文明，摒弃脏话、粗话等语言"垃圾"。

2. 善于随机应变

当话不投机时，导游员要见好就收，当出现分歧时，要灵活地转移话题；如果旅游者不想说话或不打算多说话，就不要与之攀谈，更不得纠缠，而是寒暄几句后就客气地分手，但当旅游者谈兴正浓时，就不能停止谈话，避免让旅游者感到意犹未尽。谈话的灵活性还表现在对不同对象讲不同的话、持不同的态度。例如，对长者讲话要恭敬、认真，要完整地听他们把话讲完或把意思表达清楚；与女性讲话要谦让、谨慎，不过多地开玩笑，等等。总之，与旅游者交谈时，导游员要注意营造轻松快乐的氛围。聚谈时，导游员要灵活应变，但不要让对方产生"此人油滑"的感觉。此外，若旅游者提出的问题没有听懂，导游员不要急于回答，以免答非所问。更不要在没有听清对方讲话内容时就乱下结论或做出强烈反应。

3. 不涉及隐私

互相尊重是社交聚谈时必须遵循的原则。因而交谈时忌讳谈及他人隐私，不触及他人痛处，不道破他人秘密，不议论第三者；不强迫他人回答不愿回答的问题；不要显露出自己施恩与某人(此人在场时更要注意)，但不要忘记自己曾得到过他人的恩惠。

4. 不恶言伤人

在社交场合，切忌恶言伤人，不攻击他人，不当众指责他人(即使是下级或晚辈)，忌讳蔑视语、烦躁语、斗气语。讲话时忌讳尖酸刻薄，尖刻机敏者纵能让人叹赏，但也令人敬而远之。

5. 慎言

话语如同水，容易倒出去，极难收回来，所以要三思而后言。与人交谈，不得胡言乱语，切忌泄露国家机密；不谈及他国内政及宗教等问题，不讲他人忌讳之事，例如，不与印度人谈牛的坏话，不与欧美人讲打狗、宰狗的事，不与穆斯林提及猪和酒的话题；不传播流言蜚语，不搬弄是非；开玩笑、讲幽默话也要注意，切勿伤及在场的任何人。

6. 注意对话

所谓"聚谈"，就是大家讲话，注意有来有往。与人交谈不要一个人喋喋不休，讲个没完,这是最令人厌烦的行为。

7. 不要自我吹嘘

社交聚谈的目的是为了交流,而绝不是吹嘘自己的场合。不要炫耀自己,急于表露自己者往往得不到预期效果,而质朴、与人平等交谈者反而能获得信任和敬重。与人交谈时矫揉造作,装腔作势,咬文嚼字,故弄玄虚绝不会取得好的效果,卖弄自己只会让人讨厌。

8. 冷落他人是大忌

多人交谈时要照顾大家,要与多数人谈话,忌讳与一两个人窃窃私语;不要冷落任何人,不要让任何宾客产生被遗弃的感觉,导游员也应注意不冷落任何游客。

9. 适当沉默

"雄辩如银,沉默是金。"面对强词夺理者、无理取闹者、故意挑剔者、恶语伤人者,沉默是最好的反抗。对不熟悉的话题,最好也保持沉默,不要抢先说外行话。不过,沉默不可滥用,故意显得高深莫测会让人敬而远之;沉默要与言谈和谐一致,相辅相成,才能获得预期效果。

10. 耐心听别人讲话

听别人讲话一要耐心,即约束自己、集中思想听;二要会心,即主动反馈,做出心领神会的反应;三要虚心,即尊重对方意见,平等交谈。不要随意打断对方讲话,如要插话应客气地提出并表示歉意。

三、导游讲解技能

导游服务是一门艺术,集表演艺术、语言艺术和综合艺术于一身,集中体现在导游讲解之中。

导游讲解是一种创造性劳动,由于导游员的具体条件各异,工作范围不同,因此,导游员的导游方法和技巧各不相同。而且,在具体工作中,对不同对象应该运用不同的导游方法和技巧。一名优秀导游员之所以能成功,其导游效果之所以不同凡响,是因为他有渊博的知识,是因为他的导游方法和技巧既符合实际需要、符合客观规律,又具有自己的特色、有与众不同的魅力因素。

(一)导游讲解原则

导游方法千变万化,但在运用时有其内在的基本规律,就是导游员必须遵循的导游原则。

1. 正确性原则

导游员在导游讲解时,无论采用何种方法和技巧,都必须以客观存在为依托,即必须建立在自然界或人类社会某种客观事实的基础之上。只有这样,经过导游员的整理、加工、构造出来的意境才能对旅游者产生感染力,激起他们的兴趣,使其浮想联翩,在不知不觉中受到美的感染,获得精神享受。那种凭空想象的导游词最多只能博旅游者的一笑,弄不好还会产生相反的效果。

导游员都应向旅游者进行正确的讲解,不管是自然景观还是人文景观,都要尽可能地讲清、讲透,帮助旅游者解惑释疑。

2. 针对性原则

所谓针对性,就是从对象的实际情况出发,因人而异,有的放矢。导游员的工作对象复杂,要根据他们的具体情况,在接待方式、服务态度、导游内容、语言运用、讲解的方式方法上有所不同。导游讲解时,导游词内容的广度、深度及结构应该有较大的差异。通俗地说,就是要看人说话,投其所好,导游员讲的正是旅游者想知道的、感兴趣的内容。例如,游览北京故宫时,对初次远道而来的西方旅游者,导游员可以讲得简单一些,作一般性介绍,但对多次来华的游客就应多讲一些,讲得深一点;对比较了解中国的近邻国家的游客,导游词的内容应该广一些,深一点;对港、澳、台同胞及海外侨胞,特别是他们中的老年知识分子,除比较详细介绍故宫这个实体外,还要讲一些有关典故和背景材料;对研究古建筑和中国历史的学者要就他们的专业内容进行较为深入详细的讲解;对一般旅游者就应多讲些传闻、逸事,使导游讲解更生动更风趣。总之,导游讲解要使旅游者的不同需求获得合理的满足。

3. 计划性原则

所谓计划性,就是导游讲解的科学性和目的性,就是要求导游员在特定的工作环境和时空条件下,发挥主观能动性,科学地安排日程,有计划地进行导游讲解。这是导游方法和技巧运用是否得当的标志之一。

周密的计划是导游工作成功的保证。周密的计划可使导游方法和技巧得到有效的运用和发挥,旅游者可在有限的时间里看到最多的东西,获得最大的精神享受;反之,旅游活动就有可能失败。

旅游者在每个城市或地区的活动日程和时间安排是计划性原则的中心。旅游团在一地的逗留时间只有短短的几天,有的只有一天,这就需要导游员对旅游活动做出严密的计划。即使由于种种原因被迫延长或缩短在一地的游览时间,导游员也要与领队和旅游者商量,制订出适应变化了的条件的活动计划。活动计划一旦形成,一切活动都应严格按时间表进行并力求准点,一般不轻易更改。

导游员要注意科学分配每一天的活动时间并按规定顺序进行一天内的各项活动,以防出现"前松后紧"或"前紧后松"的现象。

计划性的另一个具体体现,是每个参观游览点的具体导游方案。导游员应根据景点及时间等具体情况选择最佳游览线路,导游讲解也要作适当取舍。如果不考虑时空条件,事先无科学的计划,到了目的地再临时应付,就不可能充分利用时间,不可能收到最好的导游效果。

4. 灵活性原则

所谓灵活性,就是导游讲解要因人而异、因时制宜、因地制宜。

我们所讲的最佳时间、最佳线路、最佳旅游点等都是相对的,客观上的最佳条件若缺少主观完满的导游艺术的运用和发挥,就不可能达到预期的导游效果。

导游方法贵在灵活、妙在变化。这是因为旅游者的审美情趣各不相同,不同景点的美学特征千差万别,而大自然又千变万化、阴晴不定,游览时的气氛、旅游者的情绪也可能发生变化。所以,即使游览同一景点,导游员也要根据季节的变化,时间、对象的不同,灵活地运用导游知识,采取切合实际的方式和内容进行导游讲解。总之,导游讲解的内容可深可浅,可长可短,可断可续,一切视具体对象和当时的时空条件而定,切忌千篇一律、墨守成规。

正确性、针对性、计划性和灵活性,体现了导游活动的本质,反映了导游方法的规律,也是导游讲解的最基本原则。它们不是孤立的抽象概念,而是不可分割的有机整体。导游员应灵活运用,自然而巧妙地将其融进导游讲解之中,不断提高导游讲解水平和导游服务质量。

(二)常用的导游方法和技巧

国内外导游专家和有经验的导游员总结出了很多行之有效的导游方法和技巧,本节择要介绍八种导游手法。

1. 分段讲解法

对比较小的景点可采用平铺直叙法进行导游讲解,但对规模大的景点就不能面面俱到、平铺直叙地介绍了,而应采用分段讲解的方法。

所谓分段讲解法就是将一处大景点分为若干前后衔接的部分,分段讲解。首先在前往景点的途中或景点入口处的示意图前用概述法介绍景点(包括历史、社会背景、面积、欣赏价值等),并介绍主要景观的名称,使游客对将要游览的景物有个初步印象,达到“见树先见林”的目的,使之产生“一睹为快”的欲望,即通过游前导,将旅游者导入审美对象的意境。然后到现场顺次游览讲解。在讲解这一景区的景物时注意不要过多涉及下一区的景物,但也要讲一点,目的是为了引起游客对游览下一景区的兴趣,并使导游讲解一环扣一环,让景物讲解时时扣人心弦。

2. 突出重点法

突出重点法就是在讲解时重点介绍游览景点的特征及与众不同之处,突出景点价值的导游方法。导游员在讲解时要突出下述四个方面:

(1)突出景点中具有代表性的景观

游览规模大的景点,导游员必须作好周密的计划,确定重点景观。这些景观既要有自己的特征,又能概括全貌。在现场,导游员主要讲解这些具有代表性的景观。

(2)突出景点的特征及与众不同之处

旅游者在中国旅游,往往要参观宗教建筑,它们中有佛教寺院,有道教宫观,也有伊斯兰教清真寺,各具特色。就是同为佛教寺院、同一佛教宗派的寺院,其历史、规模、结构、建筑艺术、供奉的佛像等也各不相同,导游员在讲解时必须讲清其特征及与众不同之处,尤其在同一地区或同一次旅游活动中参观多处类似景观时,更要突出介绍其特征,以求吸引旅游者的注意,避免游客产生“雷同”的感觉。

(3)突出旅游者感兴趣的内容

旅游者的兴趣爱好各不相同,但从事同一职业的旅游者往往有共同的职业爱好,导游员要了解情况,在游览时应突出讲解旅游团内大多数人感兴趣的内容。投其所好的讲解手法往往能产生良好的导游效果。

例如,导游讲解故宫时,对一个以建筑学家为主的旅游团,导游员除作一般介绍外,要突出讲解故宫的布局、主要建筑物及其建筑艺术,还要讲解故宫建筑物和装饰物的象征意义等。如果能将中国的宫殿与西方宫殿的建筑艺术比较,就提高了导游讲解的层次,更能吸引人。但面对以历史学家为主的旅游团,导游员就不能讲太多建筑艺术了,而应更多地讲解故宫的历史沿革,它在中国历史上的地位和作用以及在故宫中发生的重大事件等。

(4)突出“……之最”

在参观某地、某一景点时,导游员可突出介绍世界(中国、某省、某市、某地)最大(最长、最古老、最高)的……这样的介绍可突出景点的价值,可给旅游者留下深刻的印象,激发他们的游兴。不过,在作“……之最”介绍时要实事求是,要有根有据,绝不能杜撰。

3.“虚”、“实”结合法

“虚”、“实”结合法就是导游讲解中将典故、传说与景物介绍有机结合,即编织故事情节的导游手法。就是说,导游讲解要故事化。平淡地就事论事,枯燥无味,不可能产生艺术感染力,如果将景观和相关的传说、故事结合起来,可使导游讲解情景交融、引人入胜。所以,在导游一个景点时,先讲什么,后讲什么,中间插入什么典故、传说,导游员要心中有数,加上语言的形象风趣,语调的起伏变化,导游讲解定会产生艺术吸引力。

“虚”、“实”结合法中的“实”是指景观的实体、实物、史实、艺术价值等,而“虚”则指与景观有关的民间传说、神话故事、典故、趣闻逸事等。“虚”、“实”必须有机结合,但以“实”为主,“虚”为“实”服务,以“虚”烘托情节,以“虚”加深“实”的存在,努力将无情的景物变成有情的导游讲解。

在选择“虚”的内容时要注意“精”、“活”。所谓“精”,就是所选传说是精华,与景观密切相关;所谓“活”就是使用时要活,见景而用,即兴而发。

4. 触景生情法

触景生情法就是见物生情、借题发挥的导游方法。在导游讲解时导游员不能就事论事地讲景物,而是要利用所见景物制造意境,引人入胜,使游客产生联想,从而领略其中之妙趣。此外,导游讲解的内容要和所见景物统一和谐,使其情景交融,让游客感到情中有景、景中有情。总之,导游员要通过生动形象的讲解,有趣而感人的语言,赋予景点生命,注入情感,引导游客进入审美对象的特定意境,从而使他们获得更多的知识、更多美的享受。

5. 问答法

问答法是一种常用的导游手法,就是在导游讲解时导游员向游客提问题或启发他们提问题的导游方法,目的是为了活跃气氛,引起联想从而避免导游员唱独角戏的灌输式讲解,使客、导之间产生思想交流,使游客获得参与感或自我成就感的愉快。问答法有多种形式,主要有:

(1)自问自答法

导游员提出问题,并作适当停留,但并不期待旅游者回答,只是为了吸引他们的注意力,促使他们思考,激起兴趣。然后作简洁明了的回答或作生动形象的介绍,以求给游客留下深刻的印象。

(2)我问客答法

导游员要善于提问题,但要从实际出发,适当运用。希望游客回答的问题要提得适当,估计游客不会毫无所知,也可能会有不同答案,导游员要诱导大家回答,游客的回答不论对错,导游员都不应打断,更不能取笑。最后由导游员讲解,并引出更多、更广的话题。

(3)客问我答法

导游员要善于调动旅游者的积极性,让他们提出问题。游客提出问题证明他们对某一景物产生了兴趣,进入了审美角色。对他们提的问题,即使是幼稚可笑的,导游员也不能取笑他们,更不能显出不耐烦。但是,对旅游者的提问,导游员不要他们问什么就回答什么,而要有选择地回答一些与景点有关的问题,或将部分问题融入导游讲解之中,注意不要让游客的提问冲击讲解,打乱安排。

6. 制造悬念法

导游员通过提问,给予启示,巧妙安排,激起游客的兴趣,使其产生悬念,这种方法即制造悬念法。

制造悬念,通俗地讲,就是用某种手法吊旅游者的胃口。导游讲解中提出令人向往的话题,当旅游者的兴趣被激起,急于知道结果 、了解来历时,导游员却故意暂不回答,而让游客去思考,去琢磨,去判断,最后才讲出结果。这是一种"先藏后露、欲扬先抑、引而不发"的手法。一旦"发"(讲)出来,会给游客留下特别深的印象,而且导游员可始终处于主导地位,成为游客的中心。

制造悬念的方法很多，例如问答法、引而不发法、引人入胜法、分段讲解法等都可能激起旅游者对某一景物的兴趣，引起遐想，急于知道结果，从而制造出悬念。

制造悬念是导游讲解的重要手段，在活跃气氛、制造意境、增加旅游者的游兴、提高导游讲解效果方面往往能起重要作用。但是，再好的导游方法都不能滥用，"悬念"不能乱造，以免起反作用。

7. 类比法

所谓类比法，就是以熟喻生，达到类比旁通的导游手法。即以旅游者熟悉的事物与眼前的景物比较，便于他们理解，收到事半功倍的效果。

类比法分为同类相似类比和同类相异类比，不仅可在物与物之间进行比较，还可作时间上的比较：

(1)同类相似类比

同类相似类比，就是将两个类似的事或物进行比较，例如将北京的王府井比作日本东京的银座、美国纽约的第五大街、法国巴黎的香榭丽舍大街或上海的南京路、香港的尖沙咀等，把上海的城隍庙与日本东京的浅草相比；参观苏州时，可将其称作"东方威尼斯"；讲到梁山伯与祝英台的故事时，可称其为中国的罗密欧和朱丽叶等。这种类比便于游客理解并使其产生亲切感。

(2)同类相异类比

这种类比法可将两种风物比出质量、水平、价值等方面的不同，例如中国长城与英国哈德良长城之比，中国故宫和日本天皇宫之比等。使用这种类比法还可比出两种风物在风格上的差异，例如，参观北京故宫时与法国的凡尔赛宫作比较，游览颐和园时与凡尔赛宫花园进行比较。这种东西方宫殿建筑和皇家园林艺术之比，使西方游客听了不仅享受到中国宫殿建筑和皇家园林的艺术美，也对东西方文化传统的差异有了进一步的认识。

(3)时间之比

在游览故宫时，导游员若介绍故宫建成于明永乐十八年，不会有几个外国旅游者知道这究竟是哪一年；如果说故宫建成于 1420 年，可能会给人以历史久远的印象；但是，如果说在哥伦布发现新大陆前72 年中国人就建造了眼前的宏伟宫殿建筑群，这不仅便于游客理解，给他们留下深刻的印象，也可能使外国人产生中国人了不起、中华文明历史悠久的感觉。

正确、熟练地使用类比法，要求导游员掌握丰富的知识，要对相比较的事物有比较深刻的了解，并针对来自不同国家的旅游者，将他们熟悉的风物与他们所看到的景物相比，切忌作胡乱、生硬的比较，而且使用时要谨慎，不要伤害游客的民族自尊心。

8. 画龙点睛法

用几个字或一两句话概括所游览之景点，使游客留下突出印象的导游手法称为画龙点睛法。旅游者听了讲解，游览景点后，既看到了“林”，又观赏了“树”，一般会有一番议论。导游员应趁机给予适当的总结，以简短的语言点出景物精华之所在，帮助游客进一步领略其奥妙，获得更多的精神享受。

例如，游览颐和园后，旅游者可能会对中国园林大加赞赏，这时导游员可用“抑、透、添、夹、对、障、框、借”八个字来概括中国古代园林的造园艺术，并帮助旅游者回忆在颐和园中所见的相应景观。这样做不仅加深旅游者对颐和园的印象，还可对中国的园林艺术有初步的了解。

上文介绍的都是些常用的导游手法，但是，在具体工作中，各种导游方法和技巧不是孤立的，而是相互渗透、相互依存、不可分的，导游员只有将其融会贯通，视具体情况灵活、熟练地运用，才能使导游活动有声有色、不同凡响。

本章提示

本章介绍了导游服务技能。通过本章的学习，学生应就导游员的带团技能和导游语言的运用技能有所了解。

本章要点

带团过程中导游员要处理的各种关系，对特殊旅游者的接待方式及注意事项，导游语言及其特点，导游语言的运用原则和八要素，常用的导游手法和运用这些手法时应遵循的原则及注意事项。

复习思考题

1. 为什么说导游工作是一门艺术？导游工作的艺术性表现在哪些方面？
2. 怎样带好一个旅游团？为此，导游员要做哪些工作？
3. 导游员必须处理好哪些人际关系？还应处理好哪些关系？
4. 怎样正确接待老年旅游者、残疾旅游者、宗教界旅游者和高层旅游者？
5. 怎样正确对待旅游团中的儿童？接待儿童要注意什么？
6. 什么是导游语言？导游语言有哪些特点？
7. 运用导游语言时应遵循哪些原则？
8. 什么是导游方法的运用原则？相互之间是什么关系？
9. 什么是“制造悬念法”、“虚实结合法”、“问答法”、“突出重点法”、“触景生情法”和“画龙点睛法”？
10. 怎样才能正确使用导游方法？

第五章

心理学知识在导游服务中的运用

旅游接待服务，不仅向旅游者提供“有形”的物质服务，同时通过人际交往和精神文明这些“无形”的心理感情因素的服务手段来满足他们的要求。旅游服务是“有形”和“无形”的有机结合，但主要通过“无形”的精神和心理因素服务能动地发挥“有形”物质设施的作用，使其产生真正的价值。对旅游服务质量的评价标准往往取决于人为的、对旅游者的精神服务所产生的心理影响，即游客的“满意”程度。说旅游业销售的是“无形产品”，就是强调了旅游服务中“心理服务”的重要性。

旅游服务心理研究的是以旅游者为对象，通过心理学的原理分析存在于旅游服务过程中旅游者的心理因素并根据他们的心理和行为特点，采取相应的服务措施，提供具有针对性、最有效、最佳的服务，特别是心理服务，保证旅游服务质量的不断提高。

导游员是旅游接待服务的第一线工作人员，与旅游者相处的机会最多，时间最长，他们提供的服务将直接影响旅游服务的质量，直接影响游客对旅游服务的“满意”程度。因此，导游员掌握一定的心理学知识，随时研究旅游者的行为和心理活动，向他们提供有针对性的心理服务，处理旅游者的投诉及其他问题则显得更为重要。

第一节　向旅游者提供心理服务

为了提高导游服务质量，导游员不仅要向旅游者提供功能服务，更重要的是向他们提供心理服务。

功能服务，亦称机能性服务，即旅游合同规定的旅游者有权享受的服务项目。

心理服务，亦称情绪性服务，即在心理上对游客施加影响，使其在精神上获得享受并留下难忘的印象。

为了有针对性地提供心理服务，导游员要了解旅游者的旅游动机，他们在旅游活动中的心理状态,熟悉他们的兴趣爱好等生活情趣、喜怒哀乐等思想情绪。要做到这些,就得靠导游员的经验积累,而且要求导游员仔细地观察旅游者的情绪变化,进行认真的调查研究,分析旅游者的心理活动,根据获得的信息随时调整心理服务的内容和方式。

在为旅游者提供心理服务时,导游员必须:

一、尊重人

自尊心人人都有,自尊心(包括变态的自尊心——虚荣心)是人的最为敏感的神经。

尊重人,就是要尊重旅游者的人格和愿望,就是要在合理而可能的情况下努力满足旅游者的要求,满足他们的自尊心和虚荣心。

旅游者千里迢迢来中国、本地观光游览,都期望得到中国人、当地人的欢迎、尊重、关心和帮助,这里并不存在国别、社会地位和经济地位的不同,所以导游员要一视同仁地尊重所有旅游者。

旅游者对于受到尊重的需求是强烈的、非常敏感的,这是正常的、合理的和起码的要求。导游员必须明白,只有当游客生活在热情友好的气氛中,自我尊重的需求得到满足时,才能使所有的服务发挥效能。尊重,在心理上的地位极为重要,有了尊重才有共同的语言,才有感情上的相通,才有正常的人际关系。

尊重,是人际关系的基本准则之一,不过,尊重是相互的,也是相对的。当导游员礼貌待客、微笑服务、热情主动并耐心倾听他们的意见和要求时,这首先在心理上满足了游客的自我尊重的要求。反过来,他们也会尊重导游员,愿意与导游员一起搞好旅游活动。要得到别人的尊重,首先要尊重别人,也要自己尊重自己。你不尊重别人,别人也就不尊重你,这是自然的;如果你自己违法乱纪、自轻自贱,自己不尊重自己,当然也不可能期待别人对你的尊重。

“扬他人之长,隐其之短”是尊重旅游者的一种重要做法,在旅游活动中导游员要妥善安排“参与性”活动,使游客获得自我成就感,从而让他们在心理上获得极大的满足。不过,导游员要注意,“参与性”活动绝不能勉强游客,避免触动他们的自卑感而产生抵触情绪。

二、使用柔性语言

为向旅游者提供高质量的心理服务,导游员首先要注意自己的用语。导游员的一句话可能会使旅游者感到高兴,赢得他们的好感,但也可能刺伤他们的自尊心,得罪了他们。

“一句话能把人说笑,也能把人说跳。”让人高兴的语言往往柔和甜美,称为“柔性语言”。柔性语言表现为语气亲切,语调柔和,措辞委婉,说理自然,多用商讨的口吻。这样的语言使人愉悦亲切，有较强的征服力，往往能达到以柔克刚的交际效果。

导游员在与旅游者相处时，绝不要争强好胜，不要与游客比高低、争输赢，不要为满足一时的虚荣心而做“嘴上胜利者”，而要在导游服务中贯彻“双赢原则”。当然，“争输赢”和“明辨是非”不是一码事，不能混为一谈。

三、微笑服务

微笑，是自信的象征，是友谊的表示，是和睦相处、合作愉快的反映。微笑，是人所拥有的一种高雅气质。微笑，是一种重要的交际手段。真诚的笑、善意的笑、愉快的笑，能产生感染力，从而缩短人们之间的距离，架起和谐交往的桥梁。

发自内心的、善意的笑才是美的笑，而只有美的笑才能产生魅力，这样的笑加上亲切、真诚和谦恭的态度，文质彬彬的问候，热情周到的服务，定会使游客感到温暖可亲、宾至如归。所以，导游员要努力为旅游者提供微笑服务，要笑口常开，要“笑迎天下客”。不会笑的人不可能成为好的导游员。

四、多提供“个性化服务”

个性化服务，即针对游客的个性化需求而提供的有人情味的服务。什么是“人情味”？最重要的是了解人、体贴人。向旅游者提供个性化服务，就是要求导游员心中有旅游者，随时关心他们，对他们“特别关照”，从而使他们感觉受到了优待，产生自豪感。自尊心得到满足的旅游者就会愿意与导游员合作，共同保证旅游活动的顺利进行。

多提供个性化服务，使客、导之间有感情上的交流，有利于建立伙伴关系；多提供个性化服务反映出中国导游员和旅游者之间不仅是提供服务者和被服务者之间的金钱关系，还存在人与人之间的正常关系，从而使导游活动更富有情感，更有人情味。向旅游者多提供个性化服务体现出中国导游员的社会主义职业道德和高质量的导游服务水平，是具有中国特色旅游业的重要特征，也是构成中国旅游业的一大魅力因素。

在现实的导游服务中，提供个性化服务的机会是很多的，导游员的一句话、一个行动往往会产生意想不到的效果。但是，一些不起眼的“小事”做起来却并不那么容易，关键还在于导游员心中是否有旅游者，眼中是否有“活”。一名合格的导游员随时都有为旅游者提供个性化服务的机会，并愿意去做、积极去做。“细微之处见真诚，莫因小事而不为”应当是导游员的箴言。

我国有位经验丰富的旅游专家提出了“多走一里者优”的口号，强调在为大家服务的基础上给旅游者以特别照顾。优秀导游员之所以优秀，之所以突出于一般导游员，其区别往往就在这里。

五、与旅游者交朋友

导游员和旅游者之间存在主客关系以及服务者和被服务者的关系。作为主人和服务者，导游员要为客人和被服务者排忧解难，提供热情周到的礼貌服务，要尊重他们的人格，尊重他们的习俗，要保障他们的合法权益，满足他们的合理而可能的要求；客人可以挑剔，可以投诉，甚至可以借故出气，但导游员却不能意气用事，要始终坚持有理、有礼、有节，坚持不卑不亢的原则。

导游员应该是旅客之友、游人之师。帮助旅游者找到美，让其在短暂的时间里最大限度地享受到美，导游员责无旁贷。为了顺利完成这一重要任务，导游员最好以旅游者"朋友"的身份出现，多与他们商量，对大家都一视同仁，不仅向他们提供功能服务（这是服务的必要因素），更要提供心理服务（这是服务的魅力因素）。这样做，客、导之间就可能产生感情上的交流，就能融洽相处，工作就会顺利，服务质量就会提高。因此，与旅游者交朋友是导游员、特别是全程导游员带好团、胜利完成导游服务的关键之一。

第二节　有的放矢地向旅游者提供心理服务

心理服务是富有人情味的服务，要了解人，体贴人。导游员要善于了解游客的困难、期望和要求，善于了解他们的心理特征、生活情趣和情绪变化及其旅游动机，在充分了解的基础上对他们体贴入微，满足他们的正当要求，解决他们的困难，避其所恶，投其所好，提供有针对性的服务。

导游员可通过不同途径了解旅游者，从而向他们提供具有针对性的导游服务。

一、根据国籍、阶层、职业、年龄、性别了解旅游者

每个国家、每个民族都有自己的传统文化和民风习俗，有不同的性格特征和思维方式。来自不同国家、不同民族的旅游者，不同阶层和职业的旅游者，不同性别和年龄的旅游者的心理特征是不同的，他们的兴趣爱好、审美情趣也各不相同，因此，导游员要根据实际情况向他们提供有针对性的心理服务。

（一）东、西方人的性格和思维方式

东方人：含蓄、内向，往往婉转地表达意愿；他们的思维方式一般是从抽象到具体，从大到小、从远到近。

西方人：开放、自由、易激动，感情外露，喜欢直截了当地表达意愿并希望得到肯定答复；他们的思维方式一般是由小到大、由近及远、由具体到抽象。

不过，同是西方人，不同国家居民的个性心理特征还存在很大差别，如：

英国人：矜持、幽默、绅士派头十足；

美国人:开朗、大方、随随便便;

法国人:喜自由、易激动、热爱生活;

德国人:踏实、勤奋、不尚虚文;

意大利人:热情、无拘无束。

根据西方人的思维特征,要求导游员在宣传中国和导游讲解时不要先下结论,更不要把自己的观点强加于人,而是对他们讲真的、让他们看实的,由他们自己去下结论。根据各国、各民族人民的不同个性心理特征,导游员要向他们提供有针对性的心理服务。

作为东方人的日本人和韩国人,办事严谨,注重礼节礼貌,感情不外露,与他们交往要尤其注意他们的性格和心理特征,与他们建立友好的私人关系。

(二)不同阶层旅游者的性格

来自上层社会的旅游者,大多严谨持重,发表意见往往经过深思熟虑,一旦发表,希望得到导游员的重视;他们希望听到高品位的导游讲解,获得高尚的精神享受。接待这类旅游者,导游员要做好知识准备和心理准备,要自信地、不卑不亢地为他们提供到位的导游服务。

一般旅游者喜欢不拘形式的交谈,话题广泛,比较关心带有普遍性的社会问题;在游览活动中更希望听到带有故事性的导游讲解,轻轻松松地旅游度假。

(三)不同年龄、性别旅游者的特点

年龄大的旅游者好思古怀旧,对游览名胜古迹、会见老友亲朋有较大兴趣;他们出游时更希望得到导游员的尊重及体贴入微的关照。

年轻旅游者好探新求奇,对热门的社会问题有浓厚的兴趣,喜欢多动多看。

妇女,特别是中年已婚妇女喜欢听带故事性的导游讲解,喜欢谈论商品及购物。

二、从旅游动机了解旅游者

(一)旅游动机

动机是直接推动人们去行动的心理因素或是激励人们去行动的内在原因,在心理学上叫“需求”。

旅游动机大体上可分为七大类:游览观光,文化体育活动,疗养保健,文化交流,政治和经济目的,探亲访友、怀旧以及购物。

(二)满足旅游者的主要需求

导游员应了解旅游者的旅游动机,努力满足他们的主要需求。一个人最重要的东西得到满足后的愉快是最大的愉快,所以满足旅游者的主要需求是旅游活动成功的重要保证,但也不要忽视次要需求并随时诱发他们的间接兴趣。只有了解了旅游者的旅游动机,导游员才有可能有的放矢地安排旅游活动,提供的导游服务才有可能符合他们的需求和愿望,才能帮助他们达到预期的旅游目的。

1. 观光旅游者

对观光旅游者，导游员应着重知识性的导游，尽量安排参观名胜古迹、游览风景区的活动；对所导游的景点，导游员不仅要知其然，还要知其所以然，导游讲解时要说得清、讲得明，要告诉旅游者奇在哪里、美在何处。总之，要让他们吃得满意，住得舒服，玩得痛快。

2. 疗养、保健旅游者

对疗养、保健旅游者，应安排轻松、悠闲的活动，不使其心理上感到紧张、身体上感到劳累；住处的环境要优美、宁静，游览地点以清静优雅的风景点为佳；要提供必要的医疗条件和保健活动场所。

3. 探亲、访友旅游者

对探亲访友者，导游员要态度热情、工作认真，以助人为乐的精神积极安排他们与亲友会见，甚至可安排他们故地重游、与亲友同游等。

4. 商务、会议旅游者

对商务、会议旅游者，应组织他们游览当地最具代表性的旅游景点并陪同他们购买特产及旅游纪念品，导游员要当好购物顾问。

5. 希望消除烦恼的旅游者

有人希望通过旅游消除心中的烦恼，获得新的心理平衡。这要求导游员做个有心人，了解他们的旅游目的，尽力避免触及他们的痛处，安排丰富多彩、轻松愉快的旅游活动让他们愉快起来。

三、从旅游活动各阶段旅游者的心理变化了解旅游者

了解旅游者在旅游活动各阶段的心理活动和情绪变化对导游员来说具有特别重要的意义，只有真实地了解他们的心理状态，才能向他们提供真正能令其满意的导游服务。

（一）整个旅游活动期间：从众心理

团队旅游者对旅游团、对导游员的依赖性较大，期望导游员自始至终对他们热情关心、周到服务。导游员要利用这种“从众心理”，从旅游活动一开始就设法建立旅游活动秩序，例如，准时出发、参观游览期间集体行动等。

（二）旅游活动初期阶段：求安全心理、求新心理

1. 求安全心理

旅游者初来乍到，兴奋激动，但由于人地生疏、语言不通，因而产生孤独感、茫然感、不安全感和惶恐感，存在拘谨心理、戒备心理，怕举手投足犯忌、被人笑话。

此时，消除旅游者的紧张感就成为导游员的首要任务，要更多地去关心他们，要笑脸相迎，热情周到，处处维护他们的利益，时时保卫他们的人身和财产安全。当游客提出安全问题时，导游员必须注意倾听、认真对待、妥善处理，努力以实际行

动让游客感到自己是一个能信赖、可依靠的人。从而使旅游者获得外出旅游的“解放感”和“轻松感”,轻松愉快地旅游,尽情地享受旅游给予他们的乐趣。

2. 求新心理

旅游过程中,旅游者的注意力和兴趣转移,到处寻找刺激,以满足追新、求异、猎奇、增长知识的心理需求,这在初期阶段显得尤为突出。

为满足旅游者的这一需求,导游员要科学地、有针对性地多组织些轻松愉快的参观游览活动并做生动精彩的讲解,耐心回答他们的问题,即使有些问题幼稚可笑,导游员也必须认真回答。在该阶段,旅游者最怕的是遇上一个“哑巴”导游员。

(三)个性表露阶段:懒散心态、求全心理

随着时间的延长、接触的增多,旅游团成员之间、客导之间越来越熟悉,旅游者的神经越来越放松,这个阶段旅游者的心理特征主要表现为:

1. 懒散心态

旅游者的时间概念更差,群体观念更弱,活动过程中更加自由散漫,丢三落四的现象越来越严重,旅游团内部的矛盾逐渐暴露……这些均属“旅游病”的症状。

2. 求全心理

旅游者在导国他乡总希望享受到在家中不可能得到的服务,希望旅游活动的一切都是美好的、理想的,从而产生生理上、心理上的过高要求。在这个阶段旅游者对导游服务更加挑剔,一旦要求得不到满足,就可能产生强烈的反应,甚至会出现过火的言行。

在旅游活动的这个阶段,最容易出差错,导游员的工作最难。因此,要求导游员精神高度集中,对任何事不得掉以轻心,导游讲解要精彩,游览活动更有计划性;要求导游员向旅游者多强调出发时间,反复讲必要的注意事项,多提醒他们保管好自己的物品、注意安全。

(四)旅游活动结束阶段:忙于个人事务

即将回家时,旅游者的心情波动较大,开始忙乱起来,他们希望与亲友联系、购买称心如意的物品,但又怕行李超重。总之他们希望有更多的时间处理个人事务。

在这个阶段,导游员应向旅游者多提供富有人情味的服务,做好必要的弥补工作。

四、通过言行举止了解旅游者

从旅游者的言行举止可以判断其性格,从而方便导游员向不同性格的旅游者提供相应的心理服务。

就性格而言,旅游者可分为两大类:外向型和内向型(或分为稳定型和不稳定型),前者包括活泼型(多血质)旅游者和急躁型(胆汁质)旅游者,后者包括稳重型(黏液质)旅游者和忧郁型(抑郁质)旅游者。

（一）活泼型旅游者

爱交际，喜讲话，好出点子，乐于助人，喜欢多变的游览项目。有经验的导游员对这类游客要扬其长，避其短；要乐于与之交朋友，但要避免与他们过多交往；要多征求他们的意见和建议，但不要让其左右旅游活动，打乱正常活动日程；可请其帮助活跃旅游生活的气氛，协助照顾年老体弱者。在旅游团中这类旅游者往往能影响其他人，导游员应与之搞好关系，在适当场合要对他们的工作表示感谢。

（二）急躁型旅游者

性急，好动，争强好胜，情绪不稳定，易冲动，好遗忘，喜欢离群活动，比较难对付。对这类旅游者，导游员要避其锋芒，不与他们争论，不要激怒他们；在他们冲动时不要与之计较，待他们冷静后再好好商量；多向他们提供微笑服务，对他们要热情并随时注意他们的安全。

（三）稳重型旅游者

易交往但不主动与人交往，不愿麻烦他人，动作稳重，不轻易发表见解，游览时喜欢细细欣赏，购物时爱挑选比较。对这类旅游者，导游员要多尊重他们，不要怠慢；多主动接近他们，尽量满足他们的正当要求；与他们说话要客气、诚恳，速度要慢，声调要低；对他们提出的意见和建议要认真对待。

（四）忧郁型旅游者

身体弱，易失眠，忧郁孤独，少言语，但重感情。对这类旅游者，导游员要尊重他们的隐私，要多亲近他们，多关心体贴他们，但不要与之大声说笑，不要过分地表示亲热，更不要与他们开玩笑、打闹。

旅游者中以活泼型和稳重型居多，急躁型和忧郁型只是少数。不过，旅游者中只有少数人才表现出上述典型性格，大部分人则表现得不明显，往往兼有其他类型的特征。而且，在特定场合，人的性格特征会变，会出现复杂的特殊表现。因此，导游员在向旅游者提供心理服务时要因人、因时而异，要随时观察旅游者的变化，及时调整，力求使导游服务更具针对性，获得预期的效果。

第三节　处理问题时心理学知识的运用

导游员懂一点心理学，学会运用心理学知识，会使导游服务的质量大大提高。导游员随时运用心理学知识去分析问题，分析旅游者的心理，就有可能及早解决问题，或者可能较容易解决问题，解决得更正确些。

这是因为导游员只有了解旅游者的心理状态，掌握他们的情绪变化，才能发现问题，从而力争将旅游者的不满情绪和问题消除于萌芽之中。导游员了解了游客、了解了不满情绪和问题的原因，就找到了解决问题的钥匙，并可根据主客观条件，调动诸多因素，选择适当时机，采用适当方式合情合理地处理问题。

一、导游员应始终处于“成人自我”状态

为使旅游活动顺利进行并取得成功，导游员在任何情况下，处理任何问题时，始终要使自己处于“成人自我”状态，冷静地分析情况，果断地做出决定，合理地解决问题，切忌感情用事。客、导之间出现矛盾时，只要导游员沉着、冷静，就有可能使对方冷静下来，当双方都处于“成人自我”状态时，什么事都好商量，双方都理智地思考问题，问题就可能会合理解决。通过心平气和的交谈，双方的误会可能会消除，矛盾就会缓和，纠纷就有可能烟消云散，还有可能成为朋友。导游员处事沉着、果断会提高威信，明智地、合情合理地解决问题能使旅游者信服，就有可能客、导同心协力，共同使旅游活动成功。如果导游员一遇事就失去理智，一出问题就手忙脚乱，一有争论就图一时痛快，做“嘴上胜利者”，动不动就大发雷霆，这样的行为不仅于事无补，解决不了任何问题，反而会影响客、导关系，也为自己增添无数麻烦，严重时会影响整个旅游活动的顺利进行。

有时，个别旅客因生气而在导游员面前“不讲理”，甚至大吵大嚷，导游员在此时绝不能也“不讲理”，而要暂时对他或顺从、或宽容，必要时要引导他发泄出心中的“怨气”。这样做并不意味着做无原则的迁就，更不是在游客面前卑躬屈膝，而是设法诱导他的“成人自我”，以求进行“成人对成人”的商讨，找出解决问题的办法。

二、处理问题和事故时正确运用心理学知识

导游员对落实旅游计划一般都做了充分精心的准备，但难免会发生不测事件，例如因某种原因被迫改变活动日程、变更游览项目等，碰到这处情况，导游员必须避免自作主张，以免旅游者产生“被迫接受导游员支配”的感觉。即使你的主张是正确的、必要的，也不应这样做。这时“果断”失去了意义，而是要明智地处理问题，即正确运用心理学知识，与游客商量，多做说服工作，争取他们的谅解和支持。在时间许可时，不要一出问题就急匆匆地去找旅游者，最好在愉快的游乐之后，在融洽的交谈之中，将遇到的困难和需要解决的难题告诉旅游者，这样做往往会比较容易获得旅游者的谅解和支持，从而妥善地处理问题。

第四节　导游员的心理素质

导游员良好的心理素质是导游活动成功的重要保证。导游员必须具备的心理素质包括以下四个方面：

一、敏锐的观察能力和感知能力

导游讲解“贵在灵活,妙在变化”,而灵活变化的依据是通过观察得到的信息。这要求导游员善于通过不同方式观察并发现旅游者的心理变化和需求,及时调整导游讲解的详略、深浅和快慢,使其更具针对性。还要求导游员在参观游览现场善于观察周围环境,若发现异常,就得当机立断,或改变游览线路,或将旅游者带离现场,保护旅游者的安全并保证旅游活动顺利进行。

二、冷静的思维能力和准确的判断能力

导游员在带团过程中,要冷静思考各种各样的问题并准确判断,采取有效措施,正确予以处理。当遇到险情时,导游员要沉着冷静、果断处理,这样往往能化险为夷,避免事故的发生;出现问题后,措施果断,处理合情、合理、合法,会减少损失,降低不利影响。

三、较强的自控能力

导游员应该是一个心理健康的人,一个自尊心强的人,一个无论在什么情况下都不会放纵自己、不感情用事的人。

(一)理性的心理品质

导游员必须有理性的心理品质,明白自己的角色是“服务员”,自己的任务是为游客提供服务。一上团,导游员应该很快进入角色并不受任何外来因素的影响,要始终精神饱满、热情友好、笑口常开。

(二)不卑不亢

导游员与旅游者、入境旅游团领队及其他人员交往时,应既不傲慢又不胆怯,始终沉着自然、不卑不亢。

(三)双赢原则

在旅游活动中,导游员与旅游者及其他人员之间出现矛盾、发生纠纷是常有的事,旅游者有时会对导游服务工作挑剔、指责,甚至无理取闹。对此,导游员不能感情用事,与之争高低,做“嘴上胜利者”,而要以理服人,并且理明则让,力争双赢,避免发生正面冲突。

(四)克服厌烦情绪

在较短的时间内,人们多次、几十次去同一景点,一般都会产生厌烦情绪,但对导游员而言,这种情绪却是做好导游服务工作的巨大障碍。一名合格的导游员去一个曾经到过上百次的旅游景点,都应该像第一次游览时那样兴奋,并因此感染旅游者一起游览、一起欣赏美景,加上导游员的精彩讲解游览活动就有可能成功。可以这么说,克服厌烦情绪是导游员做好导游工作的前提条件之一。

四、果断性和坚持性

导游员处事沉着、果断,有利于旅游活动的成功,旅游团遇到险情时,导游员临危不乱、处理果断,往往能化险为夷,避免事故或减少损失。导游员的这一意志品质有助于树立威信,确立其在旅游团中的领导地位。

做任何事都要有毅力,无毅力者终将一事无成。导游员要始终如一,耐心、周到地为旅游者服务,坚持满足游客的合理而可能的要求,坚持将导游工作做得尽善尽美、善始善终,坚持洁身自好,等等。

总之,导游员应永远是一名心理健康的人,对自己充满自信,待人处世热情、冷静,有感情有理智,精干持重,机智灵活,努力为自己树立一个可信赖、有魅力而又不可欺的形象。

本章提示

本章介绍的是导游服务中运用心理学的一些常识。导游服务中运用心理学知识是需要继续研究、实践的重要课题。通过本章的学习,学生应能对在导游服务中使用心理学的有关知识有所了解。

本章要点

功能服务和心理服务,向旅游者提供导游服务时导游员应持的态度,了解旅游者的方式方法,导游员应有的心理素质及在导游服务中正确运用。

复习思考题

1. 什么是心理服务?向旅游者提供心理服务的意义何在?

2. 导游员为什么必须尊重每位旅游者?“尊重人”与提供心理服务之间存在何种关系?

3. 什么是“个性化服务”?提供个性化服务在提高导游服务质量中起什么作用?

4. 怎样才能有的放矢地向旅游者提供心理服务?

5. 怎样分析旅游过程中旅游者的心理活动?导游员应采取什么样的相应措施?

6. 导游员怎样运用心理学知识处理旅游活动中出现的问题?请举例说明。

7. 导游员应具备什么样的心理素质?为什么?

8. 试论服务工作中“微笑”的必要性和重要性。

第六章

美学知识在导游服务中的运用

旅游是人类社会特有的,以自然环境和人文社会环境为对象的,动态的欣赏美、创造美的活动。它不仅能起到满足人们的爱美、求美之需求,也具有净化情感、陶冶情操、增长知识的作用。向不同层次、不同审美需求的旅游者介绍美,尽量满足他们的审美追求是导游员工作的中心任务。为此,导游员应掌握必要的美学知识并学会将之正确运用于导游实践之中。

第一节　旅游活动是综合性的审美活动

旅游活动,是一项寻觅美、欣赏美、享受美的综合性审美活动,它集自然美、生活美、艺术美为一体,熔文物、古迹、建筑、雕刻、绘画、书法、音乐、戏剧、风情、美景和美食于一炉,满足各种旅游者的不同审美要求。

旅游活动是审美活动,但什么是“美”?

罗丹曾说:“美到处存在,对于我们的眼睛不是缺乏美,而是缺乏发现。”就是说,大千世界无处不存在美,只是有时不知怎样去发现美。人类世界千姿百态、五彩缤纷,不过,就其美的形态而言,一般可将其归纳为三种:自然美、社会美和艺术美。

一、自然美

自然风景美,是一种整体的空间美,一种变化莫测的风光美,一种综合的整体美。青山绿水、江河湖泊、花草树木、飞禽走兽、蓝天白云、烟雾彩霞等都显现出自然风景的魅力。自然美具有共性,也具有个性,个性特色越突出,越能给人以奇妙的感受。身处自然美景之中,感情涟漪,思绪万千,不同审美层次的人都可获得美的享受。所以,自然风光美特别吸引人。

二、社会美

社会美,是人类在改造自然、征服自然的过程中表现出的能力,是人类的劳动美、生活美。社会美包括精神领域(理想情操、伦理道德、民俗风情等)和物质领域(建筑、服饰、物品、田园等)。它与人民的生活息息相关,能诱发人们的种种审美心理。

三、艺术美

艺术美,是自然风光美和社会生活美的反映,是一种更为概括、更为集中、也更为典型的美。这种典型化了的艺术美在风景欣赏中往往起着画龙点睛的作用,它以形传神、形神兼备,能激发起不同人的不同联想和神往,因而受人青睐。但是,缺少必要的审美知识、不懂艺术的人很难享受到艺术之美。

自然美、社会美和艺术美,不是孤立的,而是相互交融的,形成完整的极具魅力的整体美。一座名山风景区,有自然风光的魅力,也包含了人类改造自然的社会美,加上艺术美的点缀,使其处处显示出和谐统一的美色英姿,吸引着成千上万的游客。

人们到异国他乡旅游,一般都期望欣赏异域的自然美、社会美和艺术美,其中有很多是他们平时所接触不到或不太熟悉的东西。唯其如此,他们才会有一种强烈的旅游心理冲动和欲望,也唯其如此,他们的审美欲望会更具有迫切感。到异乡寻求美感的旅游者总希望在较短的时间里获得最大的美的享受,于是自然地产生了一个实际需求,即希望借助他人的知识和经验达到其审美的目的。他们希望借助的这个人,就是导游员。

第二节　导游员在旅游审美活动中的作用

凡人都有爱美之心,但是,由于所处时代、环境的不同以及经历的不同,人的审美情趣各不相同。而且,人的审美需求和审美能力(经验、知识等)总是随着其社会实践的深度、广度和社会地位的不同而日积月累并各有所异。所以,作为审美主体的旅游者在观赏作为审美客体的旅游资源时必然会获得不同的美感。例如,对风景美,几乎人人都能感受到,但感觉、知觉还只属于较低层次的审美,只有达到理解、领悟的程度,人们才能自觉地、全面地进行观赏,获得最大的享受。又如,对于艺术美以及对于社会美中的理想情操、民俗风情等,不懂的人往往感觉不到美,这就需要别人、特别是当地人的引导和帮助。

这个引导者,应该就是导游员。在旅游审美活动中,导游员起着不可或缺的作用。

一、导游员是旅游审美信息的传递者

(一)帮助外国(外地)旅游者了解中国人(当地人)的审美观

外国旅游者来到中国,他们不熟悉中国,不知中国旅游景观的美在哪里,不懂

中国人的审美观,因而不知道怎样去欣赏中国景观、尤其是人文景观的美;有的外国人对中国旅游景观的审美标准有所了解,但有所了解并不意味着会欣赏,因此他们就是置身于中国的旅游胜地,也并不一定能获得美的享受。例如,一处美好的景点或一件美好的物品不一定能引起审美主体的注意,或者不被感觉到美,因而轻易地从旅游者的视野中溜走,使其丧失了旅游景物的观赏价值。这可能是由于审美主体的漫不经心,但更主要的是因其不懂景物或物品的美的价值。又如,中国画讲究意境,呈现出画、诗、书法、金石的综合美,看惯了油画的西方旅游者不一定能感受到中国画的美,所以就不可能获得美的享受。再如,参观中国的名胜古迹时,如果没有导游员的讲解或传递相关的审美信息,外国旅游者很难从中领略古迹的内在美。外国人,就是同为中国人,到一地旅游,一般也很难理解当地的人文旅游资源,特别是风俗民情,往往感觉不到美,若无人指点,游客们更不可能欣赏它、享受它的美。上述例证说明,只有被人们感知了的和认识了的事物才能引起美感。导游员要对祖国、家乡的美好事物有深刻的了解,帮助旅游者认识中国人(当地人)的审美观和中国(当地)各类景物的审美标准,引导他们从不同角度欣赏中国(当地)的自然风光美和人文景观美。

(二)向旅游者正确地传递美的信息

作为旅游审美信息的传递者,导游员必须懂得什么是美,知道美在何处,而且要通过导游讲解正确地传递信息,让旅游者欣赏美,获得美的享受。这就要求导游员:

1. 灵活地、有的放矢地导游讲解

审美赏景是客观风光环境和主观情感结合的过程。由于人的审美情趣、审美知觉、审美判断、审美感受诸方面存在差异,而且,一个人的审美情趣还与他当时的思想情绪、心理状态以及思维活动有着密切的关系,此外,审美主体的审美选择性很大,即旅游者的审美动机各不相同,这就造成了旅游者审美需求的多样性和审美意识的差异性,从而决定了导游讲解的针对性和灵活性。

因此,导游员在引导旅游者游览时,不能将自己的审美观强加于人,而要了解旅游者一般的(旅游生活的全局)审美需求和特殊的(就特殊景物而言)审美需求,以及旅游者的审美心理特征,才有可能进行有的放矢的导游讲解。一名优秀导游员之所以获得成功,是因为他了解旅游者的审美个性,深刻了解祖国、家乡的美好事物并十分熟悉外国(外地)情况,懂得不同的审美观,善于将景物的形体美和内在美的特征与旅游者的审美需求和美感经验结合起来,创造出某种意境,突出最能引起旅游者审美情趣的内容,引起他们的共鸣,达到感知统一、情景交融,从而让旅游者获得真正的美感,得到美的享受。

2. 当好导游员,首先要当好旅游者

为了做好导游讲解工作,导游员应取得直接的或间接的美感经验和美的享受。

在现场导游活动中，导游员要进入角色，成为旅游者的真正伙伴，与他们一起游览并妙趣横生地介绍美景，共同欣赏；同时将自己获得的美感用生动的语言、欢快的声调讲出来，让大家分享你的欢乐愉快，与你一起获得美的享受。但是，导游员所讲解的景物，对其而言往往是多次见到、甚至是经常见到的东西，只有对司空见惯的东西怀有极深的感情，导游员才能津津有味、如数家珍般地将其介绍给旅游者，而绘声绘色的导游讲解会感染旅游者的情绪，使其产生强烈的兴趣，从而积极配合导游员，共同使旅游活动成功美满。如果导游员只导不游，无精打采地背诵导游材料，听者只会感到兴趣索然，就会无形中在自己与旅游者之间筑起一道心理上的屏障，即使导游员讲得筋疲力尽，但由于缺乏亲历其境的说服力和感染力，也不可能获得预期的导游效果。

二、导游员是旅游审美行为的调节者

旅游期间，旅游者往往处于既兴奋又紧张的状态之中。紧张感容易使游客疲劳，影响游兴，而兴奋感则促使他们随导游员去探新、求奇、寻觅美。游客的情绪高、游兴浓、精力充沛，旅游活动就有可能达到预期目的。因此，调节旅游者的情绪，强化他们的肯定态度，弱化其否定态度，保持并提高他们的游兴是导游员的一项重要工作，也是衡量导游员的能力和水平的一个重要标准。

情绪的产生跟人们的心理需要有密切的关系，它受客观条件的直接影响，也受个人生活方式、文化修养、宗教信仰等因素的制约和影响。

情绪是由特定的条件引起的，条件变化，情绪也随之变化。因此，情绪是短暂的、不稳定的、可以改变的。导游员应努力使自己成为旅游者情绪的组织者、调节者。

(一)调整旅游者的情绪

要调整旅游者的情绪，首先要了解产生消极情绪的主、客观原因。促使旅游者产生消极情绪的因素很多，例如，游客的某些要求得不到满足，导游工作中的差错，变更交通工具影响游览，服务不善，(旅途中或家中的)意外事故，健康状况，天气变化等。对这些因素了解得越详细、越透彻，就越容易解决问题。

导游员应根据不同情况，采用不同的方法，尽力调整旅游者的情绪。调整情绪的方法基本上可归纳为三种。

1. 补偿法

补偿法又可分成物质补偿法和精神补偿法两种。

(1)物质补偿：在住房、饮食、游览项目等方面出了问题应该给予补偿，而且替代物一般应强于原先的内容。

(2)精神补偿：导游员实事求是地说明困难、态度诚恳地赔礼道歉，这样就有可能得到旅游者的谅解。有时可让游客或引导他们将不满情绪发泄出来，使他们的心理达到某种新的平衡，从而消除消极情绪。

2. 转移注意力法

导游员要有意识地去调动旅游者的注意力,促使他们的注意力从一个对象转移到另一个对象。

当旅游团内出现消极现象时,导游员要用新奇有趣的活动、新的事物和真挚的感情去刺激他们,或用幽默、风趣的语言去吸引他们,从而转移他们的注意力,忘掉或暂时忘掉不愉快之事,使其愉快起来。

3. 分析法

将不愉快之事的原委讲清楚,分析透,一分为二地分析事物的两面性及其与旅游者的得失关系,有助于消除游客的不满情绪。

对因某些特殊要求得不到满足而情绪不佳者,导游员要从"合理"和"可能"两方面加以分析,说明不能满足其要求的原因,并表示遗憾,请其谅解(如果游客的要求既合理又有可能实现,则应给予补偿)。

导游员应明白,采用分析法往往是不得已之举,不要滥用,尤其是旅游者的消极情绪是由旅行社的安排不当或导游员的工作失误造成时,导游员就不能使用"分析法",更不要强词夺理。

(二)保持、提高旅游者的游兴

保持和提高旅游者的游兴,促使其产生新的游兴是对导游员的工作能力和导游才能的重要考验,是导游活动成功与否的一个重要标志。

兴趣是动机中最活跃的成分,是人们从事各种实际活动的强大动力之一,它在人的心理生活中占有重要的位置。不同人的兴趣各不相同,而这种差异来自人们不同的需求,它受到各人所处的社会地位、职业、年龄、文化水平诸方面的影响和制约,也受当时所处环境的影响和制约。

兴趣分直接兴趣和间接兴趣两类:

(1)直接兴趣,即景物的形象和知名度(如长城、长江三峡)以及特定意义的行动本身(如探险、风筝节)引起人们对其产生的兴趣。

(2)间接兴趣,即行动(如导游员介绍新景点)的结果激起的兴趣。

人的兴趣具有能动的特点,存在转移性和变化性。人的兴趣可随时转移,即从某种兴趣转到另一种兴趣;人的某一兴趣可产生、可消失,程度可增也可减。

兴趣的能动性特点要求导游员认真思考并切实解决下述问题:

(1)如何使旅游者从无兴趣、兴趣不高转为有兴趣或增加兴趣程度?

(2)如何保持旅游者游兴的稳定和持久并不断产生新的游兴?

(3)如何防止旅游者的游兴突然消失?

如果导游员在旅游者的游兴方面做好文章,则其导游技能和导游服务的层次就会大大提高。

在通常情况下,导游员要以引人入胜的讲解和灵活的导游技巧激起旅游者的兴趣,增强他们的自觉性,精神饱满、积极配合、克服困难去完成游览活动。尤其在不得已变更游览项目时,导游员更要通过精彩生动的介绍促使旅游者对替代项目产生兴趣(间接兴趣),从而使旅游活动顺利进行下去。

(三)激发旅游者的想象思维

人在审美赏景中离不开丰富而自由的想象,它是审美感受的枢纽。人的审美活动是以审美对象为依据,经过积极的思维活动,调动拥有的知识和经验,进行美的再创造的过程。人玩得最开心、最舒服、最感慨的时候,往往就是人体各器官对美景的协同感受达到高潮而产生美感升华的时刻。

导游员要了解旅游者的审美情趣和思想情绪,利用他们的审美意识,努力使导游讲解"寓情于理、借景抒情、情景交融",以求激发他们的想象思维,调动他们的联想、联觉能力,促使他们与审美对象产生情感交流,达到"物我交融"、"物我统一"的境地,从而获得美的感受。

(四)灵活掌握观景赏美的方法

旅游者观赏同一个景物,有的人获得了美感,有的人却没有,有的人得到了最大的美的享受,而有的人却感到不过如此。究其原因,除上文提到的审美情趣和思想情绪外,还存在欣赏美的方式方法问题。作为导游员,只有正确地引导旅游者去欣赏美,才有可能让他们得到美的享受,导游活动才有可能获得成功。欣赏美的方法很多,这里只介绍最常用的几种。

1. 动态观赏和静态观赏

无论是山水风光还是古建园林,任何风景都不是单一的、孤独的和不变的画面形象,而是活泼的、生动的、连续的整体,随着观赏者的运动,空间的形象美才逐渐展现在人的面前。旅游者漫步于景物之中,步移景异,异变影响感受,使人获得空间进程的流动美。人们常说"游山玩水"、"浏览风景",表明审美活动处于"动"的状态。

但是,在某一特定空间,观赏者可做选择性的风景观赏,即为静态观赏。这种观赏形式时间长、感受较深,可以让人获得特殊的美的享受。例如,在浙江海宁县盐官镇观看钱塘潮时,在泰山顶上观赏云海玉盘、黄河金带、旭日东升和晚霞夕照等景观时,让人遐想,令人陶醉。

至于何时"动观"、何时"静观",则应视具体的景观、时间而定,导游员要灵活运用,"动"、"静"结合,努力使旅游者在情景交融中得到最大限度的美的享受。

2. 观赏距离和位置(角度)

(1)空间距离

距离和角度是两种不可或缺的观赏原理。自然美景千姿百态、变幻无穷,一些拟人似物的奇峰巧石,只有从一定距离和特定角度才能领略其风姿。例如,从长江游船上观赏三峡美景神女峰,朦胧中看到的是一尊亭亭玉立、典型的中国美女像,然而，若借助望远镜观赏，一下子把距离拉近几倍、几十倍时，看到的只是令人失望的一块石头。又如，在黄山半山寺望天都峰山腰，有巧石状似金鸡，头朝天门，振翅欲啼，人称“金鸡叫天门”；但到了龙蟠坡，同一堆石头又变成五位老翁携杖登险峰的形象，构成了“五老上天都”的美景，这是由观赏角度不同造就的不同景观。作为导游员，在游览风景名胜时要适时地指导旅游者从最佳方位去观赏风景美，使其获得美感。

这种步移景异的空间流动美构成了山水风光的一大特色，初来乍到的旅游者不经指点一般是领略不到这种多姿多彩、千变万化的自然美景的，不熟识大自然美景的导游员也很难诱发旅游者的审美情趣，指导他们进行有效的审美活动。

（2）心理距离

观赏美景除掌握空间距离外，还应考虑心理距离。心理距离，是指人与物之间暂时建立的一种相对纯然的审美关系。适当的心理距离是审美活动的一项基本原则和显著特征。人们外出旅游，其目的就是要暂时切断与紧张、烦琐的日常生活及工作的关系，暂时摆脱烦恼和不愉快的心情。人在审美过程中，只有真正从心理上超脱于日常生活中功利的、伦理的、社会的考虑，超然物外，独立地、自由地进入审美境界，才能尽情地享受美的愉悦。如果一个旅游者不能超然物外，就不可能在旅游赏美活动中获得美感。例如，恐海的人就不可能领略大海那波光粼粼、天水相连，或波涛汹涌、惊涛骇浪的美景。刚失去亲人的游客就不大可能欣赏地下宫殿的宏伟、吐鲁番古墓中木乃伊的奇迹。情绪低落的人就是在蓬莱仙境中也不一定能享受到美的愉悦。常年生活在风景名胜周边的人往往对周围的美景熟视无睹，也不一定能获得赏美带来的欢快，“不识庐山真面目，只缘身在此山中”说的就是这个道理。

3. 观赏时机

观赏美景要掌握时机，即掌握好季节、时间和气象等的变化。光照、时令和气候影响着大自然中的色彩美、线条美、形象美、音响美、静态美和动态美。清明踏青、重阳登高、初春兰花、秋天红叶、雪中蜡梅等都是由自然万物的时令变化规律造成；在泰山之巅看晨曦中的旭日东升，黄昏时的晚霞夕照，美不胜收；晴天下午四时从景山顶看故宫，错落有致、层次分明的宏伟宫殿群尽收眼底；在蓬莱有时能观赏到海市蜃楼；在峨眉山顶有时能看到佛光……这些都是因时间的转换、光照的变化等造成的美景。

变幻莫测的气候景观是欣赏自然美景的一大内容。云蒸雾绕中的黄山美景令人回味无穷；庐山之美，就美在缥缈含蓄的云雾之中；游漓江，晴天的奇峰侧影、阴天的云雾山水、大雨天的漓江烟雨，景景都令人流连忘返。

在运动中赏景掌握好时机极为重要。有的美景的观赏时间只有几分钟，甚至只有几秒钟，一旦疏忽就可能失之交臂，后悔莫及。这要求导游员十分熟悉游览的景点，并高度集中注意力，才能帮助旅游者观赏到绝妙的美景。

4. 观赏节奏

观赏节奏无一定之规，应视观赏内容和观赏主体的具体情况（年龄、体质、审美要求等）确定。普通旅游者的审美目的是悦耳悦目、悦心悦意，是为了轻松愉快，获得精神上的享受。如果游览活动安排得太紧，观赏速度太快，就很难达到上述观赏目的。为此，导游员在组织审美活动时必须注意方法。

（1）有张有弛，劳逸结合

导游员要根据旅游团的实际情况安排富有弹性的活动日程，将审美活动安排得既丰富多彩，又紧松相宜，让游客在轻松自然的活动中获得最大限度的美的享受。

（2）有急有缓、快慢相宜

在具体的审美活动中，导游员要视具体情况把握好行进速度和导游讲解的节奏，哪儿该快、哪儿该慢、哪儿多讲、哪儿少讲甚至不讲，必须做到心中有数；对年轻人可以讲得快一点、走得快一点、活动多一点，对老年人就得讲得慢一点、走得慢一点、活动少一点……总之，要因人、因时、因地调节好审美节奏，才能使游客获得良好的审美效果。

（3）导、游结合

讲解是必要的，可帮助旅游者适时地、正确地观赏到美景，但有时让他们去凝神遐想，去领略体悟景观之美，往往会收到更好的审美效果。旅游者当然不喜欢那些"金口难开"的导游员，但也不欢迎不分场合唠叨不停的导游员。

综上所述，导游员要努力从审美主体的实际情况出发，力争使观赏节奏适合旅游者的生理负荷、心理动态和审美情趣，组织好旅游审美活动，让他们感到顺乎自然、轻松自在。只有这样，旅游者才能获得旅游的乐趣和美的享受，这才是成功的导游活动。

三、导游员是旅游者的审美对象

我国的导游员首先是一名中国人，然后才是导游员。外国旅游者往往是从导游员开始了解中国、认识中华民族的。他们从导游员的言行举止、穿着打扮来衡量中国人的道德标准、价值观念和文化水准。因此，导游员的自身美在宣传中国、宣传中华文明中起着重要的作用。导游员要努力使自己具有良好的德才学识，努力追求自我的完善。

人的"美"分为仪表美（外表美）、心灵美（内在美）和气质美（综合美）。仪容仪表，是人的装饰美，供他人欣赏，也有自我欣赏的心理；礼节、礼貌属行为美，既对他人尊重，也表现出自己的高雅和有教养。但是，只有装饰美、行为美和品质（心灵）美结合时，才构成人的整体美。只有使美与真、善统一，才能自我完善，并给人以美好的印象。关于人生之"美"，丰子恺先生有句名言："圆满的人格就像一个鼎，真、善、美好比鼎的三足，缺了一足，鼎就必然立不成。人生在世，当求自身的圆满，即求真、求善、求美。对一个人而言，美是皮肉、善是经脉、真是骨骼。这三者支撑起一个'大写的人'。"

（一）仪表美

仪表美不仅是物质躯体的外表，也反映了人的文化修养、精神风貌，反映了社会文明的发展程度。心灵美和仪表美不是对立的，而是不可分割的。只有心灵美的人才能使外在的仪表达到美的境界。

在人际交往中，人们习惯于全方位地审视对方，即从生理角度、伦理角度、心理角度及审美角度来审评他人。在一般情况下，人们长期相处，往往是人的内在美起主要作用，但作短暂接触时，人的外表美会给人留下深刻印象。导游员与旅游者相处时间不会很长，因此，导游员绝不能忽视自身的仪表美。

1. 形体美

四肢匀称、五官端正、色泽鲜明是形体美的三个基本要素。形体美不是人所能选择的，但是，长得美的人千万别忽略内在的其他品质的培养；长得平常、甚至比较"丑"的人要在学识、气质方面下功夫，使自己在其他方面产生魅力。每一个人都应努力使自己身体健康、行动自然、充满活力。

2. 修饰美

"三分长相、七分打扮"。人的形体需要"包装"，但包装很有讲究，是一个人艺术气质的展现。人的修饰美包括服饰美、化妆美和发型美。

（1）服饰美

服饰美是搭配出来的，强调和谐统一，例如，款式要与体型相配，衣着的颜色要与人的皮肤、年龄、职业和谐统一，服饰要方便工作，要与所在的场合相协调，衣服和其他装饰物的色调匹配等。服饰搭配显示了一个人、尤其是女性的品位，以突出、烘托个人独特的气质、风度、形象为最佳。

导游员的服饰要求：导游员为游客服务时，着装要整洁大方。夏天，男性导游员不宜穿背心、短裤；女性导游员不能暴露过多，不穿吊带装、露脐装，不穿超短裙，不袒胸露背；不穿拖鞋上岗。男导游员若穿西服，一定要配衬衣、领带、皮鞋，衬衣下摆要束在裤内，衣袋、裤袋内不要放东西。

（2）化妆美

化妆美能反映一个人的追求和情趣。化妆必须与年龄、身份、职业协调一致。一般以淡雅、自然为好。通过化妆，力求突出美的部分，使其更美；遮掩不美的部分，使其不太引人注意。女导游员要化淡妆，不要浓妆艳抹，香水不要洒得太多。女导游员在化妆方面还要注意：不在男士面前化妆，不在公共场所（例如餐桌上）化妆，不借用他人的化妆品，不议论女游客的妆容等。

（3）发型美

一个人的发型必须个性化,要适合脸型和自己追求的风格。

总之,一个人的化妆打扮必须个性化,起到"扬美抑丑"的作用,要符合自己的身份,要与自己的肤色、体型以及职业、地位、活动场合相配;还要讲究卫生,常修边幅。

导游员的服饰要整洁大方,但不应太注重修饰自己,否则,旅游者可能会想"光顾修饰自己的人怎么会想着别人、照顾别人?"而且,服务人员时刻要注意自己的身份和工作,衣着打扮不能太光鲜亮丽,以免喧宾夺主,引起旅游者的不快;也不要因自己的衣着影响工作,导致旅游者的不满。但也不能衣冠不整,否则旅游者又可能会想"连自己都照料不好的人又怎么能照顾好客人?"

3. 风度美

风度美是在给人留下第一印象时起重要作用的另一个外表美。

风度是人的内心世界的自然流露,是一个人的言谈、举止、精神状态的综合表现,它反映出一个人的道德品格、思想情操、性格气质、学识教养和处世态度。

良好的文化素养、渊博学识、精深独到的思辨能力是构成风度美的重要内在因素,一般通过语言、举止、态度、服饰和作风转换成外在形式。

在日常生活中,我们要养成正确的姿态举止:要大方、自然、得体;要直率但不鲁莽,活泼但不轻佻;在工作时要紧张而不失措,休息时要轻松而不懒散,与人交谈时要谦虚但不迂腐,人际交往时要有礼貌但不自卑。

在接待旅游者时,导游员要显示出高雅的风度。

精神状态:饱满。要神采奕奕,乐观自信,谈笑自若,充满活力。

仪表礼节:潇洒。要风仪洒脱,落落大方,彬彬有礼,举止得体。

待人态度:诚恳。要诚恳坦率,平等待人,要端庄而不矜持冷漠,谦逊而不矫饰作伪。

行为神态:活泼。神态要自然大方,热情坦然;站、坐、行有度,动作要和谐适度。

言辞谈吐:高雅。谈吐是人的内心世界的语言表现,"有善心才有善言"。导游员的语言要高雅脱俗、优美动听、幽默风趣。

总之,导游员要以真挚热情的表情、礼貌动听的语言、高雅大方的举止、修饰有度的衣着打扮接待旅游者,给他们留下深刻的印象。

(二)心灵美

心灵美是一个人的思想、情操、品德和道德美,即人格美。心灵美的核心是"善"。

心灵美是风度美、仪表美的内核。"美"的生命在于它外形的显现,抽象的内在美(本质)只有借助外在的形象美才能表现出来。所以,仪表美和文雅的举止是人们内心的纯洁和内在美的反映,是一个人道德品质的外在表现。

“人的美并不在于外貌、衣着和发式，而在于他的本身，在于他的心，要是人没有心的美，我们常常会厌恶他漂亮的外表。”奥斯特洛夫斯基的这一名言正确地阐明了外表美和内心美之间的关系。我们强调“内心美”，并不是因为形体美有什么罪，也不是因为精心打扮自己有什么错，而是要求人们不要只追求仪表美，不要满足于形体美，更不要以外表美为资本去达到某种目的，而是要努力使心灵美和仪表美和谐统一起来。古希腊哲学家柏拉图说得好：“身体美和心灵美的和谐统一，是最美的境界。”

（三）气质美

气质一般是指人的相当稳定的个性特点、风格和气度，它是人的高级神经活动类型特点在行为方式上的体现。

一个人的外表美能给人一种美感，也产生魅力，但外表美是浅显的，往往随着年龄的增长而消失；一个人特有的气质才是真正的魅力所在，而且气质给人的美感不受年龄、服饰和打扮的制约。

一个人的气质是由生活环境及心理因素所决定的，是以人的文化素养、文明程度、思想品质为基础的；对待人生的态度对一个人气质的养成起着重要作用。

气质美是内在的、深层次的，表现在人丰富的内心世界。不具备某种气质的人硬要显示出某种气质所具有的魅力，往往会显得矫情和浅薄，让人耻笑。所以我们要努力提高文化素养、积累人生经验、陶冶情操、丰富自己的内在气质。一个有远大理想、高尚情操的导游员，一个有渊博知识、高雅情趣的导游员，一个言谈举止温文尔雅、大方得体的导游员就会洋溢出他特有的魅力，永远会受到旅游者的欢迎。

每个人都热爱美、追求美，但不是每个人都能悟出美的真谛。一个导游员若想成为真正美的人，若想成功地完成“作为旅游者审美对象”的任务，必须努力把美的内容、美的气质和美的德行和谐统一起来，成为一个“有理想、有道德、有文化、有纪律”的人，这样的人才是一个真正美的人。

本章提示

本章介绍了旅游审美的相关知识。通过本章的学习，学生对美学知识、导游员在旅游审美活动中起的作用等方面应有所了解。

本章要点

旅游审美的内容（自然美、社会美和艺术美），导游员在旅游审美活动中的作用，人的“美”（仪表美、心灵美、气质美）。

复习思考题

1. 什么是美？

2. 导游员在旅游审美活动中起什么作用？

3. 怎样才能正确地向旅游者传递美的信息？为什么“当好导游员必须先当好旅游者”？

4. 为调节旅游者的审美行为导游员应做些什么？

5. 怎样从审美角度来看“有的放矢”地进行导游讲解的重要性？

6. 导游员怎样正确引导旅游者观景赏美？

7. 导游员怎样才能使自己处于最美的境界？

8. 为什么说“身体美和心灵美的和谐统一是最美的境界”？

9. 怎样理解“气质给人的美感不受年龄、服饰和打扮的制约”这一点？

第七章

旅游者个别要求的处理

第一节　处理旅游者个别要求的一般原则

面对旅游者的种种特殊要求，导游员应该怎样处理？怎样才能使要求得到满足的旅游者高高兴兴，又使个别要求没有得到满足的游客满意导游员的服务，甚至使爱挑剔的旅游者也对导游员提不出更多的指责？这是对导游员处理问题能力的一个考验，也是保证并提高旅游服务质量的重要条件之一。对旅游者提出的要求，不管其难易程度，合理与否，导游员都得给予足够的重视并正确及时、合情合理地予以处理，力争使旅游者愉快地旅行游览。

旅游者提出的要求多种多样，处理个别要求的原则各不相同。本节只介绍处理旅游者个别要求的一般原则。

一、满足旅游者的正当要求

旅游者是导游员的主要工作对象，满足他们的正当要求，让他们愉快地度过旅游生活是导游员的主要任务。所以，游客提出要求，只要是合理的，又有可能办到的，即使很困难，导游员也要设法给予满足。很多西方人以“不打扰别人”为生活座右铭，这些人往往不轻易开口求人，一旦开口，说明他们确实需要导游员的帮助，所以，对他们的要求，导游员绝不能掉以轻心。不提任何要求的旅游者并不是不需要导游员的帮助，而是不愿意开口求人。因此，导游员要细心地观察他们的言行举止，设法了解他们的心理活动，做到即使游客不开口，也能提供他们需要的服务。导游员若能提供这样的个性化服务，他的工作必然会得到旅游者的高度评价。

二、坚持“为大家服务”原则

旅游者，不管来自哪个国家(地区)，属于哪个民族，不管其社会经济地位如何、年老年幼，都是我们的客人，都是导游员的服务对象。导游员要尊重他们的人格，热情周到地为他们服务，维护他们的合法权益，满足他们的合理又可能办到的要求，切忌亲疏偏颇、厚此薄彼。

三、正确对待苛求者

旅游者提出的要求，大多数是合情合理的，但总会有人提出一些苛刻的要求，让导游员为难。苛求，即过高的要求。有些要求看似合理，但旅游合同上没有规定这类服务或目前还无法提供这类服务；有些要求本身就不合理，但总会有人提出来，要求导游员给予满足；还有些人对旅游服务理想化，或出于某种心态对导游员的工作横加指责，过分挑剔。

面对旅游者的苛求和挑剔，导游员不得意气用事，而应正确对待。

1. 认真倾听、冷静分析

不要没有听完就指责旅游者的要求不合理，也不要作胡乱解释，而要认真倾听并客观分析，采取最佳方式予以处理。

2. 微笑对待、正确处理

不要一听到不顺耳的话就表示反感，甚至恶语相向，而应沉着冷静，微笑对待；处理要合情合理，注意方式方法。

3. 耐心解释、实事求是

对合理的但不可能办到的要求，导游员要耐心地、实事求是地进行解释，不能以“办不到”一口拒绝。

4. 不卑不亢、理明则让

面对个别旅游者的苛求或无理取闹，必要时导游员要与之说理，但说理要有理、有利、有节，要不伤主人之雅、不损客人之尊；导游员不能得理不饶人、做嘴上胜利者，而要理明则让；导游员不应与旅游者争吵，不发生正面冲突。

5. 不计前嫌、继续服务

导游员不得意气用事、冷落苛求者，而要事后继续为他们热情服务，设法满足他们的合理而可能办到的要求。

旅游团中还会有无理取闹的人。对这类人及他们的行为，导游员始终要沉着冷静，如果不影响旅游活动正常进行，可一笑了之，待他冷静下来恢复成人状态后再作解释。若个别人的无理取闹影响了旅游团的正常活动，导游员可请领队、全陪（国内团）协助，由其出面解决，或直接面对全体旅游者，请他们主持公道，力争避免正面冲突。

第二节　餐饮、住房、娱乐方面的个别要求

旅游者在生活、娱乐方面的特殊要求比较多，这是因为吃好、休息好是旅游活

动顺利进行的基本保证,而娱乐活动是旅游活动的重要组成部分,是游览活动的重要补充,可起到锦上添花的作用。因此,导游员要高度重视旅游者的此类个别要求,要认真、合情合理地进行处理。

一、餐饮方面的个别要求

(一)特殊的饮食要求

由于宗教信仰、生活习惯、身体状况等原因提出饮食方面的特殊要求,例如,旅游团中有人不吃荤、不吃油腻辛辣食品、不吃猪肉或其他肉食,甚至不吃盐、不吃糖等。

1. 合同中写明的特殊饮食要求

特殊饮食要求若在合同中有明文规定或旅游团抵达前提出,接待方旅行社答应满足的特殊饮食要求,须早作安排并在接团前检查落实情况,不折不扣地兑现。

2. 抵达后提出的特殊饮食要求

若旅游团抵达后才提出某些特殊饮食要求,须视情况而定,一般情况下导游员应与餐厅联系,在可能情况下尽量满足,尊重个别旅游者的宗教信仰和生活习惯,如果确有困难,导游员可协助其自行解决。

(二)换餐要求

旅游者要求换餐,如将中餐换成西餐。旅游者在用餐前三个小时提出换餐要求,导游员要尽量与餐厅联系,按有关规定办理;接近用餐时提出换餐,一般不应接受要求,但导游员要做好解释工作;若游客坚持换餐,导游员可建议他们自己点菜,并事先告知费用自理,原餐费不退。

(三)要求单独用餐

由于旅游团的内部矛盾或其他原因,个别旅游者要求单独用餐,导游员要耐心解释,并告诉领队、全陪(国内团),请其调解;如游客坚持,导游员可协助与餐厅联系,让其点菜、用餐,但须事先告知餐费自理,综合服务费中的餐饮费用不退。

(四)要求提供客房用餐服务

旅游者生病,导游员或饭店服务员应主动将饭菜端进房间,以示关怀;健康的旅游者希望在客房用餐,应视情况办理,若餐厅能提供客房用餐服务,可满足游客的要求,但需交服务费。

(五)要求自费品尝风味

旅游团要求外出自费品尝风味,导游员自己或通过旅行社协助旅游者与有关餐厅联系订餐;若风味餐订妥后旅游团又决定不去,导游员应劝他们在约定时间前往餐厅,并说明若不去用餐须赔偿餐厅的损失费。

（六）要求推迟晚餐时间

旅游者因生活习惯或其他原因要求推迟用晚餐时间，导游员可与餐厅联系，视餐厅的具体情况处理。

（七）要求加菜、加饮料

旅游团用餐，根据标准，饭菜、饮料的质、量都有明确规定，若餐厅按标准提供了饭菜和饮料，旅游者要求加菜和饮料，导游员应与餐厅联系，尽量予以满足，但费用由旅游者自理。

二、住房方面的个别要求

（一）要求调换房间

团体旅游者在一地享受什么星级的住房往往在旅游合同中有明确规定，甚至在什么城市下榻于哪家饭店都写得清清楚楚。所以接待旅行社向旅游团提供的客房低于标准，即使以同星级的饭店替代合同中标明的饭店，旅游者都会提出异议。若提供的客房低于标准，旅行社应负责予以调换，实有困难须说明原因，并提出补偿条件。

客房内有蟑螂、臭虫、老鼠等，游客要求换房，应满足其要求，必要时应调换饭店；客房内设备、尤其是卫生间不符合卫生标准，应立即打扫，消毒；游客要求调换不同朝向的或因不满房号而要求调换同一标准客房，若饭店有空房，可适当予以满足，或请领队、全陪（国内团）在内部调配，无法满足时，应作耐心解释，并向游客致歉。

（二）要求更高标准的客房

旅游者要住高于合同规定标准的房间，如有，可予以满足，但游客要付房费差价。如无法满足，应认真解释。

（三）要求住单间

住双人间的旅游者要求住单人间，如饭店有空房，可予以满足，但费用自理；同房游客闹矛盾要求住单间，导游员应请领队、全陪（国内团）调解或在内部调整，若调解、调配不成，饭店有空房，可满足其要求，但导游员须事先说明，房费由旅游者自理。

（四）要求延长住店时间

旅游者要求延长住店时间，导游员应与饭店联系，若有空房，满足其要求；若无空房，可协助旅游者与其他饭店联系。

三、娱乐方面的个别要求

文娱活动是晚间活动的重要内容，有合同规定的，也有游客要求自费观赏的文娱演出。为旅游者提供的文娱活动通常有京剧、古代音乐舞蹈、杂技、民族歌舞等，也有饭店的服务人员和周围群众自己组织的文娱晚会。这些活动不仅充实了旅游者的夜生活，也会给他们留下深刻的印象，帮助他们进一步了解中国（当地）的传统文化。对于自费的文娱活动，旅游者各有爱好，不应强求统一。游客提出种种要求，导游员应本着“合理而可能”原则，视具体情况妥善处理。

（一）计划内的文娱活动

计划内的文娱活动一般在合同中有明确规定，若无明文规定，导游员最好事先与旅游者商量，然后安排。

若旅行社已安排观赏文艺演出后，旅游者却要求观看另一演出，如果时间许可，又有可能调换，请旅行社调换，但事先不作许诺；如无法安排，导游员要作耐心解释，并明确告知，票已订好，不能退换，请他们谅解；旅游者若坚持要求观看别的演出，导游员可协助，但费用自理。

若部分旅游者要求观看别的演出，处理方法同上。若决定分路观看文艺演出，在交通方面导游员可做如下处理：如两个演出点在同一线路，导游员要与司机商量，为少数旅游者提供方便；若不同路，则应为他们安排车辆，但车费由他们自理。

（二）计划外的娱乐活动

游客提出自费看文艺演出或参加某种娱乐活动，导游员一般应予以协助，如帮助购买门票、叫出租车等，通常不陪同前往。但是，如果旅游者要求去大型娱乐场所或情况复杂的场所，导游员须提醒旅游者注意安全，必要时可陪同前往。

（三）要求前往不健康的娱乐场所

游客要求去不健康的娱乐场所和过不正常的夜生活，导游员应断然拒绝并介绍中国的传统观念和道德风貌，严肃提出不健康的娱乐活动和不正常的夜生活在中国是禁止的，是违法行为并尽力阻止个别旅游者去不健康娱乐场所。如果个别旅游者不听劝告，执意前往，导游员要立即报告有关部门。

旅游者若在饭店客房聚众赌博，导游员不得参与，相反一旦发现此类活动，必须及时报告有关部门。

第三节　购物方面的个别要求

购物是旅游活动的六大要素之一，是参观游览活动的重要补充，销售商品是一个国家旅游收入的重要组成部分。具有中国民族特色、地方特色的物品不仅是旅游者向往的纪念品，而且，通过物品，旅游者还会对中国（当地）的风俗民情、民族文化有进一步的认识。在购物方面，旅游者往往会提出各种各样的特殊要求，导游员要不怕麻烦，设法予以满足。

一、要求多安排购物时间

旅游者要求多安排购物时间，导游员应尽量满足其要求并做好购物参谋；游客要求单独外出购物，导游员要予以协助，例如，建议他去哪家商场购物，为他安排出租车并写中文便条让其带上（条上写明商店名称、地址和饭店名称）等。不过旅游团快离开本地时要劝阻旅游者单独外出购物，也不宜安排到大型商场购物。

二、要求调换商品

旅游者在旅行社指定商店购物后发现是残次品、计价有误或对物品不满意，要求导游员帮其退换，导游员不得敷衍搪塞，更不能以“商品售出，概不退换”之类的话来推脱，而应积极协助，必要时陪同前往，以求维护我国的商业信誉。但是若退换商品的理由是买了“假货”，导游员应建议鉴定。经鉴定确是假货，商店应负一切责任；若是真品，由游客支付鉴定费，但若游客仍坚持退换，导游员应给予协助。旅游者要求退换在其他商店购买的物品，导游员也要给予必要的协助。

但是，不是所有的商品都可以退换的，例如穿过的鞋、弄脏的衣物就不能退换。对此，旅游者要自律，导游员要讲清道理。

三、要求再去商店购买相中的商品

游客在某家商店相中某一（贵重）商品，当时犹豫不决，回饭店后下决心购买，要求导游员协助。一般情况下，只要时间许可，导游员可写个便条（上写商品名称，请售货员协助之类的话）让其坐车前往商店购买，必要时可陪同前往。

四、要求不去商店购物

《旅行社管理条例》规定，旅行社和导游员“不得欺骗、胁迫旅游者购物”。所以，有旅游者不愿去旅行社指定商店购物时，导游员要劝他们去商店，但不得以“不为其服务”相威胁，更不得以旅游者“不履行合同”为借口不为他们提供服务。

五、要求购买古玩和仿古艺术品

旅游者要求购买古玩和仿古艺术品时，导游员应予以重视并向他们讲清有关规定。

（一）讲清中国文物出境的有关规定

导游员要向入境旅游者讲清，1911 年以前的中国文物一律不准出境，部分重要文物（如工艺美术大师的艺术作品）的出境年限定在 1949 年前；少数民族地区的文物出境年限为 1966 年前；对某些特殊文物出境有特殊规定。

（二）建议保存发票和火漆印

地陪在饭店或旅游车上要向旅游者讲明：若希望购买古玩和仿古艺术品，应去正规的商场或文物商店，劝他们不要去地摊购买，以免上当受骗。

旅游者在商店购买了古玩和仿古艺术品，导游员要建议他们保存好发票；物品上若有火漆印，可祝贺他买到了真正的文物，但要告诉他在离境之前不要去掉火漆印，因为对古玩和仿古艺术品出境，中国海关明确规定凭文物外销发货票和中国文化行政管理部门钤盖的鉴定标志（火漆印）放行，若无，就会遇到麻烦。

（三）提醒去文物部门鉴定

如有旅游者告诉导游员朋友赠送或帮他在民间购得了古玩或古字画或已逝现代大画家、大书法家的作品，导游员一定要提醒他去文物部门对物品进行鉴定并取得鉴定证书。还应明确告诉他们上述物品中国海关凭鉴定证书和许可出口证明放行，若无证明，一概不准出境。如果旅游者不听导游员的建议、不去文物部门鉴定，导游员必须及时报告有关部门。

（四）阻止文物走私

导游员若发现个别旅游者有走私文物的可疑行为，必须及时报告有关部门。

六、要求代为购买、托运物品

旅游者购买大件物品后，要求导游员帮他托运。导游员可告诉他大型商场一般经营托运业务，购物后当场就可办理托运手续；若有的商店无托运业务，导游员要协助游客办理托运手续。旅游者欲购某一商品，但当时无货，请导游员代为购买并托运，导游员要请示领导，不要自作主张，贸然接受委托，即须在领导指示下办理委托事宜并注意手续完备：让委托人写下委托书，写清物品名称、牌子、形状、大小、颜色、图案等，收取足够的购物款或定金以及托运费；购到物品并托运后，将购物发票、托运单、托运费收据复印一份，原件寄给委托人；若有多余的钱要如数退还委托人。委托事项办妥后应向旅行社有关领导汇报，出示单据复印件并交旅行社保管或自己妥善保管。

第四节　要求自由活动

旅游者出于种种原因要求自由活动或单独活动，导游员应根据不同情况，按“合理而可能”原则妥善处理，并认真回答游客的咨询，提出建议，尽量满足他们的要求。

一、允许旅游者自由活动时导游员的工作

（一）游览期间要求自由活动

旅游团在某地旅游期间，个别旅游者或希望自由自在地游览，或愿与当地亲友

一起活动,或因其他理由,提出不随团活动要求,导游员可酌情予以满足并提供必要帮助:

(1)提醒旅游者注意安全,保管好证件、财物。

(2)向旅游者讲清自由活动时所需费用一切自理,综合服务费不退。

(3)告知旅游者每餐的时间、地点,欢迎其归队用餐。

(4)告诉旅游者旅游团何时离开饭店、何时离站,希望他在旅游团离饭店前归队。

(5)建议旅游者带上饭店卡片并为旅游者写好便条,以备不时之需。

(6)交换手机号,或导游员将自己的手机号告诉旅游者,或记下旅游者亲友家的电话号码,以便联系。

(二)在游览景点要求自由活动

旅游团抵达景点后,有人要求不随团活动,如环境许可,可满足其要求。但在离团前,导游员必须告诉旅游者:

(1)一定要注意安全,保管好证件、财物。

(2)旅游团何时在何地集合(可在示意图上指明),离开景点后在哪家餐馆用餐,希望他在集合时间前到集合地点归队,或赶往指定餐馆用餐;建议他如果错过了时间就乘出租车回饭店。

(3)告知自由活动所需费用自理,原团费不退。

(4)交换手机号,或将导游员的手机号告诉自由活动者,以便联系。

(三)晚间要求自由活动

有时,旅游团晚间没有活动,或晚间活动结束回饭店时间还早,旅游者希望外出自由活动,除非社会治安不佳,导游员一般不应阻拦,但要做好提醒工作,即在晚饭结束未离席分散前或在晚上回饭店的旅游车上,提醒旅游者注意:

(1)不要走得太远,不要太晚回饭店。

(2)不要到闹、乱的场所游玩。

(3)不要携带贵重物品,保管好证件、财物。

(4)不要在小摊上购买食物。

(5)不要一个人外出。

(6)带好饭店卡片,必要时乘出租车返回饭店,告知出租车的计费方法。

二、劝阻旅游者自由活动的几种情况

在下述情况下不宜让旅游者单独活动,不过导游员要耐心说明原因,以免游客产生误会。

(一)旅游团即将离开本地时

旅游团离开本地的当天,导游员要劝阻旅游者单独活动,以免耽误离境。导游员也必须注意,在旅游团离站当天,不安排旅游者去地形复杂的景点游览,不带旅游团去大型商场购物。

(二)影响旅游活动计划顺利进行时

旅游者提出自由活动的要求可能影响旅游计划顺利进行时,导游员应劝希望自由活动的旅游者随团活动。例如,旅游团计划去另一地游览,第二天回来,若有人要求留在本地活动,由于牵涉面太大,导游员要劝其随团活动。

(三)存在安全问题时

存在安全问题的情况下,导游员应尽力阻止旅游者自由活动。例如:

地方治安不理想,导游员要劝阻旅游者单独活动,但必须实事求是地说明情况。

劝阻旅游者在深夜外出自由活动。

劝阻游客去复杂、混乱的地方自由活动。

不宜让旅游者单独骑自行车去人生地不熟、车水马龙的街头游玩。

游河(湖)时,导游员不能答应游客希望划小船或在非游泳区游泳的要求,不能置旅游团于不顾而陪少数人去划船、游泳。

(四)要求去不对外开放单位或不健康场所时

旅游者要求去不对外开放的地区、机构参观游览,导游员不能答应。

导游员要劝阻旅游者去不健康的娱乐场所活动。

第五节　要求中途退团或延长旅游期

旅游者要求中途退团虽不多见,但也不是不可能,旅游团或部分旅游者被迫或主动要求延长旅游期的现象相对多一些。旅游者这样的特殊要求是大事,不是导游员所能解决的。所以当旅游团或部分旅游者提出提前退团或延长旅游期的要求时,导游员必须立即报告接待方旅行社,由其视具体情况做出决定,导游员则在领导指示下做些具体工作,协助旅游者。

一、要求中途退团

(一)旅游者要求中途退团的原因

(1)由于接待方旅行社提供的服务太差,严重服务缺陷过多,领队、全陪(国内团)一再交涉仍无起色,可能会导致旅游团中断旅游。若发生这样的事,可能比较麻烦,派出方旅行社会投诉并有可能将此诉诸法院。遭遇严重的天灾人祸时,旅游团或部分旅游者也可能要求提前离开。

(2)旅游者因患病,或因家中出事,或因工作上急需,或因其他特殊原因,要求提前离团,经接待方旅行社与组团社协商后可予以满足,至于未享受的综合服务费，一般按旅游协议的规定处理。

（3）旅游者无特殊原因，只是某个要求得不到满足，就提出提前离团时，导游员要配合领队、全陪（国内团）做说服工作，劝其继续随团旅游；若接待方旅行社确有责任，应设法弥补；若对方提出的是无理要求，要作耐心解释；若劝说无效，旅游者仍执意要求退团，可满足其要求，但导游员应告诉他未享受的综合服务费不予退还。

（二）可为入境旅游者提供的服务

入境旅游者不管因何种原因要求中止旅游，提前回国，导游员一般要协助旅游者：

（1）持旅行社证明办理分离签证；

（2）重新办理机票订座手续以及离团、回国手续；

（3）安排车辆送其去机场（车站）。

所需费用由离团旅游者自理。

（三）旅行社的工作

（1）退掉退团者在本地的房间、餐饮；退掉去下一站的交通票。

（2）将旅游团人数减少的信息通报下一站，上报国内组团社。

二、要求延长旅游期

旅游者因伤因病需要延长居留时间，导游员不仅要热情地为其办理有关手续，以后还要不时地前往医院探视，以示关心，并帮助解决伤病者及其家属在生活上的困难。

入境旅游者在旅游团的活动结束后仍余兴未尽，希望继续在中国旅行游览，一般可满足其要求，导游员应提供必要的帮助：陪同旅游者持旅行社的证明、护照及集体签证去当地公安局办理分离签证手续，必要时延长签证，协助其重订航班、机票，帮其订妥客房，所需费用由旅游者自理。

旅游团离境后，留下的游客若继续需要旅行社为其提供导游服务，就应另签合同，按散客旅游标准收费。

第六节 要求探视亲友，要求亲友随团活动

一、要求探视亲友

入境旅游者要求探望在中国的亲戚朋友，这可能是他们来华的重要目的之一，导游员应设法予以满足。帮助旅游者找到在中国的亲友，协助安排会见，了其夙愿，这会大大缩短旅游者与导游员之间的心理距离，有利于旅游活动的顺利进行，

因此,导游员应尽力为之。

如果旅游者知道中国亲友的姓名、地址,导游员应协助联系;如果只知姓名,但不知地址,导游员可通过旅行社请公安户籍部门帮助寻找,找到了及时告诉旅游者并帮其联系;若游客在华期间找不到亲友,导游员可让其留下地址,待找到后书面通知他。

若入境旅游者要求探望的中国人与其非亲非故,导游员应视具体情况正确处理:游客要求会见其认识的中国人或是别人介绍的朋友,导游员可根据提供的线索进行联系,经对方同意后协助会见;旅游者要求会见中国同行,洽谈业务、联系工作或进行其他活动,导游员要向旅行社汇报,在领导指示下给予积极协助;游客慕名要求访问一位中国名人,导游员须了解旅游者要求会见的目的并向有关领导汇报,按规定办理。

导游员应帮助入境旅游者会见中国亲友或同行,但一般不参加会见,也没有充当翻译的义务。

二、要求亲友随团活动

旅游者希望亲友随团活动,甚至到外地去旅行游览,旅游者提出这类要求,一般情况下导游员应予以协助,满足其要求,但事先须征得领队、全陪(国内团)和旅游团其他成员的同意,然后到旅行社或由旅行社派人到旅游团下榻的饭店办理入团手续:出示有效证件、填写表格、交纳费用。导游员对中外宾客应一视同仁,对入境旅游者的亲友要热情接待,周到服务。不办理手续、不交纳费用者不准随团活动,但导游员要向旅游者及其亲友耐心解释,告知有关规定,请他们谅解。

若要求随团活动的旅游者亲友是外国外交官或外国驻华记者,必须严格按我国政府的有关规定处理。

第七节 要求转递物品

一、旅游者转递物品要求的处理

(一)婉言拒绝

旅游者要求导游员转递物品、尤其是贵重物品,一般应婉言拒绝,建议旅游者将物品亲手交给或邮寄给收件部门或收件人。

(二)经领导批准后接受委托

如旅游者确有困难,例如已经没有时间亲自交递或邮寄给亲友,又一再要求导游员帮忙,导游员应请示旅行社领导,经批准后可接受委托。

(三)手续要完备

1. 留下委托书

委托人要留下委托书。要求转递贵重物品时必须书写委托书,注明物品的名称、品牌和数量,写清收件人的姓名及详细的通信地址,签字并留下委托人的详细通信地址。

2. 核对物品

请委托人打开包装,核实物品及数量是否与委托书的内容一致。

3. 收件人出具收据

物品转交收件人后,收件人要出具收据,注明日期,收到物品的名称、品牌和数量

4. 妥善保管单据

办妥后,导游员要将委托书和收据一并交旅行社保管或自己妥善保管。

二、几项注意

(一)应税物品的处理

如果入境旅游者要求转递的物品是应税物品,导游员应促其完税,否则不予转递。

(二)食品的处理

要求转递的物品中若有食品,导游员应婉言拒绝,请旅游者自行处理。

(三)收件人是国家机关、外国驻华使、领馆

1. 收件人是国家机关或有关领导

如果入境旅游者要求将物品转交给我国的国家机关或有关领导,导游员请示旅行社同意后,一定要请旅游者当面打电话,对方同意后,方可接受委托,并将物品交旅行社,尽量让对方派人来旅行社领取。

2. 收件人是驻华使、领馆及其人员

入境旅游者要求导游员将物品或信件转交给外国驻华使、领馆或外国外交官时,导游员应建议他自行处理,给予必要的协助;若确有困难,导游员又推托不了,应详细了解情况并请示旅行社领导,经批准后可接受委托,但不能自己将物品送交收件人,而应交旅行社,由其转递或通知使、领馆派人前来领取。

本章提示

本章介绍了旅游活动中旅游者经常提出的部分个别要求的处理方式,这是很重要的一章。通过本章的学习,学生应就旅游活动中旅游者提出的个别要求及其处理的方式方法有所了解。

本章要点

处理旅游者个别要求时应遵循的原则，面对个别旅游者的苛求和无理取闹时导游员应持的正确态度，处理旅游者个别要求的方式方法。

复习思考题

1. 导游员应怎样满足旅游者的个别要求？处理个别要求时应遵循什么原则？

2. 对待旅游者的苛求，导游员应持什么态度？怎样对待个别旅游者的无理取闹？

3. 怎样满足旅游者提出的让其在华亲友随团活动的要求？

4. 旅游者要求导游员转交贵重物品或将物品转给外国驻华使、领馆时，导游员该怎么办？

5. 导游员怎样对待旅游者的特殊食宿要求？怎样处理旅游者单独用餐或住单间的特殊要求？

6. 旅游者委托导游员为其购买贵重地毯时，导游员该怎么办？

7. 在什么情况下应劝阻旅游者自由外出活动？为什么？

8. 旅游者是否可中途退团？团体旅游者能否延长旅游期？导游员能为他们做些什么？

第八章

常见问题和安全事故的预防和处理

事故按性质分,可分为安全性事故(有关旅游者人身和财产安全的事故)和业务性事故(因旅游服务部门运行机制出现故障而造成的事故),后者又可分为责任事故和非责任事故(或称自然事故)。所谓责任事故,是指由于接待方的疏忽、计划不周等原因造成的事故;而由于天气变化、自然灾害或非接待部门的原因造成的事故则称为非责任事故。

很多事故的发生往往与导游员无关,但导游员是旅游接待第一线的关键工作人员,所以参与事故的处理,导游员责无旁贷。导游员应该懂得,一件意外事故对身处异国他乡的旅游者来说,不仅仅造成暂时的不快和困难,还可能会在精神上、肉体上造成痛苦,甚至灾难。导游员还应明白,问题和事故的处理是对导游员工作能力和独立处理问题能力的严重考验,处理得好,旅游者满意,导游员的威信会因此提高;反之,不仅游客不满,还可能留下隐患,使旅游活动不能顺利进行,甚至会演变成涉外事件。因此,在带团过程中,导游员必须牢记"安全第一,预防为主"的旅游安全管理工作方针,并自始至终将其贯彻在旅游接待服务的方方面面。当出现问题、发生事故时,不管责任在谁,导游员必须全力以赴,及时、果断、合情合理地进行处理。

第一节　旅游计划和活动内容变更的处理

一、旅游计划的变更

旅游计划和活动日程一旦商定,各方都应严格执行,一般不轻易更改。但有时一些不可预料的因素(例如天气突变、交通问题等)迫使改变旅游计划、线路和活动日程。

旅游计划的变更一般会出现三种情况:

(1)缩短在一地的游览时间,甚至取消一地的活动。

(2)延长在一地的游览时间。

(3)在一地的游览时间不变,但被迫取消某一活动,由另一活动替代。

遇到这种情况,导游员要认真分析,对事故的性质、严重性和后果作出正确判断,也要分析旅游者因情况变化可能出现的心理状态和情绪并迅速就上述三种情况制订出应变计划并报告旅行社,但不得将自己的计划强加给旅游者。

(一)处理计划变更问题的一般措施

为了妥善地处理这类问题,一般应采取下列措施:地陪、全陪协商取得一致意见后,找一个适当时机向领队及旅游团中有影响人物实事求是地说明困难,诚恳地道歉,以求得到他们的谅解;提出可能的应变计划,与他们商量,争取他们的认可和支持;然后分头做旅游者的工作,力争处理圆满,消除他们的不快。

1. 延长旅游期的处理

如果延长在一地的游览时间,导游员要努力使活动内容充实,富有意义。例如,每天有一个主要景点,并适当延长游览时间,其余时间去游览新增景点,晚上安排文体活动,尽力使游客愉快、满意。总之,导游员要采取必要措施,努力让游客感到值得在这里多留一段时间。

2. 缩短旅游期的处理

如果缩短在一地的游览时间,导游员要抓紧时间,尽量将计划中的游览点全部参观完,如确实困难,应做出应变计划,计划要突出本地最有代表性、最具特色的旅游景点,以求旅游者对本地的旅游景观有基本了解;并适当地加菜、加酒,赠送具有本地特色的小纪念品;必要时由旅行社领导出面向旅游者道歉,尽量让旅游者高高兴兴地离开。

3. 两点注意

旅游团被迫延长或缩短在一地的活动时间时,导游员必须注意如下两点:

(1)延长或缩短在一地的游览时,必须及时通知下一站,时间超过半天时,必须报告国内组团社。

(2)延长在一地的活动时间时,尽量避免使旅游者产生浪费时间的感觉;缩短行程时,不要让他们感觉到吃亏太大。

(二)取消一地旅游计划的处理

取消一地的活动日程,一般由不可抗力因素造成。旅游过程中若遇不可抗力因素,导游员必须报告国内组团社,由其做出决定并通知有关地方接待旅行社,但事先要向旅游者实事求是地解释清楚。

二、活动内容的变更

如果在一地被迫改变活动内容,导游员要实事求是地解释并以精彩的介绍、新奇的内容和最佳的安排激起旅游者的游兴(间接兴趣),使他们高兴地随导游员去游览替代景点。

第二节 接站事故的预防和处理

一、漏接的预防和处理

所谓漏接,是指旅游团已抵达一地但无导游员迎接的现象。漏接有责任事故和非责任事故之分,其结果总是使游客焦急等待,无安全感,心情不愉快。

(一)漏接的预防

1. 认真阅读接待计划

接到接团任务后,导游员应了解旅游团(者)抵达的日期、时间和接站地点并认真核实。

2. 核实交通工具抵达的准确时间

旅游团抵达当天,导游员要与旅行社有关部门联系,弄清航班或车、船次是否有变更,并核实交通工具确切的抵达时间。

3. 提前到达接站地点

导游员应与司机商定保证提前30分钟到达接站地点。

(二)漏接的处理

漏接虽然不是严重事故,游客的不愉快心情也是可以消除的,但是事故发生后导游员不能掉以轻心、草率对待,而应详细地向旅游者说明原因,诚恳地赔礼道歉,并积极地采取弥补措施,向旅游者提供更热情周到的服务,做更生动精彩的导游讲解,以求消除他们因漏接造成的不愉快心情。若旅游者因没有导游员接站而乘出租车前往下榻的饭店,导游员应主动支付费用。

二、空接的处理

空接,是指由于某种原因旅游者推迟抵达,而导游员仍按原计划预定的时间前往接站地点,但没有接到旅游团(者)的现象。

(一)造成空接的原因

造成空接的原因很多,主要有:

(1)天气突变或某种机械故障,旅游团仍滞留在上一站或在途中,上一站旅行社不知道这一变化,全陪和领队又无法及时通知地方接待旅行社。

(2)航班、车次变更,旅游团推迟抵达,但没有通知地方接待旅行社和导游员。

(3)地接社接到上一站的变更通知,但有关人员忘了通知该团导游员。

(二)空接的处理

(1)导游员与各方联系,查明原因,排除漏接可能。

(2)若旅游团推迟抵达的时间不长，导游员应请示旅行社，留在接待站等候，迎接旅游团的到来。

(3)如果旅游团推迟抵达的时间较长，导游员要按旅行社的安排，重新落实接团事宜。

(4)旅游团因故取消一地的行程时，地接社应立即取消当地的一切预定事项，并及时通知下一站接待社。

三、错接的预防和处理

错接，是指导游员接了不该由他接的旅游团(者)的现象。

错接属责任事故，是由导游员的粗心大意造成的，一般发生在首站。

(一)错接的预防

(1)导游员应提前到达接站地点并尽快接到旅游团。

(2)接到旅游团时，导游员要认真核实派出方旅行社的名称和旅游团的团号、人数和领队姓名。

(二)错接的处理

发生错接，必然会伴生漏接和空接，即错接的导游员应接的旅游团无人接站，而应接被错接走的旅游团的导游员接不到旅游团。

发现错接，导游员应立即报告接待社，正确处理错接事故。

(1)同一家旅行社的导游员接错旅游团，经领导同意，地陪不再交换，而全陪应交换旅游团，向旅游者说明情况并道歉。

(2)不同旅行社的导游员接错旅游团，全陪和地陪都应交换，向旅游者说明情况并道歉。

(3)提供高质量的导游服务。

四、入境旅游团人数变更的处理

由于种种原因，旅游团抵达时，实际人数有可能与计划不符，即有所增减。碰到此种情况，导游员(地陪)应按下述方法正确处理。

(一)旅游者人数增加

旅游团抵达时，人数增加，而临时增加的旅游者又无入境签证。导游员应：

1. 在机场办理临时口岸签证(又称落地签证)

(1)如果接团前得到外国组团社通知，旅游团人数有所增加但新增加者无中国的入境签证，导游员应提前准备好相关证明，带本人身份证，到机场后去有关部门办理进入隔离区通行证，接到旅游团后，协助新增人员办理入境口岸签证。

(2)如果事先没有接到通知，在接机时临时得知该团人数增加，又无入境签证，导游员在征得组团社同意后，与机场公安局签证处协商办理口岸签证，有关证明后补。

2. 报告旅行社

立即通知接待社旅游团的实到人数，由其落实增加旅游团的住房、餐饮、机(车、船)票等事宜。

报告国内组团社，由其通知各地接待社关于人数变更的情况，落实接待事宜。

(二)旅游者人数减少

接站时得知旅游团人数减少，地陪应：

(1)由领队或地陪协助领队在边检站办理在团队签证上注销未到者姓名的手续。

(2)立即通知接待社落实减少旅游团的住房、餐饮、机(车、船)票等事宜。

(三)两点注意

(1)旅游团人数变化，地陪应立即报告地接社，后者应及时通报国内组团社，由其通知各站接待社。

(2)旅游团人数变化，入境站或首站地陪要准备书面材料，请领队或全陪(国内团)签字确认，交旅行社备案。

第三节 误机(车、船)事故的预防和处理

误机(车、船)是重大事故，往往会造成重大的经济损失和严重的不良影响。

在中国境内旅游时，耽误了飞机(火车、轮船)，要重新订票，甚至需包机或换乘别的交通工具前往下一站；若旅游团一时走不了，就要被迫延长在本地的逗留时间而缩短甚至取消下一站的游览活动，从而出现众多的问题和矛盾；如果耽误了出境的飞机(火车、轮船)，可能会造成其他的误机(车、船)问题，甚至会影响游客回国后的工作。总之，误机(车、船)事故会带来一系列的严重后果，对旅游企业的信誉，甚至对国家旅游业的声誉都会产生不利影响。

一、误机(车、船)事故的预防

误机(车、船)事故是严重事故，力争杜绝。

(一)强化规章制度

(1)杜绝此类事故的根本措施是强化管理，制定必要的规章制度并严格执行。

(2)加强导游员、内勤、外勤等工作人员的工作责任心。

(3)制定严密有效的接待工作程序和岗位责任制，加强接待工作各个环节的联系、检查和审核制度。

(4)制定处罚条例，责任者不能只检讨了事，还应承担经济损失并受政纪处分。

（二）严格按规定制度办事

（1）严格核实。旅游团离站的前一天，导游员要核实票证：去向、航班车次、时间（做到计划时间、时刻表时间、票面时间、问询时间四核实）。

（2）旅游团离站当天，即使有较多时间，导游员也不应带旅游团到地形复杂的地方游览、到热闹的场所购物，更不能让旅游者自由活动。

（3）安排充裕的时间去机场（车站、码头）。

二、误机（车、船）事故的处理

如果遇到这类事故，导游员应当机立断，采取应急补救措施：

（一）当事故即将成为事实时

当误机（车、船）事故即将成为事实且估计耽误时间不太长时，导游员应立即与机场（车站、码头）的调度室联系，告知旅游团的名称、人数、所乘航班（车次）、延误原因及旅游团所在地点，请求等候；与此同时，要与旅行社联系，请求协助。若请求获准，导游员要和司机同心协力，尽快赶赴机场（车站、码头）。

（二）事故已成事实时

当事故成为事实，导游员和旅行社应尽快与机场（车站、码头）联系，争取让游客乘下一班次的交通工具离开本地或离境，或包机（车厢、船）或改乘其他交通工具前往下一站。如果旅游团不能马上离开本地，就要重新安排旅游者的食宿和活动，并通知下一站做必要的变动。

（三）事故发生后

误机（车、船）事故发生后，要查清事故的原因和责任并处理好善后事宜。旅游团不能按计划离开本地或离境，旅游者不满和沮丧是可想而知的。旅行社必然招致旅客的意见、抱怨和指责。所以，误机（车、船）事故发生后，旅行社和导游员要采取必要措施，安排好旅游者在本地滞留期间的生活和活动，力争缓解他们的不满情绪，使不利影响减小到最低程度。将相关信息正确、及时地通知下一站。

事故责任人应诚恳地向旅游者赔礼道歉，继续周到服务；承担经济责任（延误离站的费用由地接社承担，责任人的赔偿金额由地接社决定），责任严重的导游员有可能被吊销导游证。

第四节　证件、行李、财物遗失的预防和处理

旅游度假期间，旅游者往往一反常态，自由散漫、丢三落四，患上所谓的“旅游病”。丢失物品，是“旅游病”比较常见的现象。如果丢失了证件、行李和贵重物品，不仅给旅游者造成许多不便和烦恼，也给导游员带来不少麻烦和困难。

一、遗失证件、财物的预防

旅游期间，旅游者丢失物品是比较常见的现象。因此，导游员要采取有效措施，防止遗失事故的发生。

（一）多做提醒工作

导游员要不厌其烦地反复提醒旅游者保管好自己的证件、财物，这是防止物品遗失或失窃最有效的方法。

1. 入住饭店时

提醒旅游者保管好贵重物品，不要随身携带贵重物品和大量现金，更不要将其放在客房内。离开饭店时，提醒旅游者取出存放在保险柜内的物品。

2. 游览活动期间

提醒游客不要将贵重物品遗留在旅游车上，在参观游览时，随时提醒游客带好随身物品；在热闹、拥挤的场所以及在商场购物时，要一再提醒游客保管好自己的证件、钱包和物品；用餐后离开餐厅时，提醒游客带好随身物品。

3. 结束游览活动离开一地时

要多次提醒游客检查自己的证件、财物，不要遗忘任何物品；到机场、车站、码头时，提醒游客带好随身物品；游客下车后，导游员要检查车厢，发现旅游者的物品应立即交还。

（二）不保管旅游者的证件、贵重物品

（1）导游员不保管旅游者的证件和贵重物品，游客的物品应由游客自己保管。

（2）需要旅游者的证件时，由领队收取，用毕立即归还并当面点清。

（3）旅游团离开时，导游员要检查自己的行李，若保存有旅游者的证件原件和物品，应立即归还。

（三）提醒司机关好旅游车的门窗

游览期间，要随时提醒司机在旅游者下车后关好旅游车的门窗，最好不离开旅游车，若离开，一定要锁好车门；旅游者返回车上时，要尽量阻止小商贩上车兜售商品。

（四）严格按规定交接行李

每次交接行李时，要严格按规定检查、清点、签字、交接，认真做好行李的交接工作。

二、证件遗失的处理

证件，如护照、签证（团体签证）、旅行证、港澳居民来往内地通行证、台湾同胞来往大陆通行证、中华人民共和国居民身份证等都是非常重要的证件，有关人士来中国大陆旅行时都必须随身携带。若不慎丢失证件，会遇到一系列麻烦，申请新证的手续复杂，要花很多时间，严重时会出不了境，回不了国（家）。所以旅游者和导游员对证件都要予以高度的重视。

（一）导游员对证件的正确态度

对旅游者的证件，导游员的正确态度应是：

(1)需要证件时随时收取（通过领队或全陪），用完后立即如数归还，不得代为保管。

(2)旅游团离开本地前，导游员要认真清点自己的物品，检查是否还保存有游客的证件。

(3)随时提醒旅游者保管好自己的证件。

（二）旅游者遗失证件的处理

当旅游者说自己丢失了证件时，导游员首先要冷静地帮其回忆，详细了解情况，协助寻找。证件确已丢失，导游员就要帮其领取新的证件。

1. 丢失外国护照

由当地接待旅行社开具证明，由失主持证明去当地公安局挂失；失主持公安局的遗失证明和照片去所在国驻华使、领馆申请新护照或临时证件；领到新护照或临时证件后还要去省市级公安局出入境管理处办理签证手续。

2. 丢失中国护照

华侨丢失护照，由当地接待旅行社开具证明，失主持遗失证明到省、自治区、直辖市公安局（厅）或授权的公安机关申请新护照，领到新护照或临时证件后还须去侨居国驻华使、领馆办理入境签证手续。

3. 丢失《港澳居民来往内地通行证》

失主持当地接待旅行社的证明向遗失地市、县公安部门报失，经查实后由公安机关的出入境管理部门签发一次性有效的《中华人民共和国入出境通行证》，凭证返回香港、澳门。

4. 丢失《台湾同胞来往大陆通行证》

失主向遗失地中国旅行社或户口管理部门或侨办报失，核实后发给一次性有效的出境通行证件。

5. 丢失中华人民共和国居民身份证

由地接社开具证明，失主持证明到公安局报失，经核实后开具身份证明。回居住地后凭公安局的报失证明和有关材料到当地派出所办理新身份证。

三、行李遗失的处理

旅游者的行李丢失现象，往往发生在运输途中和搬运过程中。行李丢失会给游客的生活带来诸多不便和困难，也会影响其情绪。所以，尽管行李丢失一般不是导游员的责任，但必须认真对待，积极地协助寻找，妥善处理好善后事宜。

(一)来华途中丢失行李

一般是游客所乘飞机的航空公司的责任,导游员所能做的是帮助旅游者追回行李:

带失主到机场行李查询登记处办理行李丢失认领手续。由失主出示机票及行李牌,详细说明始发站、转运站,行李件数及丢失行李的大小、形状、颜色、标记、特征等,并一一填入失物登记表;将失主所下榻饭店的名称、房间号和电话号码(如果已经知道的话)告诉登记处并记下登记处的电话和联系人,记下有关航空公司驻华办事处的地址、电话,以便联系。

旅游者在当地游览期间,导游员要不时打电话询问行李寻找的情况;一时找不回行李,要协助失主购置必要的生活用品。

离开本地前行李还没有找到,导游员应帮助失主将接待旅行社的名称、全程旅游线路、计划及各地可能下榻的饭店名称转告有关航空公司驻华办事处,以便行李找到后及时运往最相宜地点交还失主。

行李确系丢失,失主可向有关航空公司索赔。

(二)在中国境内丢失行李

旅游者在中国旅行期间丢失行李,导游员要认真分析可能发生在哪个环节,一般是交通部门的责任或行李员的责任,也有可能是旅游者本人的责任。

如果行李确已来到本地并已进入饭店,可能就是行李员将行李运错了楼层、房间或搞混了旅游团,导游员应帮助查找,找到了及时送到游客房间。

在其他环节丢失行李,导游员应详细了解情况,找出线索,采取积极措施帮助旅游者:

(1)及时报告旅行社,请领导派人协助寻找;

(2)安慰失主,帮助其解决因丢失行李造成的生活方面的困难;

(3)找回行李应及时归还,导游员还应向失主诚恳地道歉;

(4)找不回行李,则应由旅行社领导或导游员向失主说明情况并道歉,根据国际惯例由有关部门给予赔偿。

(三)行李破损的处理

(1)在机场发现行李破损,导游员应陪同行李主人去行李查询处填写《行李运输事故记录》。

(2)在饭店发现行李破损,一般应追查饭店行李员的责任。

(3)行李破损,一般先由旅行社垫付赔偿金额,然后旅行社向保险公司索赔。赔偿方式有:现金赔付、以坏换新、退旧买新(凭发票报销、修理后凭票据报销)。

四、财物遗失的处理

旅游者丢失财物,导游员要详细了解失物的形状特征、价值,分析物品丢失的可能时间和地点并积极帮助寻找。证件、财物,特别是贵重物品被盗是治安事故,导游员须立即向公安部门报案并协助有关人员查清线索,力争破案,找回被窃证件、物品,挽回不良影响。

开具必要证明:

(1)如果丢失的是贵重物品,失主应持遗失证明、本人护照或其他有效证件到当地公安机关填写《失物经过证明》,列出失物清单;

(2)丢失的如果是在国外办理了财产保险的物品,要办理《财物报失证明》并及时通报相关保险公司;

(3)遗失旅行支票、信用卡等票证,失主应及时向公安局和相关银行报失。

第五节　旅游者走失事故的预防和处理

旅游者走失,时有发生,一般是有惊无险,但有时也酿成灾难。一旦发现旅游者走失,导游员必须立即采取措施,寻找走失者。

一、旅游者走失的预防

(一)讲清每一天的活动安排

在前往景点的旅游车上,地陪要详细通报当天的活动安排:上、下午的活动地点,午、晚餐的用餐时间、餐馆名称和地址;在景点示意图前讲清游览线路、所需时间,强调集合的时间和地点,强调旅游车的特征、车号和停车地点。

(二)多做提醒工作

旅游者离开饭店时,提醒他们带好饭店卡片;参观游览时,提醒旅游者跟上团队,不要误入岔道,不要离团在一旁自由活动或摄影时间过长;自由活动时,提醒游客不要走得太远,不要回饭店太晚,不要去热闹、拥挤、秩序乱的场所,等等。

(三)强调恪守时间

在景点游览时,在购物时,导游员要一再提醒旅游者遵守时间。对守时者要多鼓励,对不守时者,可用轻松的方式,例如要他为大家出一个节目、请大家喝啤酒的方式以示惩戒。

(四)随时清点人数

参观游览中,每次转移时,都要清点人数,发现少人,要及时寻找。

(五)密切配合,防止走失

参观游览时,地陪、全陪和领队要密切配合:地陪举社旗走在队伍前面,引导旅游者观景赏美并做精彩讲解,全陪和领队则殿后,注意旅游者动向,必要时提醒旅游者跟上队伍,防止旅游者走失。

二、旅游者走失的处理

(一)游览活动中旅游者走失的处理

发现旅游者走失后,导游员切不可大意和拖延,而应立即组织寻找,必要时中止导游活动全力寻找走失者。

地陪与全陪、领队密切合作,一人留下照管在场的旅游者,其余二人并请少数游客一起寻找;一时找不到,可向游览地的派出所和管理部门求助,告知走失者可辨认的特征,请求协助;地陪向旅游团下榻饭店打电话询问走失者是否自己回到了饭店。

若采取必要措施后仍找不到走失者,地陪须报告旅行社,请旅行社派人到现场寻找(因为地陪不能长时间地去寻找走失者,而应完成其主要任务,即带团继续参观游览);请游览地管理部门将走失者的特征告知各出入口的工作人员,请他们注意来往人员,若发现走失者立即报告或让其直接回饭店。

事后,要查清责任,必要时对旅游者提出善意批评,但不要过多指责;对离团而受惊吓者要安慰;责任在导游员时,应向旅游者赔礼道歉。

(二)自由活动时旅游者走失的处理

旅游者若在自由活动期间自己外出时走失,导游员得知后应立即报告旅行社,请求指示和协助,通过饭店的保卫部门通知管区的公安局、派出所和交通警察部门,提供走失者可辨认的特征,请求沿途寻找。

走失者回饭店后,导游员应表示高兴并给予必要的安慰;问清情况,必要时提出善意的批评,但不应过多指责;要引以为戒,多提醒旅游者,避免走失事故再发生。

(三)几点注意

(1)旅游者走失后出现其他情况,就应视具体情况作治安事故或其他事故处理。

(2)发生比较严重的旅游者走失事故,导游员要写出翔实的书面报告。

(3)若有入境旅游者离团出走、滞留不归或出境旅游者滞留国外,导游员必须立即报告并协助提供滞留不归者的信息。

第六节 旅游者患病、死亡的预防和处理

由于旅途劳累、气候变化、水土不服或饮食起居不习惯,旅游者、尤其是年老体弱者难免会感到身体不适、甚至患病;在旅途中,旅游者突然患病、患重病需抢救、病危甚至死亡的事,也时有发生。遇到这类事,导游员要冷静对待、沉着处理,而且要努力使旅游活动继续进行。

一、旅游者患病的预防

导游人员要努力避免因人为因素致使旅游者生病的情况发生。

(一)活动安排留有余地,注意劳逸结合

旅游活动安排要留有余地,要劳逸结合,使旅游者经松愉快地旅行游览。游览活动不能安排太多、太满,不能将大运动量的活动集中在一起,以免疲劳旅游;晚间活动不宜太多、时间过长,应让旅游者早点休息,尽快恢复体力;旅游团中若老人多、体弱者多、小孩多,导游员要结合他们的特点安排活动,行进速度要慢,活动量要适中。

(二)注意饮食卫生

导游员要随时提醒旅游者注意饮食卫生,不喝自来水、河水、不洁生水,不吃小摊上的食品;在餐馆用餐时,若发现提供的食物不卫生、变质变味时,导游员要与供给方交涉,让其调换并报告接待旅行社。

(三)及时报告天气变化

每天早上出发游览时,导游员要向旅游者预报当天的天气,并根据天气的变化及时提醒旅游者增减衣服,带上雨具或遮阳伞(帽)。

二、一般疾病的处理

如果旅游者因劳累或水土不服感到不适,要求留在饭店休息,导游员应请其自便,绝不要强拉其随团活动;有时,导游员应劝身体不舒服但想随团活动的旅游者留在房间静养或在旅游车上休息。若有人留在饭店休息,导游员要安排好他的生活。游览回来后,导游员要去询问他们的身体状况并表示慰问。

需要时,导游员应请大堂经理安排病患者去饭店医务室看病取药。导游员一般不要随意将自备药给患病的旅游者服用。

三、旅游者患重病的处理

(一)旅游者患重病

1. 旅行途中旅游者患重病

在旅行途中旅游者突然患病,导游员应采取措施,请求机组人员或列车员、船员在飞机、火车、轮船上寻找医生并通知下一站的急救中心和旅行社,准备抢救。

2. 在前往景点途中或在景点旅游者患重病

若乘旅游车前往景点途中或在景点游览时旅游者患重病,必须立即将其送往附近医院,可拦车将其送医院,或让患者乘旅行车去医院;应及早通知旅行社,请求指示和派人协助,地陪则继续带领旅游团前往景点游览。

3. 在饭店旅游者患重病

在饭店有旅游者患重病,先由饭店医务人员抢救,然后送医院。

(二)注意事项

在抢救病重、病危旅游者时,导游员要注意下述几点:

(1)送重病、急病患者去医院途中,须由患者亲属、领队或由领队指定的旅游者陪同前往。

(2)在抢救过程中须有同团旅游者在场,有关旅行社的领导最好也在场;动手术前须征得患者亲属或旅游团领队的同意并由他们签字。

(3)入境旅游者病危,亲属不在身边,导游员要提醒领队与患者所属国驻华使、领馆联系,由其通知国内的家属速来华陪伴;家属来到后,导游员要协助解决生活方面的问题;若找不到亲属,一切按使、领馆的书面意见办理。

(4)有关诊治、抢救及动手术的书面材料由医院妥善保管,以备查验。

(5)若患者转危为安但仍需住院治疗,不能随团离境,旅行社领导和导游员(主要是地陪)要不时去医院探望以示关怀;安排好患者家属的生活;帮助入境旅游者办理分离签证、延期签证以及出院、机票及回国手续等善后事宜,所需费用游客自理。

(6)患者住院及医疗费用自理,患者离团住院期间未享受的综合服务费由旅行社之间结算,按规定退还本人;患者亲属的一切费用自理。

四、旅游者中暑的预防和处理

(一)旅游者中暑的预防

在夏季旅游,气温高、相对湿度大,体弱疲劳的旅游者中暑时有发生,导游员要采取有效措施,尽量避免中暑事故的发生。

(1)户外活动最好避开正午,并建议旅游者戴宽边帽或带遮阳伞。

(2)提醒老年体弱游客保持体力,避免过度疲劳。

(3)建议旅游者穿透气性好、宽松的衣服。

(4)提醒旅游者避免饥饿、多喝水。

(5)建议他们服用一些防暑降温药。

(二)中暑的处理

1. 现场处理

(1)置患者于阴凉通风处,平躺,解开衣领,放松裤带,可能时让其服用含盐饮料。

(2)对发烧者,用冷水或酒精擦身散热,服用必要的防暑药物。

(3)缓解后让其静坐或静卧休息。

2. 送医院救治

严重中暑者或病情不明者应在做必要处理后立即送医院救治。

五、旅游者死亡的处理

旅游者死亡，不管是因病亡故，还是在交通事故、治安事故或灾难中死亡，导游员都应沉着应变，要在领导指示下做力所能及的工作，不要自行其是，更不得袖手旁观。

入境旅游者死亡，必须严格按外交部《外国人在华死亡后的处理程序》办理，应迅速通过外事部门与死者所在国驻华使、领馆联系，请求处理意见或派人来处理；若死者亲属不在中国，请使、领馆促其亲属来华处理后事；导游员要立即报告旅行社，让领导出面处理死者后事，总之，处理死亡事故时，必须要有死者亲属、使领馆人员、领队及中方的有关领导在场；死者后事的处理一切按亲属或外方代表的意见办，中方不得越俎代庖。处理死亡问题的每个重要环节都应留下文字记录和证明并由多方联署，使其具有法律效力，以备查验，并一式多份，由有关各方保存。

旅游者死亡的原因很多，处理的方式方法各不相同，现仅举一例，介绍处理旅游者死亡问题的一般经过。

一位住单人间的入境旅游者第二天早上被发现死在床上，导游员应：

(1)保护好现场。

(2)立即向公安部门和旅行社报告。

(3)查明死亡原因。自然死亡(如心脏病猝发)还是非正常死亡(自杀或他杀)？如系他杀，导游员要协助公安部门调查，为破案做力所能及的工作。

(4)遗体解剖。若需要解剖尸体，要征得死者亲属和死者所在国驻华使、领馆人员的同意、签字，并提出“尸体解剖报告”。

(5)死亡报告。由医院出具死亡检查、处理书面证明。死者曾在医院抢救，医院要出具由主管医生签字的“死亡诊断证明”。

(6)清点遗物。协助领队清点死者遗物，开列清单，各方签字；遗物交亲属或由领队带回国或交死者所在国驻华使、领馆处理；清单一式两份，领队和中方接待社各自保存。

(7)查明死因。死亡原因查明后，由领队向全体旅游者宣布并报告检查(或抢救)及调查经过。

(8)继续活动。导游员的重要工作是安定旅游团，尽可能组织一些适合当时气氛的活动，多提供富有人情味的超常服务，努力使旅游者的情绪安定下来，使旅游活动继续进行。

(9)文件归档。事故处理后，要写出旅游者死亡及其处理经过的报告，将报告及全部证明文件和清单等存档。

第七节 旅游安全事故的预防和处理

交通事故、治安事故和灾难(例如火灾)等涉及旅游者人身、财产安全的事故统称为旅游安全事故。

一、旅游安全事故

(一)旅游安全管理工作方针

旅游安全管理工作实行“安全第一,预防为主”的主针。

“安全第一”。在旅游活动中,安全处于首要地位。无论是旅游行政管理部门、旅游经营单位,还是旅游从业人员,都必须自始至终把安全工作放在首位,丝毫不能懈怠。对旅游行业来说,安全问题是一个十分敏感的问题,不仅影响到旅游业的形象和信誉,也关系到旅游业的生存与发展。没有安全,就谈不上旅游业的发展。

“预防为主”。对于旅游活动中可能发生的安全事故,事先一定要做好防范工作,切不可等到事故发生后再去补救,切实清除一切安全隐患。要求各级旅游行政管理部门、旅游企业和旅游从业人员切实增强旅游安全责任心,建立、健全各项旅游安全的规章制度,严格按照旅游安全规章制度行事,增强风险防范意识,真正做到“预防为主”。

(二)旅游安全事故等级

根据国家旅游局颁布的《旅游安全管理暂行办法实施细则》,旅游安全事故分为轻微、一般、重大、特大4个等级。

(1)轻微事故:一次事故造成旅游者轻伤,或经济损失在1万元以下者;

(2)一般事故:一次事故造成旅游者重伤,或经济损失在1万元(含1万元)至10万元者;

(3)重大事故:一次事故造成旅游者死亡或旅游者重伤致残,或经济损失在10万元(含10万元)至100万元者;

(4)特大事故:一次事故造成旅游者死亡多名,或经济损失在100万元以上,或性质特别严重、产生重大影响者。

(三)旅游安全事故的处理原则和程序

1.旅游安全事故的处理原则

(1)迅速处理原则

安全事故发生后,报告单位应立即派人赶赴现场,组织抢救工作,保护事故现场,并及时报告当地公安部门。

(2)属地处理原则

安全事故发生后,原则上由事故发生地区政府协调有关部门以及事故责任方及其主管部门负责，必要时可成立事故处理领导小组。

（3）妥善处理善后原则

安全事故发生后，要积极处理善后事宜，尽量避免事故造成的损失进一步扩大。

2. 旅游安全事故的处理程序

（1）立即报告。导游员在带团游览中，如果发生旅游安全事故，导游员应当立即向其所属旅行社和当地旅游行政管理部门报告。当地旅游行政管理部门在接到一般、重大、特大旅游安全事故报告后，要及时上报国家旅游行政管理部门。

（2）保护现场。一旦发生旅游安全事故，现场有关人员一定要配合公安机关或其他有关方面，严格保护事故发生地现场。

（3）协同有关部门进行抢救、侦查。当旅游安全事故发生后，地方旅游行政管理部门和有关旅游经营单位及人员，要积极配合公安、交通救护等有关方面工作，组织对旅游者进行紧急救援并采取有效措施，妥善处理善后事宜。

（4）有关单位负责人应及时赶赴现场处理。安全事故发生后，有关旅游经营单位和当地旅游行政管理部门的负责人应当及时赶赴现场，组织指挥，并采取适当的处理措施。

发生重大旅游安全事故和特大旅游安全事故，导游员必须立即报告，尽力保护事故现场，在领导指导下做好相关工作。

（四）国际救援组织参与救援

入境旅游团在我国发生重大安全事故，可能会有国际救援组织（亚洲急救中心AEA和欧洲急救中心SOS）直接参与救援和善后处理，我国有关方面要为他们提供方便。

二、旅游者受伤、骨折的预防和处理

（一）旅游者受伤、骨折的预防

导游员要随时提醒旅游者注意安全；照顾好老人，尽可能让他们走平坦的路；提醒父母照管好孩子，不要让他们乱跑，以免发生意外。

（二）意外伤害的现场处置

（1）发生意外伤害，导游员要沉着冷静，设法维持好现场秩序。

（2）及时止血。伤者出血，可用指压法、加压包扎法或用止血带法止血并包扎伤口。

（3）周围环境不危及生命时，一般不要轻易搬动伤员。

（4）暂不给伤者喝饮料和进食。

（5）现场无人时应向周围大声呼救，请求来人帮助联系有关部门，不能单独留下伤者无人照管。

（6）伤者呼吸困难、窒息、心跳停止时要采取措施，原地抢救。

(7)及早送伤者去医院救治。

(三)几项急救禁忌

(1)急性腹痛者忌服止痛药,腹泻者忌乱服止泻药。

(2)昏迷者忌仰卧,避免窒息。

(3)脑出血者忌随意搬动,而应平卧,抬高头部,并即刻送医院。

(4)腹部受伤内脏脱出后忌立即复位,而要在医生彻底消毒后再复位。

(5)使用止血带忌结扎时间过长,一般应每隔一小时放松一刻钟,避免远端肢体缺血坏死。

(6)小而深的伤口忌马虎包扎,锐器刺伤后应请医生在6小时内清创消毒后再包扎并注射破伤风针。

(7)触电者忌徒手抢救,而应先切断电源,用木棍等绝缘体救援触电者。

(四)旅游者骨折的现场处理

(1)设法止血,清洗伤口。

(2)包扎,松紧适度,结口不应在创伤处。

(3)上夹板,就地取材,用木板、平直的树枝甚至硬纸板上夹板,以免转动骨折肢体。

(4)颈、胸、腰部和脊椎骨折,可用毛巾或布条简易固定夹板,平稳移动。

(5)及早送医院救治。

三、交通事故的预防和处理

(一)交通事故的预防

(1)提醒司机经常检查车辆,发现隐患及时修理或更换车辆。

(2)行驶途中,导游员不要与司机聊天,以免分散其注意力;然而长途行车时,导游员却要不时与司机聊两句,以免司机打瞌睡。

(3)安排日程时,在时间上要留有余地,以免司机因赶时间而违章超速行驶,避免司机疲劳驾驶;在任何情况下,导游员都不应该催促司机开快车,有时还要阻止司机开“英雄车”、“赌气车”。

(4)如遇天气不好(雨、雪、大雾天)、交通堵塞、路况不佳,尤其在窄道、山区行车时,导游员要随时提醒司机注意安全,谨慎驾驶。

(5)如天气恶劣、发生自然灾害,导游员有权改变行程,甚至可调整日程安排,但事先应向旅游者讲清情况,征得他们的同意并及时报告旅行社。

(6)司机在工作期间不得喝酒,如果司机饮酒,导游员要加以劝阻,若司机不听劝告,要立即报告旅行社,要求改派车辆或更换司机。

(7)非本车司机不得开车。

(8)导游员若和司机有争执,要待下团后解决,不要在接待过程中争执,以免影响司机驾车。

(9)导游员必须将安全放在第一位,在任何情况下都不能忽视安全。

(二)交通事故的处理

交通事故多种多样,但最多是汽车事故。旅行途中遇到这类事故,出现伤亡时,导游员必须:

1. 立即组织抢救

交通事故出现伤亡,导游员应沉着地组织抢救,设法让旅游者离开车辆,对伤者、特别是重伤员进行止血、包扎、上夹板等初步处理;同时电话呼叫救护车或立即拦车送重伤员去医院抢救(处理过程和注意事项同“重病患者”的处理)。

2. 保护好现场

不要在忙乱中破坏现场,要留人保护好现场以便交通警察部门的调查处理。

3. 迅速报告交通警察部门及旅行社

出现交通事故,导游员要尽快报告交通警察部门(交通事故报警台 122),让其派人前来调查处理;调查时,导游员和司机要密切合作,实事求是地介绍事故发生时的情况,不得推诿责任,更不能无理取闹。

向旅行社报告事故的发生及旅游者伤亡状况,请求指示并派人来指挥事故的处理;要求派车来接安然无恙者和轻伤者回饭店或继续旅游活动。

4. 做好旅游团的安定工作

组织适合当时气氛的活动,多提供超常服务,努力消除旅游者心理上的惊恐不安,稳定他们的情绪,力争继续按活动计划参观游览。

5. 在领导指示下处理善后事宜

领导到场后,导游员必须听从领导指挥,不得我行我素;有人死亡,应按上文死亡事故的处理过程处理;请医院出具有主管医生签字的诊断证书及治疗证明,由交通警察部门出具证明书;事故查清后,由领队或全陪向全团介绍事故原因以及对伤亡人员的抢救、处理经过等;处理好其他事宜。

6. 写出书面报告

交通事故处理后,导游员要写书面报告,详细报告事故发生的原因及经过,处理的经过及结果,旅游者的情绪及对处理的反应等。报告内容要详细,要实事求是。

四、治安事故的预防和处理

在旅游期间,遇到坏人行凶、诈骗、偷盗、抢劫、恐怖等事件,导致旅游者身心及财物受到损害的事故,统称治安事故。

(一)治安事故的预防

在接待工作中,导游员要始终提高警惕,采取有效措施并随时提醒旅游者,尽力防止发生治安事故。

1. 入住饭店后做好提醒工作

(1)入住饭店后,提醒旅游者保管好贵重物品。

(2)向旅游者讲清外币兑换的有关规定,提醒他们不要私自与他人兑换外币,更不要在偏僻的地方与不熟悉的人兑换外币。

(3)提醒旅游者不要将自己的房间号告诉不熟悉的人;出入房间一定要锁好房门;晚间,不要有人敲门就贸然开门,以防意外;不要让不熟悉的人和自称饭店维修人员的人进入房间。

2. 旅行、游览时导游员的工作

(1)旅游车行驶途中,不得停车让非本车人员上车,若有不明身份者拦车,提醒司机不要停车。

(2)下旅游车时,提醒旅游者不要将证件和贵重物品遗留在车上;旅游者下车后,提醒司机关好车窗、锁好车门,不要让陌生人上车,不要离车太远;旅游者返回车上时,导游员和司机要尽力阻止小商贩上车兜售商品。

(3)参观游览活动时,导游员要始终和旅游者在一起,随时注意观察周围环境和旅游者的行踪,不时清点人数;发现可疑现象,尽力引领旅游者避开;在人多拥挤的公共场所,要提醒旅游者不要离开团队,注意保管好自己的证件、财物。

(二)治安事故的处理

一旦发生了治安事故,导游员绝不能置身事外,而要全力保护旅游者的人身、财物安全。

(1)保护旅游者的安全。遇到歹徒骚扰、行凶、抢劫,导游员要临危不惧,绝不能临阵脱逃,可能时将旅游者转移到安全地点;导游员要勇敢,但不能鲁莽行事,要防备歹徒的凶器,要保护旅游者的安全,也要保护好自己。

(2)组织抢救。若旅游者受伤,应立即做好必要的伤口处理,尽快送往附近医院;尽可能保护现场。

(3)立即报警。立即拨打110报警,公安人员赶到后,导游员要积极配合、协助破案。

(4)报告接待旅行社。将案情报告接待社领导,情况严重时,请领导到现场指挥处理。

(5)妥善处理。治安事故发生后,导游员要设法稳定旅游者的情绪,如果后果不是很严重,就应设法继续进行旅游活动;在领导指导下准备好必要证明及相关资料,处理好种种善后事宜;注意破案情况,一旦有结果,经领队向全团通报。

(6)书面报告。写出翔实的书面报告,对旅游者的重要反映,力争用原话并注明反映者的身份。

五、火灾事故的预防和处理

旅游团下榻的饭店在深夜、大家熟睡时失火，会造成严重后果；交通工具失火，逃生也是个很大的问题。导游员不要因火灾事故不多而掉以轻心，也不要因没有经历过而惊慌失措。

（一）火灾事故的预防

1. 必要提醒

导游员应提醒旅游者不要携带易燃、易爆物品，不在托运的行李中夹带易燃、易爆等违禁物品；提醒旅游者不在床上吸烟，不乱扔烟头和其他火种。

2. 熟悉饭店安全通道

入住饭店后，导游员要熟悉所在饭店楼层的太平门、安全出口、安全楼梯并向游客详细介绍；提醒他们熟悉客房门上贴的安全路线示意图，掌握一旦失火时应走的路线；提醒旅游者，一旦发生火灾（地震、水灾等），不要乘坐电梯，只能从安全通道逃生。

3. 记住火警电话 119

导游员要记住火警电话 119，掌握领队及全团成员的住房号，一旦发生火灾，立即通知他们。

（二）火灾事故的处理

1. 迅速撤离

一旦发生火灾，导游员应采取一切可行的办法通知旅游者，组织他们轻装、快速、有序疏散。告诫旅游者要听从指挥，要避免摔倒，即使掉了贵重物品也不要弯腰捡拾。导游员切忌慌乱、胡乱指挥，更不准只顾自己逃命而置众多游客于危险境地。

2. 引导游客自救

若被大火和浓烟包围，导游员要引导游客自救，保住性命，等待救援。例如，脸贴近墙壁、墙根，或用湿毛巾捂住脸顺墙爬出去，或打开未燃烧一方的窗户等。

看到救护人员时，要大声叫喊或边喊边摇动色彩鲜艳的衣物；救援人员到来后要服从命令听指挥。

即使情况紧急也不要跳楼。

3. 善后处理

旅游者撤出后，导游员应设法将同团旅游者集合在一起，清点人数，若有未到者，要组织人寻找；有人受伤，应立即组织抢救；若有重伤者应迅速送医院抢救，若有人死亡，应按有关规定处理；采取各种措施安定旅游团的情绪，解决因火灾造成的生活方面的困难；协助领导处理好善后事宜；写出翔实的书面报告。

六、旅游者食物中毒的预防和处理

食物中毒对人体危害很大,其症状是上吐下泻,特点是起病急、发病快、潜伏期短,如果不及时救治,严重的会有生命危险,所以导游员要高度重视旅游者食物中毒事件。

(一)食物中毒的预防

1. 严格按规定办事

(1)旅游者必须在定点餐厅用餐,导游员绝不能带领旅游者到自己的“关系户”那里用餐。

(2)在餐厅,导游员要检查饭菜质量,若发现有变质的菜肴和饮料,立即与餐厅交涉,保证旅游者吃到新鲜的食物。

2. 多做提醒工作

导游员应随时提醒游客不要食用小摊上的食品,不要喝生水和不洁的水,吃水果要洗净、最好去皮等。

(二)食物中毒的处理

(1)食物中毒,设法催吐并让其多喝水缓解毒性。封存患者所食物品和呕吐物,以备查验。

(2)严重食物中毒者或中毒程度不明者应立即送医院抢救,请医生开具诊断证明,注明中毒原因。

(3)迅速报告。若旅游团集体中毒,相关旅行社和救治医院要立即报告当地卫生防疫部门,旅行社要报告当地旅游行政管理部门;追究有关单位的责任。

七、旅游者溺水的预防和处理

(一)旅游者溺水的预防

(1)在河、湖边游览时,要提醒旅游者,尤其要提醒孩子、老人不要太靠近河、湖边行走,以免落水。

(2)在乘船和竹筏时,要提醒旅游者不要超载,不要打闹。

(3)不让旅游者在非游泳区游泳;在游泳区游泳时,要提醒旅游者做好全身准备活动,提醒水性不好者不去深水区游泳;提醒父母监护好自己的孩子。

(4)进行水上活动时,应穿好救生衣,带好救生圈等救护设备。

(5)将码头的电话告知旅游者,以备天气突变时与之联系。

(二)旅游者溺水的处理

将溺水者救出水后,迅速清除口鼻内污物,拉出舌头,保持呼吸道通畅。然后将其置于俯卧位(可将患者腹部放在抢救者膝上),头部朝下,按压其背部使脏水流出。如呼吸心跳停止,立即进行口对口人工呼吸及胸外按压。待恢复呼吸、心跳和知觉后,注意换去湿衣服,给予保温,饮用热糖水或姜糖水,并尽快送医院做进一步治疗。

八、天灾的应急处理

(一)地震

1. 现场自救

室内遇险时,应就地躲避:躲在桌、床等结实的家具下,尽量躲在小的空间内,例如卫生间、厨房或内墙角;可能时,初震后迅速撤至室外。

室外遇险时,切忌乱跑乱挤,不要扎堆,避开人多的地方;远离高大建筑物、窄小胡同、高压线;注意保护头部,防止砸伤。若旅游团在游览时遇到地震,导游员应迅速引领旅游者撤离建筑物、假山,集中在空旷开阔地域。

2. 遭灾者的自救

地震时被压在废墟下、神志还清醒的幸存者,最重要的是不能在精神上崩溃,而应该创造条件脱离险境或保存体力等待救援。例如,若能挣脱开手,应立即捂住口鼻,以隔挡呛人的灰尘,避免窒息;设法保存体力,不要乱喊,而要听到外面有人时再呼救;若能找到水和食物,要计划使用,尽可能长地维持生命。

任何人在地震发生时都要有强烈的求生欲望,绝不要放弃希望。

(二)泥石流

旅游团行程中遇到泥石流、滑坡多发区,导游员必须注意天意预报,若有连绵阴雨或大雨,要与旅行社或旅游者商量,对行程作必要的修改;暴雨刚停时,旅游团最好不要在山区活动。

遇到泥石流,导游员要镇定地引导旅游者逃生:

(1)泥石流发生时,不能在沟底停留,而应迅速向山坡坚固的高地或连片的石坡撤离,抛掉一切重物,跑得越快越好,爬得越高越好。

(2)切勿与泥石流同向奔跑,而要向与泥石流流向垂直的方向逃生。

(3)到了安全地带,旅游者应集中在一起,等待救援。

(三)飓风

旅游团若遇强大风暴,尤其遇到龙卷风时,要采取自我保护措施:

(1)若在室内,最好躲在地下室、半地下室或坚固房屋的小房间内,避开重物;不能躲在野外小木屋、破旧房屋和帐篷里。

(2)若困在普通建筑物内,应立即紧闭面临龙卷风刮来方向的门窗,打开另一侧的门窗,以免龙卷风刮进屋内、掀起房顶,也可以防止房间爆炸。

(3)若被飓风困在野外,不要在狂风中奔跑,而应平躺在沟渠或低洼处,但要避免水淹。

(4)旅游团在旅游车中时,司机应立即停车,导游员要组织旅游者立即撤离,躲到远离汽车的低洼地或紧贴地面平躺，并注意保护头部。

第八节 旅游者越轨言行的处理

旅游者的越轨言行系个人问题，但处理不当定会产生不良后果。因此，处理这类问题要慎重，事前要认真调查核实，分清越轨行为和非越轨行为的界限、分清有意和无意的界限、分清无故和有因的界限、分清言论和行为的界限、分清正常交往和非正常交往的界限。正确地区别上述界限，才能正确处理此类问题，才能团结朋友、增进友谊，才能维护国家的主权和尊严。但是，区别这些界限却有相当的难度，需要导游员具有高度的政策观念和法制观念，要熟悉客源地，并要有很高的警惕性。

导游员应积极为旅游者介绍中国的有关法律及注意事项，多做提醒工作，以免个别旅游者无意中做出越轨、违法行为；发现可疑现象，导游员要有针对性地给予必要的提醒和警告，迫使预谋越轨者知难而退；对冥顽不化者，他们的越轨言行一经发现应立即汇报，协助有关部门进行调查，分清性质。处理这类问题要严肃认真，要实事求是，要合情、合理、合法。

一、攻击和诬蔑言行的处理

由于社会制度的不同、政治观念的差异，入境旅游者可能对中国的方针政策及国情有误解或不理解，在一些问题上存在分歧。因此，导游员要积极地宣传中国，认真地回答旅游者的问题，友好地介绍我国的国情，阐明我方对某些问题的立场、观点，求同存异。

但是，若有人站在敌对立场上进行恶意的攻击和诬蔑，我们要严正驳斥，驳斥要理直气壮、观点鲜明、立场坚定，但不要与之纠缠；必要时报告有关部门并协助调查。

二、违法行为的处理

社会制度和传统习惯的差异导致各个国家的法律不完全一样。对因缺乏了解中国的法律和传统习惯而做出违法行为的旅游者，导游员要讲清道理，指出错误及可能承担的责任，并报告有关部门。对明知故犯者，导游员要提出警告，并配合有关部门进行调查。

三、与中国人不正常交往的处理

入境旅游者与中国人或他们在华亲友进行正常交往（如拜访、赠礼、会议、贸易、通信等），导游员不仅不应干预，而且要在可能情况下给予热情帮助。但是如果有人企图利用访华之机与个别中国人或在华外国人勾结，窃取国家机密和经济情报，进行走私，贩毒，偷盗文物，倒卖金银，套购外汇，贩卖黄色书刊及录音、录像带，嫖娼、卖淫等犯罪活动，一旦发现，导游员应立即汇报，并配合司法部门查明罪责。

四、不正常宗教活动的处理

旅游者若在旅游地散发宗教宣传品，进行非正常宗教活动，导游员一定要予以阻止，向其宣传中国的宗教政策并严正指出：不经我国宗教团体的正式邀请，境外人士不得在中国讲道、主持宗教活动，不得在不具备宗教活动条件的地方散发宗教宣传品或进行宗教活动。导游员还应明确指出，持旅游(L)签证来中国的外国人不得在中国从事宗教宣传等与其身份不符的活动。处理这类事件要注意政策界限和方式方法，但对不听劝告并有明显破坏活动者，对进行邪教活动者，应迅速报告有关部门并协助调查。

五、违规行为的处理

(一)违反景区、景点有关规定的处理

旅游者中总有一些人言行不检点，对景区、景点树立的醒目告示牌熟视无睹，明知故犯。导游员在进行精彩讲解的同时，还应同时进行文物保护、环境保护的宣传。导游员要讲清景区、景点的有关规定，并一再提醒旅游者注意遵守。例如，有的地方禁止进入，禁止照相，禁止使用闪光灯；禁止践踏草地，禁止采摘花草、果实，禁止采挖野菜；禁止随地吐痰，禁止乱涂、乱画；禁止乱扔废弃物，禁止攀登等。导游员还要注意旅游者的动向，防止少数人破坏景区、景点的环境，扰乱景区、景点的秩序。若出现违规行为，导游员应予以阻止；若有人不听劝告、一意孤行，导游员要报告有关部门。

(二)对女性越轨行为的处理

旅游者中若有人品行不端、猥亵女性、侵犯他人，导游员应郑重向其指出问题的严重性，让其立即改正。对境外旅游者，导游员要明确告知中国人的道德观念和异性间的行为准则，请其尊重并遵守。

对导性旅游者的不轨行为，女性导游员的正确做法应是：

1. 行为端庄

与异性旅游者交往时，女导游员不能太随便，切不可轻浮，而要行为端庄、落落大方，显出不可侵犯的姿态。这样的女性，可使图谋不轨者望而却步。

2. 明确拒绝

若有导性旅游者挑逗或提出非分要求，女导游员必须明确拒绝，不要怕搞僵关系而不明确表态，更不要因不好意思而脸红跑掉。若这样会给自己带来更多麻烦。

3. 采取措施

若有个别人蛮横无理，或纠缠不休，或行为粗野，女导游员可以断然采取措施进行自卫，但要立即报告旅行社领导，情节严重的，报有关部门依法处理。

第九节 旅游者投诉的处理

一、旅游者的权利和权益保护

（一）旅游者的权利

旅游者在依法享受权利时，必须遵守国家法律、政策和社会公德原则；不得损害国家利益、集体利益和他人合法权益的原则；坚持权利和义务相一致的原则。

旅游者的权利有：

1. 安全保障权

安全保障权，是指旅游者在购买、使用商品或者接受服务时，享有人身、财产安全不受侵犯的权利。为保障旅游者安全权的实现，旅游者有权要求经营者提供的产品和服务符合保障人身、财产安全的要求。

2. 知悉真情权

知悉真情权，是指旅游者在购买、使用旅游服务产品或接受服务时，享有知悉其所购买、使用的旅游服务产品或接受服务的真实情况的权利。旅游者有权要求旅游经营者提供相关情况。

3. 自主选择权

自主选择权是指旅游者在购买旅游服务产品或接受服务时，享有自主选择商品或者接受服务的权利，即有权选择提供旅游产品或服务的经营者，有权自主选择旅游服务产品的品种或服务的方式，有权自主决定购买某种旅游服务产品或接受某种服务，在选择旅游服务产品或接受服务时有权进行比较、鉴别、挑选。

4. 公平交易权

公平交易权，是指旅游者购买旅游服务产品或者接受服务时享有获得质量保障、价格合理、计量正确等公平交易条件的权利，即旅游者付出一定的旅游费用可以得到同等价值的旅游商品或服务，并有权获得购物凭证或服务单据。

5. 求偿权

求偿权，是指旅游者因购买和使用旅游服务产品或接受服务时受到人身伤害或财产损害的，享受依法律规定或合同约定获得赔偿的权利。

6. 人格尊严、民族风俗习惯受尊重权

旅游者在购买、使用旅游服务产品和接受服务时，享受人格尊严、民族风俗习惯得到尊重的权利。为此，在旅游活动中，旅游经营者和导游员不得侮辱、诽谤旅游者,不得无端猜疑、强行搜查旅游者的身体及随身携带物品,不得侵害旅游者的人身自由权;不得贬低旅游者的人格,不得不平等对待旅游者。

7. 监督权

旅游者享有对旅游服务产品和服务以及保护旅游者权益工作进行监督的权利,旅游者有权检举、控告侵害旅游者权益的行为和国家机关及其工作人员在保护旅游者权益工作中的违法失职行为,有权对保护旅游者的工作提出批评、建议。

(二)旅游者权益的保护

1. 旅游者权益的国家保护

(1)立法保护。完善的法律法规、政策体系,是国家保护旅游者合法权益的基础和依据。

(2)行政保护。旅游行政管理部门,对所属行业经营者负有监督管理之责,在保护旅游者合法权益方面的具体责任是:加强对旅游经营者的管理,防止损害旅游者利益的行为发生,对已经出现的问题积极进行调查处理,并强化有关旅游者权益的服务职能,认真听取旅游者、消费者协会及其他保护旅游者权益的社会团体对旅游经营者的交易行为、旅游服务产品和服务质量等方面的意见。

(3)司法保护。公、检、法机关应当依法严惩违法旅游经营者在提供旅游服务产品和服务中侵害旅游者合法权益的违法犯罪行为;审判机关应当采取措施,方便旅游者提起诉讼,并依法及时审理旅游者权益争议的案件。

2. 消费者组织对旅游者合法权益的保护

消费者协会的职能是对商品和服务进行社会监督和保护包括旅游者在内的消费者的合法权益。

3. 旅游者权益的自我保护

发生权益纠纷时,旅游者可通过下述途径予以解决,保护自己的利益。

(1)与经营者协商和解。双方发生争议后,在平等自愿的基础上,本着公平、合理解决问题的态度和诚意,就与争议有关的问题,相互交换意见,达成和解协议,使纠纷得以解决。

(2)请求消费者协会调解。由消费者协会对争议双方当事人进行说服劝导、沟通调解,以促成争议双方达成解决纠纷的协议。

(3)向有关行政部门申诉。发生权益纠纷后,向有关行政部门提出申诉,要求行政机关维护自身的合法权益。

(4)申请仲裁。双方当事人自愿将争议提交仲裁委员会裁决。其前提是投诉者和被投诉者必须同意采用此种方式解决纠纷达成协议。

(5)向人民法院提起诉讼。旅游者在其合法权益受到侵害时,可以向有管辖权的人民法院起诉,请求人民法院行使国家审判权,依法解决权益争议,保护旅游者的合法权益。提起诉讼的旅游者一定是与争议案件有直接利害关系的受害人,要有明确的被告和诉讼请求以及有受损害的事实及证据。

二、旅游投诉

（一）旅游投诉的条件

（1）投诉者是与案件有直接利害关系的人，即因被投诉者的行为直接导致其合法人身权、财产权益或者经营信誉受到损害而得以行使相应请求权的人。

（2）确有损害投诉者权益的违法行为发生，而且发生在旅游活动中，或者与旅游活动有密切关系。

（3）被投诉者有过错，即旅游者受到的损害确实是由于被投诉者的故意或过失行为产生。

（4）旅游投诉要有明确的被投诉者、具体的投诉请求和事实依据。

（二）旅游者投诉心理

1. 要求尊重

旅游者到异国他乡旅游，希望得到他人、尤其是旅游服务人员的尊重，希望他的意见和建议得到重视、要求得到满足、旅游目的得以实现，否则他会认为自己的权益受到了侵害，心灵受到了创伤，于是通过投诉寻求权益保护。因此，导游员要严格按约定的标准和内容为旅游者服务，要处处尊重旅游者，重视他们的意见和建议，满足他们的正当要求，以此消除或减少旅游投诉。

2. 要求发泄

旅游者认为自己不受尊重、权益受损，从而产生不满、懊丧甚至愤怒情绪，就用投诉行为来宣泄自己的感情，寻求心理上的某种平衡。所以导游员首先要设法不让旅游者产生上述情绪；当上述情绪已经产生，就要设法予以平息或让他们出了气再走，以减少旅游投诉。

3. 要求补偿

认为自己的权益受损的旅游者以投诉来宣泄自己的不满情绪，获得某种补偿，这是一种心理补偿方法，以求达到新的心理平衡。此外，旅游者的经济利益受到损害时，会用投诉来争取赔偿。因此，要正确对待旅游者的投诉，努力给旅游者以心理层面或物质层面的补偿，以求缓解或消除矛盾。

（三）书面旅游投诉受理机关

旅游者的合法权益受到损害，可向旅游行政管理部门、工商行政管理部门、价格主管部门、商务主管部门或者外汇管理部门投诉；旅游者也可以向相关旅游企业投诉，还可向法院、仲裁机构主张自己的权利。

（四）旅游投诉时效

旅游投诉的有效期为 90 天，超过规定期限的，旅游投诉管理机关一般不予受理。

(五)旅游投诉者和被投诉者的权利和义务

1. 旅游投诉者的权利和义务

(1)投诉者的权利:旅游投诉者有权了解投诉的处理情况;有权请求调解;有权与被投诉者和解;有权放弃或者变更投诉请求;有权申请复议和提起诉讼。

(2)投诉者的义务:旅游投诉者应按旅游投诉规定的条件、范围投诉;按投诉要求向旅游投诉管理机关递交投诉状,并按被投诉者人数提出副本。

2. 被投诉者的义务和权利

(1)被投诉者的义务:及时调查核实、认真解决问题;协助调查核实、提供证据证明;主动协商和解、赔礼道歉或赔偿损失。

被投诉者接到旅游投诉管理机关送达的投诉状副本和通知后,应当在10天内作出书面答复。书面答复一定要具有针对性,即要针对投诉者的投诉内容回答问题,作出辩解,以利于旅游投诉管理机构兼听双方的理由,全面客观地了解案情,辨明是非。同时,应协助旅游投诉管理机关调查核实旅游投诉的内容,为此要提供确凿的证据,不得隐瞒事实,阻碍调查工作。确有过错,损害了投诉者的利益,应主动赔礼道歉、赔偿损失,争取与投诉的旅游者和解。

(2)被投诉者的权利:被投诉者有权与投诉者自行和解;有权依据事实,反驳投诉请求,提出申辩,请求保护自己的合法权益;还享有在旅游行政管理部门作出处罚前要求举行听证会,处罚后申请复议直至向人民法院起诉的权利。

(六)旅游投诉的处理

1. 口头投诉的处理

(1)直接沟通

旅游者提出口头投诉,导游员应主动、及时地与其直接沟通,以免事态扩大。

(2)认真倾听

导游员要认真倾听旅游者的陈述,即使理由不当,也不要立即辩解、否定,更不能争吵。

(3)正确处理

对投诉者的诉说,导游员要认真分析,及早核查;该解释的要实事求是地解释,必要时指出其投诉不合理的理由;该弥补的要积极弥补,有时要给予合理赔偿,尽可能消除投诉者的不满。当然,导游员要当好和事佬,努力进行调解。

2. 书面投诉的处理

(1)处理决定的期限

旅游者以书面形式投诉,旅游投诉管理机构应当及时调查处理。旅游行政管理部门接到旅游者投诉后,应当在5个工作日内作出是否受理的决定,决定受理的,应当在60日内作出处理决定,并答复投诉者。

(2)调解

旅游投诉所涉及的大部分是民事纠纷,所以,旅游投诉受理机构应尽量调解。这样做,既可保护旅游者的合法权益,又可避免矛盾的激化。不过,调解不是和稀泥,而要以事实为依据、以法律为准绳,使有错方承认错误,受损方得到补偿。而且必须在双方完全自愿的基础上进行调解,使双方心悦诚服地达到调解的目的。

双方达成和解的,旅游投诉受理机构应制作《旅游投诉调解书》,载明处理过程和调解结果。

(3)处理决定

①属于投诉者自身的过错,旅游投诉管理机构可以决定撤销立案,通知投诉者并说明理由。

②属于投诉者与被投诉者共同过错的,旅游投诉管理机构可以决定由双方各自承担相应的责任。双方各自承担责任的方式,可以由双方当事人自行协商确定,也可以由投诉管理机关决定。

③属于被投诉者的过错,旅游投诉管理机构可以决定由被投诉者承担责任:责令被投诉者向投诉者赔礼道歉,或者依据法律法规进行赔偿。

④属于其他部门的过错,可以转送有关部门处理,但这并不表示旅行社没有任何责任。旅游过程中发生质量问题,一般是组团社先行赔偿旅游者的损失,之后再追偿。

⑤不接受处理决定的,投诉者可申请仲裁或提起诉讼。

本章提示

本章介绍的是在旅游活动中可能出现的问题和发生的事故,这是本书很重要的一章。通过本章的学习,学生应对旅游活动中出现的问题和事故有基本的了解。

本章要点

旅游活动中可能出现的问题和发生的事故及其预防措施和处理过程。

复习思考题

1. 旅游活动计划变更时导游员应采取什么措施?
2. 怎样正确处理漏接、空接和错接事故?
3. 误机(车、船)时,导游员应采取什么应急措施?怎样避免误机(车、船)事故?
4. 导游员应采取什么措施以避免因人为因素导致旅游者生病?
5. 旅游者患重病、病危时,导游员应该怎么办?
6. 什么是旅游安全事故?旅游安全事故分几个等级?我国旅游安全管理工作方针是什么?在旅游安全事故的善后处理工作中要遵循哪些原则?一旦发生旅游安全事故应怎样处理?

7. 导游员应采取什么措施避免交通事故的发生？一旦发生交通事故导游员应怎样正确处理？

8. 导游员应采取什么措施避免发生治安事故？治安事故发生后导游员应怎样正确处理？

9. 一旦发生火灾时应怎样处理？困在火灾现场的旅游者怎样自救？

10. 发现一位游客死在客房床上，导游员应该怎样处理？

11. 导游员应采取什么措施以避免旅游者遗失证件、财物？

12. 导游员应怎样对待旅游者的证件？导游员丢了外国人的护照应承担什么责任？怎样协助失主顺利出境？

13. 导游员应采取什么措施以防旅游者走失或滞留不归？旅游者在景点游览时走失导游员应采取什么措施寻找走失者？

14. 因行李员不慎，丢失了旅游者的一个箱子，导游员能帮助失主做些什么？

15. 怎样处理个别旅游者的越轨言行？

16. 旅游者有哪些权利？权益受损时，旅游者可通过哪些途径维权？

17. 什么是旅游者的投诉心理？导游员应怎样减少甚至避免旅游者投诉？

18. 怎样正确处理旅游者的投诉？

第九章

导游业务相关知识

第一节　旅游基础知识

一、旅游

（一）旅游的定义

1991年6月25日，世界旅游组织在加拿大召开的“旅游统计国际大会”上就旅游基本概念作出了定义：旅游是指“人们为了休闲、商务和其他目的，离开惯常环境，到其他地方访问或停留，但连续时间不超过一年的活动”。

（二）“旅”和“游”之间的关系

旅游是旅行和游览两者相互结合的活动，一般而言，游览是旅游的目的，旅行则是达到目的的手段。处理两者关系的正确原则应是“旅速游缓”。

（三）旅游和旅行

旅游和旅行之间的区别有二：一是旅游必须离开惯常住地，而旅行则无此规定；二是旅行的主体一般在访问地通过活动获取报酬，而旅游的主体不以此为目的。

旅行的主体为旅行者，旅游的主体则为游客，旅行者包括游客和非游客。

二、旅游活动

（一）旅游活动类别

旅游活动的分类方式多种多样，下文只就三种分类方式作简单介绍。

1. 按地理范围分类

按旅游者到达目的地的地理范围划分，旅游活动可分为国际旅游和国内旅游。

（1）国际旅游

国际旅游是指跨越国界的旅游活动，分为入境旅游和出境旅游。

入境旅游是指他国公民到本国进行的旅游活动，出境旅游是指本国公民到他国的旅游活动。

(2)国内旅游

国内旅游是指一国居民在本国境内进行的旅游活动。

从旅游发展的历程看，国内旅游是一国旅游业发展的基础，国际旅游是国内旅游的延伸和发展。

2. 按旅游性质和目的分类

按旅游性质和人们出游的目的划分，旅游活动可分为六大类：

(1)休闲、娱乐、度假类

属于这一类旅游活动的有观光旅游、度假旅游、娱乐旅游等。

(2)探亲、访友类

这是一种以探亲、访友为主要目的的旅游活动。

(3)商务、专业访问类

属于这一类的旅游活动有商务旅游、公务旅游、会议旅游、修学旅游、考察旅游、专项旅游等，也可将奖励旅游归入这一类，因为奖励旅游与游客个人职业及所在单位的经济活动存在紧密关系。

(4)健康医疗类

主要是指体育旅游、保健旅游、生态旅游等。

(5)宗教朝圣类

主要是指宗教界人士进行的以朝圣、传经布道为主要目的的旅游活动。

(6)其他类

上述五类没有包括的其他旅游活动，例如探险旅游等。

3. 按人数分类

按参加一次旅游活动的人数划分，旅游活动可分为团队旅游和散客旅游。

(1)团队旅游

团队旅游是经由旅行社或旅游中介机构将购买同一旅游线路或旅游项目的10名以上(含10名)游客组成旅游团进行集体活动的旅游形式。团队旅游一般以包价形式出现，具有方便、舒适、相对安全、价格便宜等特点，但游客的自由度小。

(2)散客旅游

散客旅游是由旅行社为游客提供一项或多项旅游服务，而由游客自行安排旅游行程，零星现付各项旅游费用的旅游形式。散客旅游的特点是预订期短、规模小、要求多、变化大、自由度高，但费用较高，游客较辛苦。

还有，人们不经过旅行社，完全由自己安排旅游行程，按个人意愿进行活动的旅游形式，例如背包旅游。这是一种真正意义上的自助旅游，特点是自由、灵活、丰俭由人，但更为辛苦。

(二)旅游活动三要素

1. 旅游活动的主体——游客

游客是指离开惯常环境,不以谋生为目的到异国他乡访问、停留,持续时间不超过12个月的人。

游客包括旅游者和一日游游客:

(1)旅游者是指在一地停留时间超过24小时、不足12个月的游客,又称过夜游客。

(2)一日游游客是指在一地停留时间不超过24小时、不过夜的游客。

2. 旅游活动的客体——旅游资源

(1)旅游资源的概念

旅游资源是指自然界和人类社会凡能对游客产生吸引力,使之产生兴趣,可以为发展旅游业所开发、利用的各种事物和因素。

旅游资源是发展旅游业的基本条件。我们讲的旅游资源一般是指经过开发的、对游客具有有效吸引力的旅游资源。

开发旅游资源必须考虑资源的"效益"功能,即经济效益、社会效益和生态环境效益。

为了旅游业的持续发展,我们要重视旅游资源的合理开发,更要强调对旅游资源的保护。

(2)旅游资源的分类

旅游资源的范围广、种类多,但一般可分为自然旅游资源和人文旅游资源两大类。

①自然旅游资源

自然旅游资源是天然形成的,是旅游的第一环境。

②人文旅游资源

人文旅游资源是旅游的第二环境,是古今人类精神文明和物质文明的结晶,具有鲜明的民族性、历史性和艺术性。

3. 旅游活动的媒介体——旅游业

(1)旅游业的概念

旅游业是指以旅游资源为凭借、以旅游设施为条件、为旅游者提供在整个旅游活动中所需要的各种服务并以此获得经济利益的一系列相关行业的总和。旅游业属于第三产业。

旅游业为旅游者提供的旅游服务包括食、住、行、游、购、娱六大环节,六大环节是有机衔接、紧密联系的。其中"游"为中心环节,是旅游活动最基本、最重要的内容;食、住、行、购、娱则是围绕游览活动展开的。旅游组织者和导游员要努力使游客游得尽兴、吃得有味、住得舒适、购物称心、旅行安全、玩得开心,让他们高兴而来、满意归去。

(2)现代旅游业的三大支柱

在为旅游者提供综合服务的各经济部门中,起骨干作用是旅行社、交通和以饭店为代表的住宿业,它们被称为现代旅游业的三大支柱。

①旅行社

旅行社属于旅行代理业,是最典型的旅游中介组织。旅行社既为旅游接待企业代理营销业务,又接受旅游者的委托为其办理各种旅游服务。

旅行社的主要作用有四项:旅游产品的开发、旅游产品的销售、旅游服务的采购和旅游接待。

②交通

交通是旅游业发展进程的重要标志。从整个旅游发展进程看,交通始终起着支配作用。就一个旅游区、旅游景点而言,交通在集散、运送和疏导旅游者方面发挥着重要作用。交通还是一种旅游方式,例如乘船畅游长江三峡、乘车观赏市容美景等。

安全、便利、快速、经济、舒适是旅游者对现代交通的基本要求。

③以饭店为代表的住宿业

住宿业的本质产品是服务,即以集中于客房使用价值为表象,住客获得的是在一段时间内由服务连贯起来的住宿消费权利。

以饭店为代表的住宿业的建设总体水平(包括客房数量、设施设备的实用程度、服务项目的数量、档次数量比例关系等)是衡量一个国家(地区)旅游接待能力的重要依据,也在旅游创收中发挥着重要作用。

三、旅行社

(一)旅行社的概念

旅行社是指从事招徕、组织、接待旅游者等活动,为旅游者提供相关旅游服务,开展国内旅游业务、入境旅游业务或者出境旅游业务的企业法人。

(二)旅行社的设立

1. 经营国内旅游业务和入境旅游业务的旅行社

申请设立经营国内旅游业务和入境旅游业务的旅行社,应向所在地省、自治区、直辖市旅游行政管理部门申请。

旅行社取得经营许可满两年,未有因侵害旅游者合法权益受到行政机关罚款以上处罚,可申请经营出境旅游业务。

2. 经营出境旅游业务的旅行社

申请设立经营出境旅游业务的旅行社,应向国务院旅游行政主管部门或者其委托的省、自治区、直辖市旅游行政管理部门提出申请。

3. 外商投资旅行社

外商投资旅行社包括中外合资经营旅行社、中外合作经营旅行社和外资旅行社。

申请设立外商投资旅行社,应向国务院旅游行政主管部门提出申请。

(三)旅行社的经营规则

旅行社在经营活动中应当遵循自愿、平等、公平、诚信的原则,提高服务质量,维护旅游者的合法权益。

(1)旅行社向旅游者提供的旅游服务信息必须真实可靠,不得作虚假宣传。

(2)经营出境旅游业务的旅行社不得组织旅游者到政府公告的中国公民出境旅游目的地以外的国家和地区旅游。

(3)旅行社为旅游者安排或者介绍的旅游活动不得含有违反有关法律、法规规定的内容。

(4)旅行社不得以低于旅游成本的报价招徕旅游者。未经旅游者同意,旅行社不得在旅游合同约定外提供其他有偿服务。

(5)维护旅游者的合法权益

旅行社组织旅游者参加旅游活动,应当与旅游者签订旅游合同,就旅游行程(包括乘坐的交通工具、旅游景点、住宿标准、餐饮标准、娱乐标准、购物次数等)安排、旅游价格、违约责任作明确规定。旅游活动开始后,旅行社应严格履行旅游合同。

旅行社在与旅游者签订旅游合同时,应当对旅游合同的具体内容作出真实、准确、完整的说明。

(四)旅游产品

1. 旅游产品的概念

旅游产品,亦称旅游服务产品,是由实物和服务综合构成向旅游者销售的旅游项目,其特征是服务成为产品构成的主体,其具体展示主要有线路、活动和食宿。

2. 旅游产品的类型

(1)按产品组成状况划分,旅游产品可分为;

①整体旅游产品

整体旅游产品,又称综合性旅游产品,是旅行社根据市场需求为旅游者组合的内容、项目各异的旅游线路。一般是指各种形式的包价旅游。

②单项旅游产品

单项旅游产品是指旅游服务的供给方向旅游者提供的单一服务项目,如预订饭店客房、机场接送等。

(2)按产品形态划分,旅游产品可分为包价旅游、小包价旅游、组合旅游、单项服务等。

（五）旅游客源地和旅游目的地

1. 旅游客源地

旅游客源地是指产生游客的地区或游客居住地区，在国际旅游中称为旅游客源国。旅游客源地大多是经济发展水平高的国家和地区。

2. 旅游目的地

旅游目的地是指游客到访地区或旅游接待地区，在国际旅游中则称为旅游目的地国。

旅游目的地一般由游客根据自己的旅游动机和经济实力自由选择。

客源地的功能是产生游客，而目的地的功能则是接待游客，两地之间由交通来连接，即由交通部门为游客提供往返旅游客源地和目的地的交通工具。

四、旅游组织及其他

（一）旅游组织

1. 世界旅游组织（UNWTO）

世界旅游组织是目前世界上唯一全面涉及旅游事务的全球性政府间旅游组织。

该组织最早可追溯到1898年设立的旅游协会的国际联盟，1919年改称国际旅游同盟，1947年改名为国际官方旅游组织联盟，成为联合国的正式附属机构，1975年1月2日正式改用现名。总部设在西班牙的马德里。

世界旅游组织的宗旨是：通过推动和发展旅游业，促进各国经济的发展和繁荣，增进国际间的相互了解和维护世界和平。

中国于1983年10月5日正式加入世界旅游组织。

2. 太平洋亚洲旅游协会（PATA）

这是个地区性的非政府组织，成立于1951年，1986年改称现名。总部设在泰国曼谷。

我国于1993年加入该协会。

此外，还有世界旅行社协会联合会、国际旅游学专家协会等。

3. 中国国家旅游局

国家旅游局是我国的国家旅游组织，是国务院下属的负责统一管理全国旅游工作的政府行政机构。

1987年后，我国各省、市、自治区以及地区和县先后成立了旅游局，它们是代表地方政府管理辖区范围内旅游工作的行政机构。

4. 中国旅游协会

中国旅游协会于1986年1月30日在北京正式成立。该协会是由各旅游部门，与旅游业有关部门以及旅游界知名人士、专家、学者组成的全国性民间社会团体。

此外,我国还有中国旅游饭店协会、中国旅行社协会、景点协会、中国旅游车船协会、中国旅游报刊协会等行业协会。

(二)六大旅游区

世界旅游组织将全球划分为六大旅游区:

欧洲旅游区、美洲旅游区、东亚与太平洋旅游区、非洲旅游区、中东旅游区和南亚旅游区。

(三)旅游日

1. 世界旅游日:9 月 27 日

世界旅游组织在 1979 年 9 月第三届代表大会上正式确定每年的 9 月 27 日为世界旅游日。

2. 中国旅游日:5 月 19 日

5 月 19 日是《徐霞客游记》的开篇日,我国大部分地区正值仲春和暮春,是旅游黄金季节。

五、旅游徽志

(一)中国旅游徽志

中国旅游业的图形标志为 1985 年确定的"马超龙雀"。

"马超龙雀"(曾被称为"马踏飞燕"),是 1969 年在甘肃武威出土的东汉时期的一件青铜制品。

选择"马超龙雀"作为中国旅游业的图形标志,其含义是:天马行空,逸兴腾飞,无所羁缚,象征前程似锦的中国旅游业;马是古今旅游的重要工具,是奋进的象征,旅游者可以在中国尽兴旅游;"马超龙雀"青铜制品,象征着中国数千年光辉灿烂的文化历史,显示文明古国的伟大形象,吸引全世界的旅游者。

(二)北京旅游徽志

天坛图案为"北京"二字上下叠写的艺术形式,其下的长城城堞则由"旅游"两字汉语拼音第一个字母"LY"组成。

第二节　旅游保险知识

一、旅游保险

(一)旅游保险的概念

旅游保险是保险业的一项业务。它是指根据合同的约定,投保人向保险人支付保险费,保险人对于合同约定的在旅游活动中可能发生的事故所造成的人身财产损失承担赔偿保险金责任。

目前，我国旅游保险市场，主要有旅行社责任险和旅游者自愿购买的旅游意外保险。

(二)旅游保险的特点

与其他保险合同相比较，旅游保险具有短期性、强制保险与自愿保险相结合、财产保险与人身保险相结合等特点。

二、旅行社责任保险

(一)旅行社责任保险的概念

旅行社责任保险是指旅行社根据保险合同的约定，向保险公司支付保险费，保险公司对旅行社在从事旅游业务经营活动中，致使旅游者人身、财产遭受损害应由旅行社承担的责任，转由承保的保险公司负责赔偿保险金的行为。旅行社责任保险属于强制保险。

(二)保险期限

旅行社责任保险的保险期限为一年。

(三)旅行社不承担赔偿责任的情形

1. 旅游者参加旅游活动，应当保证自身身体条件能够完成旅游活动。因此在旅游过程中，旅游者由于自身疾病引起的各种损失或损害，旅行社不承担任何赔偿责任。但是在签约时旅游者已经声明且为旅行社接受的需要旅行社照顾的情形，旅行社及其工作人员没有尽到应尽的照顾义务的，仍然应当承担赔偿责任。

2. 旅游者参加旅行社组织的旅游活动，应当服从导游员或领队的安排，在旅行过程中注意保护自身和随行的未成年人的安全，妥善保管随身携带的行李、物品。由于旅游者个人过错导致的人身伤亡和财物损失，以及由此产生的各种费用支出，旅行社不承担赔偿责任。

3. 旅游者在自行终止旅行社安排的旅游行程后，或者没有参加约定的旅游活动而自行活动时，发生的人身、财物损害，旅行社不承担赔偿责任。

三、旅游意外保险

(一)旅游意外保险的概念

旅游意外保险，是指旅行社在组织团队旅游时，为保护旅游者的利益，代旅游者向保险公司支付保险费，一旦旅游者在旅游期间发生事故，按合同约定由承保保险公司向旅游者支付保险金的保险行为。

旅游意外保险属自愿保险。

旅游意外保险由组团社负责一次性办理，接待旅行社不再重复投保。

旅游意外保险的保险费由旅游者支付。

（二）保险期限

旅行社组织的入境旅游，旅游意外保险期限从旅游者入境后参加旅行社安排的旅游行程时开始，直至该旅游行程结束，办完出境手续出境为止。旅行社组织的国内旅游、出境旅游，旅游意外保险期限，从旅游者在约定的时间登上由旅行社安排的交通工具开始，直至该次旅行结束离开旅行社安排的交通工具为止。

（三）不承担赔偿责任的情况

旅游者自行终止旅行社安排的旅游行程，其保险期限至其终止旅游行程的时间为止；旅游者在中止双方约定的旅游行程后自行旅游的，也不在旅游意外保险之列。

（四）特种旅游项目的旅游意外保险

旅行社开展登山、狩猎、漂流、汽车及摩托车拉力赛等特种旅游项目时，可按照该项目的风险程度，与保险公司商定保险金额。

（五）旅游意外保险的索赔时效

旅游意外保险的索赔时效为自事故发生之日起 180 日内为限。

（六）旅游意外保险的理赔

1. 理赔办法

当旅游者在保险有效期限内发生保险责任范围内的事故时，旅行社应及时取得事故发生地公安、医疗承保保险公司或其分支公司等单位的有效凭证，并由组团社同承保保险公司办理理赔事宜。

2. 小额行李物品损失的赔偿

在约定数额内可由旅行社先向旅游者垫付，旅行社凭理赔申请及损失证明与承保保险公司办理赔偿手续。

第三节　交通知识

一、交通常识

（一）航空旅行常识

1. 航班、班次

（1）航班

民航的运输飞行主要有三种形式：

班期飞行，即按照班期时刻表和规定的航线，定机型、定日期、定时刻的飞行。

加班飞行，即根据临时需要在班期飞行以外增加的飞行。

包机飞行，即按照包机单位的要求，在现有航线或以外进行的专用飞行。

航班分为定期航班和不定期航班，国际航班和国内航班，去程航班和回程航班，还有季节性航班。

航班号是航班的编号，国内航班号由执行任务的航空公司的二字英文代码和四个阿拉伯数字组成，例如 CA1501 是指中国国际航空公司自北京飞往上海的航班。国际航班号由执行任务的航空公司的二字英文代码和三个阿拉伯数字组成，例如，MU545 是指中国东方航空公司自上海飞往新加坡的航班。

（2）班次

班次是指在单位时间内（通常以一个星期计算）飞行的航班数（包括去程航班和回程航班）。班次是根据运量需求与运能来确定的。

2. 航空公司代码

航空公司代码一般由两个英语字母组成，例如 CA（中国国际航空公司），MU（中国东方航空公司），CZ（中国南方航空公司）；AF（法国航空公司），BA（英国航空公司），LH（德国汉莎航空公司），NW（美国西北航空公司）。

3. 机舱等级

F　头等舱　First Class

C　公务舱　Business Class

Y　普通舱　Economy Class

K　经济舱　Budget Class

（二）铁路旅行常识

我国高速铁路里程居世界第一，车速最快，达 350 千米/小时。

旅客列车分国际旅客列车（例如北京—莫斯科的国际列车）和国内旅客列车。

高速动车组列车，车次前冠以 G

国内旅客列车又分为：

动车组列车，车次前冠以 D

城际动车组列车，车次前冠以 C

直达特快旅客列车，车次前冠以 Z

特快旅客列车，车次前冠以 T

快速旅客列车，车次前冠以 K

短途动车，车次前冠以 S

普通旅客快车，车次序号为 1 × × × ~5 × × ×

普通旅客慢车，车次序号为 6 × × × –8 × × ×

在中国还有旅游列车，车次前冠以 Y；临时普快列车，车次前冠以 L。

（三）公路旅行常识

我国的公路交通发展迅速，在交通运输和旅游活动中起着重要作用。

1988 年，18.6 公里的沪嘉高速公路建成通车，实现了我国高速公路零的突破。现在，中国的高速公路通车里程已经位居世界第二，它与国道、省道和地区公路一起形成了我国四通八达的公路交通网。

我国将用30年的时间建成8.5万公里的国家高速公路网，把全国人口超过20万的城市全部用高速公路连接起来。国家高速公路网将由7条首都放射线、9条南北纵向线和18条东西横向线，以及5条地区环线、2条平行线、37条联络线组成，简称为“7918网”。

7条首都放射线是：北京—上海，北京—台北，北京—港澳，北京—昆明，北京—拉萨，北京—乌鲁木齐，北京—哈尔滨。

国道，即国家干线公路，我国共有70条，每一条国道都有三位数字编号：1××指以北京为中心呈扇面辐射的公路，2××指南北走向的国道，3××指东西走向的国道。

(四)水路旅行常识

中国的水路交通分为沿海航运和内河航运两大类。

海外旅游者在中国作水上旅游时大多乘坐豪华游轮。

航行在沿海和江湖上的客轮大小不等，船上的设备差异很大。大型客轮的舱室一般分五等：一等舱(软卧，1~2人)，二等舱(软卧，2~4人)，三等舱(硬卧，4~8人)，四等舱(硬卧，8~24人)和五等舱(硬卧)，还有散席(包括座席)。豪华客轮设有特等舱(有软卧卧室、休息室、卫生间等)。

目前，许多内河、湖泊开展游船业务，依托河道两岸和湖区风景推出游船活动，广受旅游者欢迎。长江三峡已成著名国际黄金旅游线路，大运河旅游重新焕发了青春，很多地方把竹筏、皮筏、乌篷船作为重要的旅游吸引物，而海上运行的豪华游轮，把多国和地区的名胜连在一起，激起旅游者的极大兴趣。

二、航空旅行知识

(一)机票

1. 购票

2006年10月6日，国际上开始实行电子机票，我国从2008年6月1日起停止发售纸质机票。

电子机票可在民航售票处或联网计算机上完成订座、出票、作废、退换、改转签等操作。

旅客凭有效身份证件购买机票。机票只限票上所列姓名旅客使用。

2. 座位再确认

持有定妥机座的联程或回程机票，如在该联程或回程站停留72小时以上者，国际机票须在联程或回程航班起飞前72小时、国内机票则在飞机起飞前两天中午12时以前办理座位再确认手续，否则，原定座位不予保留。

3. 客票有效期

普通票价的国内、国际客票,无论是单程、往返或环程,有效期均为一年。特种票价的客票和有折扣的普通票价客票的有效期,以承运人的规定为准。

4. 儿童票

已满两周岁未满12周岁的儿童按成人票价的50%(国际儿童机票为50%或67%)购票,未满两周岁的婴儿按成人全票价的10%购票,不单独占一座位。每一成人旅客只能有一个婴儿享受这种票价,超过的人数应购买儿童票,提供座位。

5. 退票

旅客退票,须持有效身份证件到开出客票的票务中心办理退票手续并支付相应的退票费:飞机离站前24小时之前退票,支付原票款5%的退票费;飞机离站前2小时之前24小时之内退票,支付原票款10%的退票费;飞机离站前2小时之内退票,支付原票款20%的退票费;在航班规定离站时间后退票,按误机处理。

6. 客票遗失

旅客遗失客票,应在航班起飞前,向航空公司或销售代理人申请挂失,并提供相关证明。

(二)乘机

1. 提前抵达机场

乘坐国内航班的旅客应在班机起飞前120分钟到达机场,国际航班和地区航班的旅客须在180分钟前抵达机场,凭机票和个人有效证件(居民身份证、护照、团体签证等)办理乘机手续,班机起飞前30分钟机场停止办理登机手续。

2. 机场费

在中国境内乘坐国内、国际民航班机的旅客必须交纳机场建设费(持有外交护照的旅客,24小时内过境的旅客以及12岁以下儿童除外)。

3. 安全检查

乘坐民航班机的中、外籍旅客及其携带的行李物品,除经特别准许者外,在登机前都必须接受安全技术检查;旅客须通过安全检查门。行李物品须经仪器检查;也可进行人身检查和开箱检查。拒绝检查者不准登机。

4. 误机

旅客误机后,应在原航班起飞时间的次日中午12时以前进行误机确认。误机旅客可要求改乘后续航班或退票。若乘后续航班,旅客应按航空公司的有关规定办理;若改变承运人或退票,需交付客票价50%的误机费。

(三)行李

1. 免费行李额

乘坐国内、国际航班,持有成人票或儿童票的旅客,每人可免费交运行李:头等舱 40 千克,公务客票 30 千克,经济客票 20 千克;中美、中加航线上的旅客每人可免费交运行李两件,每件不超过 32 千克。持婴儿票的旅客无免费行李额,但在中美、中加航线上可免费托运一件行李及一辆全折叠式或轻便婴儿车或手推车。

旅客随身携带的行李体积不超过 20 厘米 ×40 厘米 ×55 厘米,重量不超过 5 千克。旅客随身携带的凝胶状物品、乳液及液体、膏状物、压缩及喷雾泡沫、液体饮料和化妆品登机,必须将物品放置在容量不超过 100 毫升的器皿内,再将器皿放在透明的可重复密封的胶袋内,而且每人只限一袋。

2. 不准作为行李运输的物品

旅客不得在托运行李或随身携带物品内夹带易燃、易爆、腐蚀、有毒、放射性物品,可聚合物质,磁性物质及其他危险物品。旅客乘机不得携带武器、管制刀具、利器和凶器。

3. 不准在托运的行李内夹带的物品

旅客不得在托运行李内夹带重要文件、资料、外交信袋、证券、货币、汇票、贵重物品、易碎易腐物品,以及其他需要专人照管的物品。航空公司对托运行李内夹带上述物品的遗失或损坏,按一般托运行李承担赔偿责任。

4. 禁止随身携带但可作为行李托运的物品

可能危害航空安全的菜刀、大剪刀、大水果刀、剃须刀等生活用刀具,手术刀、屠宰刀、雕刻刀等专业刀具,文艺单位表演用的刀、矛、剑、戟等,以及斧、凿、锤、锥、加重或有尖的手杖、铁头登山杖和其他可用来危害航空安全的锐器、钝器。对于查获的刀具,一律由民航安检部门暂存;对故意隐匿携带刀具的人员,一律交由中国民航公安机关审查处理。

5. 行李包装

托运行李必须包装完好、锁扣完好、捆扎牢固,并能承受一定压力。对包装不符合要求和不符合运输条件的行李,航空公司可拒绝托运。

6. 行李赔偿

托运行李如发生损坏或丢失,属航空公司责任的由航空公司负责赔偿。赔偿限额每公斤不超过人民币 50 元。按实际托运重量计算。

严禁乘机旅客利用客票为他人交运行李,严禁为不相识的人捎带物品。因违反上述 2、4 规定造成误机的损失由旅客自行承担。

(四) 其他

1. 健康

患有重病的旅客购票,需持有医疗单位出具的适于乘机的证明,并事先经航空公司或其销售代理人同意,方可购票。

2. 特殊旅客

无成人陪同的儿童、病残旅客、孕妇、盲人、聋人或犯人及犯罪嫌疑人等特殊旅客，只有在符合航空公司规定的条件下经航空公司预先同意并做出必要的安排后方予运载。

3. 旅客保险

旅客可以自愿向保险公司投保国内航空运输旅客人身意外伤害险，此项保险金额的给付，不免除或减少航空公司应承担的赔偿限额。

4. 航班不正常服务

因航空公司的原因，造成航班延误或取消，航空公司免费向旅客提供食宿等服务；由于天气等不可抗因素，在始发站造成延误或取消，航空公司可协助旅客安排食宿，费用由旅客自理。

三、铁路旅行知识

（一）车票

车票是旅客乘车的凭证，中国境内的火车票有三种：客票（硬座、软座）、加快票（普通加快、特别加快）和卧铺票（软卧、硬卧）。

1. 实名制购票

2012 年 1 月 1 日起，全国所有旅客列车实行车票实名制，旅客须凭本人有效身份证件或复印件购买车票。乘车时，旅客须持车票、购买时所使用的有效身份证件原件进站、乘车。

2. 儿童票

身高 1.20 ~ 1.50 米的儿童乘车，需购买半价票、加快票及空调票；超过 1.50 米的小孩买全票；身高 1.20 米以下的儿童乘车免票，但一个大人只准携带一名免票儿童，超过一名时，超过的人数应买儿童票。

3. 学生票

正规院校没有工资收入的学生和研究生，家庭居住地和院校不在同一城市，自费回家或返校时，一律凭优惠卡购买半价硬座客票、加快票和空调票。

4. 丢失车票的处理

旅客在乘车前丢失车票，应另行购票；在乘车旅行中丢失车票，应从发现丢失车票的车站起补收票价，核收手续费；不能判明是否丢失车票时，按无票旅客处理。

5. 无票乘车的处理

旅客须持车票乘车旅行，无票乘车或持失效车票乘车者要加倍交费，使用伪造或涂改的车票乘车，旅客不仅要加倍交费，还得承担刑事责任。

（二）行李

旅客免费携带的物品重量：大人 20 千克，小孩（包括免费小孩）10 千克，外交人员 35 千克。携带物品的长度和体积要适于放在行李架上或座位下边，不能妨碍其他旅客乘坐和通行。

危险品(如雷管、炸药、鞭炮、汽油、煤油、电石、液化气体等易爆、易燃、自燃物品和杀伤性剧毒物品),国家限制运输物品,妨害公共卫生的物品、动物及损坏、污染车厢的物品,都不得带入车内。

四、水路旅行知识

(一)船票

船票分普通船票和加快船票,又分成人票、儿童票(1.20~1.50米的儿童)和残疾军人优待票。

旅客在乘船前丢失船票,应另行购票;上船后旅客丢失船票,如能提出足够的证明,经确认后无须补票;无法证明时,按有关规定处理。

(二)行李

乘坐沿海和长江客轮,持全价票的旅客可随身携带免费行李30千克,持半票者和免费儿童15千克;每件行李的体积不得超过0.2立方米,长度不超过1.5米。乘坐其他内河客轮,免费携带的行李分别为20千克和10千克。

下列物品不准携带上船:法令限制运输的物品,有臭味、恶腥味的物品,损坏、污染船舶和妨碍其他旅客的物品,易爆品、易燃品、自燃品、腐蚀性物品、有毒物品、杀伤性物品以及放射性物质。

第四节　入出境知识

一、入境知识

入境旅客必须在指定口岸向边防检查站(由公安、海关、卫生检疫三方组成)交验有效证件,填写入境卡,经边防检查站查验核准加盖验讫章后方可入境。中国公民返归,须在边检站出示有效证件,不必填写入境卡。

外国旅游者和华侨、港澳台同胞进入中国大陆时所持证件不同,通关手续基本相似,现介绍如下。

(一)外国人

1. 护照

护照是一国主管机关发给本国公民出国或在国外居留的证件,证明其国籍和身份。护照一般分外交护照和普通护照两种,有的国家为团体出国人员(旅游团、体育队、文艺团体)发给团体护照。

(1)外交护照:发给政府高级官员、国会议员、外交和领事官员、负有特殊外交使命的人员、政府代表团成员等。持有外交护照者在外国享受外交礼遇(如豁免权)。

(2)普通护照:发给出国的一般公民、国外侨民以及因公出境的一般人士。

2007 年 1 月 1 日施行的《护照法》规定,我国公民护照的有效期以 16 周岁为界:16 周岁以下者的护照有效期为 5 年,16 周岁以上者的为 10 年,取消延期。

2. 签证

签证是一国主管机关在外国公民所持的护照或其他有效出入证件上签注、盖印,表示准其出入本国国境或者过境的手续。

签证分外交签证、礼遇签证、公务签证、普通签证等,还可分为入境签证、出境签证和过境签证。旅游签证属于普通签证,在中国为 L 字签证(发给来中国旅游、探亲或因其他私人事务入境的人员)。签证上规定持证者在中国停留的起止日期。

9 人以上(不含 9 人)的旅游团可发给团体签证。团体签证一式三份,签发机关留一份,来华旅游团两份,一份用于入境,一份供出境用。

签证的有效期限不等,获签证者必须在有效期内进入中国境内,超过期限签证不再有效。

希望进入中国境内的外国人须持有效护照(必要时提供有关证明,例如,来华旅游者申请签证须出示中国旅游部门的接待证明)向中国的外交代表机关、领事机关或者外交部授权的其他驻外机关申请办理签证。但在特定情况下,例如,事由紧急,确实来不及在上述机关办理签证手续者,可向公安部授权的口岸签证机关申请办理签证。

中国公安部授权的口岸签证机关设立在下列口岸:北京、上海、天津、重庆、大连、福州、厦门、西安、桂林、杭州、昆明、广州(白云机场)、深圳(罗湖、蛇口)、珠海(拱北)、海口、三亚、济南、青岛、烟台、威海、成都、南京、武汉、沈阳、长沙、乌鲁木齐、满洲里、黑河、绥芬河等。

持联程客票搭乘国际航班直接过境,在中国停留不超过 24 小时不出机场的外国人,免办签证。要求临时离开机场的,须经边防检查机关批准。

随着国际关系和旅游事业的发展,许多国家、地区间签订了互免签证协议。

3. 入境卫生检疫

海外人士入境,应根据国境检疫机关的要求如实填报健康申明卡,传染病患者隐瞒不报的,按逃避检疫论处。一经发现,禁止入境,已经入境者,令其提前出境。

来自传染病疫区的人员须出示有效的有关疾病的《国际预防接种证书》(俗称"黄皮书");无证者,国境卫生检疫机关将从其离开感染环境时算起实施 6 日的留验。

来自疫区,被传染病污染或可能成为传染病传播媒介的物品,须接受卫生检疫检查和必要的卫生处理。

（二）华侨、港澳台同胞

1. 华侨

侨居国外的中国公民短期回国探亲、旅游，凭有效的中华人民共和国护照在指定口岸入境，无须办理签证。

2. 港、澳同胞

港、澳同胞来往于香港、澳门与内地之间，凭我国公安机关签发的《港澳居民来往内地通行证》，从中国对外开放的口岸（往香港是深圳、往澳门是拱北）通行。港澳同胞来内地须向口岸的边防检查站出示有效的入境证件，填交入境登记卡，接受查验，然后入境。

3. 台湾同胞

台湾同胞来大陆探亲、旅游，须持有效的《台湾同胞来往大陆通行证》，经口岸边防检查站查验并加盖验讫章后，即可作为进出大陆和在内地旅行的身份证明，从我国各对外开放口岸入境、出境。

（三）不准入境的几种人

下列人士不准入境：

（1）被中国政府驱逐出境，未满不准入境年限的；

（2）被认为入境后可能进行恐怖、暴力、颠覆活动的；

（3）被认为入境后可能进行走私、贩毒、卖淫活动的；

（4）患有精神病和麻风病、艾滋病、性病、开放性肺结核等传染病的；

（5）不能保障其在中国期间所需费用的；

（6）被认为入境后可能进行危害我国国家安全和利益的其他活动的。

对下列人士，边防检查站有权阻止入境：

（1）未持有效护照、证件或签证的；

（2）持伪造、涂改或他人护照、证件的；

（3）拒绝接受查验证件的；

（4）公安部或者国家安全部通知不准入境的。

二、外国旅游者在中国境内的权利和义务

中华人民共和国宪法总纲明确指出："中华人民共和国保护在中国境内的外国人的合法权利和利益。在中国境内的外国人必须遵守中华人民共和国的法律。"

在中国境内，外国旅游者享受合法权益和人身自由不受侵犯的权利；但必须遵守中国的法律，不得进行危害国家安全、损害公益事业、破坏公共秩序的活动。持旅游签证（L）来华的外国人不得在中国从事与其身份不符的活动，如就业、宗教宣传、非法采访等。违法者将按情节受中国法律的制裁。

在签证有效期内，外国旅游者可在中国对外开放地区内自由旅游，但必须尊重

旅游地区的民风习俗。若希望前去不开放地区旅游，须事先向所在市、县公安局申请旅行证，获准后方可前往，未经允许不得擅自闯入非对外开放地区旅行。

外国旅游者申请旅行证须履行下列手续：

(1)交验护照或居留证件；

(2)提供与旅行事由有关的证明；

(3)填写旅行申请表。

签证准予在华停留期限到期，如需继续旅行，外国人可向当地公安机关申请延长在中国的停留期限，即申请延长签证期限。

三、出境知识

(一)外国游客出境

外国旅游者应当在签证准予停留的期限内从指定口岸出境。

外国旅游者出境，须向口岸边防检查站交验有效护照或者其他有效证件，填写出境卡，加盖出境验讫章后出境。

不准出境的几种人：

(1)刑事案件的被告人和公安机关或者人民检察院或者法院认定的犯罪嫌疑人；

(2)人民法院通知有未了结民事案件不能离境的；

(3)有其他违反中国法律的行为尚未处理，经有关主管机关认定需要追究的。

下列人士，边防检查机关有权阻止出境：

(1)持无效出境证件的；

(2)持伪造、涂改或他人护照、证件的；

(3)拒绝接受查验证件的。

(二)中国旅客出境

中国旅客出境也须向我国口岸边防检查站交验有效护照和前往国家和地区的签证(赴港澳地区须提交特别行政区通行证)，不必填写出境卡。

中国旅客出境前，须事先填好旅客行李申报单一式两份，带出旅途自用、需再次带入境单价超过5000元人民币的照相机、摄像机、手提电脑等重点管理物品，应将其数量、品牌、规格及新旧程度等详细填写清楚，以便回程时海关凭此核对免税带进。海关将其中一份已签章的旅客行李申报单退回旅客本人留存，待回程时交入境地海关查验。

四、海关知识

(一)进出境旅客通关

(1)根据《中华人民共和国海关法》和《中华人民共和国海关对进出境旅客行

李物品监管办法》的规定,进出境行李物品必须通过设有海关的地点进境或出境,接受海关监督。旅客应按规定向海关申请。

(2)除法规规定免验者外,进出境旅客行李物品应交由海关按规定查验放行。海关验放进出境旅客行李物品,以自用合理数量为原则,对不同类型的旅客行李物品规定不同的范围和征免税数款量或限值。

(3)旅客进出境携带有需向海关申报的物品,应在申报台前向海关递交《中华人民共和国海关进出境旅客行李物品申报单》或海关规定的申报单证,按规定如实申报其行李物品,报请海关办理物品进境或出境手续。在实施双通道制的海关现场,上述旅客应选择"申报"通道(亦称"红色通道")通关;携带无须向海关申报的物品的旅客,即可选择"无申报"通道(亦称"绿色通道")通关。

(4)经海关验核签章的申报单证请妥善保管,以便回程时或者进境后凭此办理有关手续。

海关加封的行李物品,请不要擅自拆开或者损毁海关施加的封志。

(二)部分限制进出境物品

1. 烟、酒

旅客类别	免税烟草制品限量	免税12度以上酒精饮料限量
来往港澳地区的旅客(包括港澳旅客和内地因私前往港澳地区探亲和旅游等旅客)	香烟200支或雪茄50支或烟丝250克	酒1瓶(不超过0.75升)
当天往返或短期内多次来往港澳地区的旅客	香烟40支或雪茄5支或烟丝40克	不准免税带进
其他进境旅客	香烟400支或雪茄100支或烟丝500克	酒2瓶(不超过1.5升)

2. 旅行自用物品

非居民旅客及持有前往国家或地区再入境签证的居民旅客携带旅行自用物品限照相机、便携式收录音机、小型摄像机、手提式摄录机、手提式文字处理机每种一件。超出范围的,需向海关如实申报,并办理有关手续。经海关放行的旅行自用物品,旅客应在回程时复带出境。

3. 金、银及其制品

旅客携带金、银及其制品进境应以自用合理数量为限,其中超过50克的,应填写申报单证,向海关申报;复带出境时,海关凭本次进境申报的数量核放。

携带或托运出境在中国境内购买的金、银及其制品（包括镶嵌饰品、器皿等新工艺品），海关验凭中国人民银行制发的“特种发票”放行。

4. 外汇

旅客携带外币、旅行支票、信用证等进境，数量不受限制。携带 5 000 美元或等值其他外币现钞进境，须向海关如实申报；复带出境时，海关验凭本次进境申请的数额核发。旅客携带上述情况以外的外汇（外币现钞等值 5 000 美元以上至 10 000 美元的）出境，海关验凭国家外汇管理局制发的“外汇携带证”查验放行。

5. 人民币

旅客携带人民币进出境，限额为 20 000 元。超出 20 000 元的不准进出境。

6. 文物（含已故现代著名书画家的作品）

旅客携带文物进境，如需复带出境，请向海关详细报明。旅客携带出境的文物，须经中国文化行政管理部门鉴定。

携运文物出境时，必须向海关详细申报。对在境内商店购买的文物，海关凭中国文化行政管理部门钤盖的鉴定标志及文物外销发货票查验放行；对在境内通过其他途径得到的文物，海关凭中国文化行政管理部门钤盖的鉴定标志及开具的许可出口证明查验放行；未经鉴定的文物，不能携带出境。携带文物出境不据实向海关申报的，海关将依法处理。

7. 中药材、中成药

旅客携带中药材、中成药出境，前往国外的，总值限人民币 300 元；前往港澳地区的，总值限人民币 150 元。寄往国外的中药材、中成药，总值限人民币 200 元；寄往港澳地区的，总值限人民币 100 元。

进境旅客出境时携带用外汇购买的、数量合理的自用中药材、中药，海关凭有关发货票和外汇兑换水单放行。

麝香以及超出上述规定限值的中药材、中成药不准出境。

8. 旅游商品

进境旅客出境时携带用外汇在我境内购买的旅游纪念品、工艺品，除国家规定应申领出口许可证或者应征出口税的品种外，海关凭有关发货票和外汇兑换水单放行。

（三）禁止进出境物品

1. 禁止进境物品

（1）各种武器、仿真武器、弹药及爆炸物品；

（2）伪造的货币及伪造的有价证券；

（3）对中国政治、经济、文化、道德有害的印刷品、胶卷、照片、唱片、影片、录音带、录像带、激光视盘、计算机存储介质及其他物品；

（4）各种烈性毒药；

(5)鸦片、吗啡、海洛因、大麻以及其他能使人成瘾的麻醉品、精神药物;

(6)带有危险性病菌、害虫及其他有害生物的动物、植物及其产品;

(7)有碍人畜健康的、来自疫区的以及其他能传播疾病的食品、药物或其他物品。

2. 禁止出境物品

(1)列入禁止进境范围的所有物品;

(2)内容涉及国家秘密的手稿、印刷品、胶卷、照片、唱片、影片、录音带、录像带、激光视盘、计算机存储介质及其他物品;

(3)珍贵文物及其他禁止出境的文物;

(4)濒危的和珍贵的动物、植物(均含标本)及其种子和繁殖材料。

附:严禁邮寄物品

各类邮件禁止寄有爆炸性、易燃性、腐蚀性、毒性、酸性和放射性的各种危险物品,麻醉药物和精神药物,以及国家法令禁止流通或寄递的物品等。

第五节 货币知识及其他

一、货币知识

货币知识的范围很广,我们只介绍与旅游活动相关的一些常识。

(一)外汇

外汇,是指外国货币(包括钞票、铸币等),外币有价证券(包括政府公债、国库券、公司债券、股票、息票等),外币支付凭证(包括票据、银行存款凭证、邮政储蓄凭证等)以及其他外汇资金。

中国对外汇实行由国家集中管理、统一经营的方针。在中国境内,禁止外汇流通、使用、质押,禁止私自买卖外汇,禁止以任何形式进行套汇、炒汇、逃汇。

旅游者携入中国的外币和票据金额没有限制,但入境时必须据实申报;在中国境内,旅游者若需要钱时可持外汇到中国银行及各兑换点兑换,但要保存好银行出具的外汇兑换证明(俗称水单,其有效期为半年),离境时,人民币如未用完,可持水单将其兑换回外币,最后经海关核验"申报单"后可将未用完的外币和票据携出。

在中国境内,18 个国家和地区的现钞可兑换成人民币:澳大利亚元,加拿大元,丹麦克朗,欧元,日元,马来西亚林吉特,挪威克郎,新加坡元,瑞典克朗,瑞士法郎,英镑,美元,香港元,以及泰国铢、菲律宾比索、韩元和澳门元。台胞携入的台币,可在中国银行兑换成人民币。

(二)旅行支票

旅行支票是银行或旅行社为方便旅游者,在旅行者交存一定金额后签发的定额票据。购买旅行支票后，旅行者可随身携带，在预先约定的银行或旅行社的分支机构或代理机构凭票取款，比带现金旅行安全方便。

购买旅行支票时，旅游者要当场签字，作为预留印鉴；支取款项时必须当付款单位的面在支票上签字；付款单位将两个签字核对无误后方予付款，以防假冒。

购买旅行支票时需交纳票面金额1%的手续费。中国银行在收兑旅行支票时要收取7.5‰的贴息。

（三）信用卡

信用卡是指银行为提供消费信用而发给客户的，在指定地点支取现金、购买货物或支付劳务费用的信用凭证，实际上是一种分期付款的消费者信贷。信用卡上印有持卡者姓名、签字、号码及每笔赊购的限额和有效期等内容。

1952年，美国加利福尼亚州的富兰克林国民银行首先发行了银行信用卡。

信用卡的种类很多，主要有：

（1）根据不同的发卡机构，可分为银行卡（Bank Card）和非银行卡（Non-Bank Card）。

（2）根据不同的清偿方式，可分为贷记卡（Credit Card）和借记卡（Debit Card 亦称记账卡）。贷记卡的持卡人无须事先存款就可享受一定信贷额度的使用权，而借记卡的持卡人必须先在发卡机构存款，按存款金额持卡消费。中国的银行发行的人民币信用卡都属于借记卡。

（3）按持卡人的资信程度，可分为普通卡、金卡和白金卡。

（4）根据不同的流通范围，可分为国际卡和地区卡。

我国目前受理七种主要外国信用卡：万事达卡、维萨卡、运通卡、大莱卡、JCB卡、百万卡和发达卡都是国际卡，中国银行发行的外汇长城万事达卡也是国际卡，中国的银联卡目前已可在境外104个国家和地区使用。中国银行发行的人民币万事达卡、中国工商银行的牡丹卡、中国农业银行的金穗卡等都属地区卡。

二、国际时差

英国格林尼治天文台每天所报的时间，被作为国际标准时间，即“格林尼治平时”。

人们在日常生活中所用的时间，是以太阳通过天体子午线的时刻——“中午”作为标准来划分的。每个地点根据太阳和子午线的相对位置确定的本地时刻，称“地方时”。

地球每24小时自转一周（360度），每小时自转15度。自1884年起，国际上将全球划分为24时区，每个时区的范围为15个经度。以经过格林尼治天文台的零度经线为标准，从西经7度半到东经7度半为中区（称为0时区）。然后从中区的边界线分别向东、西每隔15度各划一个时区,东、西各有12个时区,而东、西12区都是半时区,合起来称为12区。各时区都以该区的中央经线的"地方时"为该区共同的标准时间。

北京位于东经116°24′,划在东八区,该区的中央经线为东经120度,因此,"北京时间"是以东经120度的地方时作为标准时间。中国幅员辽阔,东西横跨经度64度,跨5个时区(从东五区到东九区),但为方便起见,以北京时间作为全国标准时间。

表9-1 北京与世界主要城市时差表

单位:小时

城市名称	时差数	城市名称	时差数
中国香港、马尼拉	0	赫尔辛基、布加勒斯特、开罗、开普敦、索菲亚	-6
首尔、东京	+1		
悉尼、堪培拉	+2	斯德哥尔摩、柏林、巴黎、日内瓦、华沙、布达佩斯、罗马、维也纳、雅温得	-7
惠灵顿	+4		
新加坡、雅加达	-0.5	伦敦、阿尔及尔、达喀尔	-8
河内、金边、曼谷、乌兰巴托	-1	布宜诺斯艾利斯、里约热内卢	-11
仰光	-1.5	纽约、华盛顿、渥太华、哈瓦那、巴拿马城	-13
达卡	-2		
新德里、科伦坡、孟买	-2.5	芝加哥、墨西哥城	-14
卡拉奇	-3	洛杉矶、温哥华	-16
莫斯科、迪拜	-4	安克雷奇	-17
德黑兰	-4.5	夏威夷(檀香山)	-18
巴格达、内罗华	-5		

北京零点时与世界主要城市相比,"+"表示比北京时间早,"-"表示比北京时间晚。各地时间均为标准时间。

三、度量衡常识

世界上的度量衡有公制和英美制,中国还有市制,它们之间换算比较复杂,但是导游员对这复杂的换算也应该有所了解。

长度:1公里=2里=0.6214英里

1英里=3.2187里=1.60934公里

1 海里(英制)=1.853 公里=1.1515 英里=3.704 里

1 米=3 尺=1.094 码=3.2808 英尺

1 码=2.743 尺=0.9144 米=3 英尺

1 英尺=0.9144 尺=0.3333 码=0.3048 米

体(容)积:1 公升=1 升=0.22 加仑(英)

1 加仑(英)=4.546 升=4.546 公升

重量:1 公斤=2.20462 磅=35.2736 盎司=20 两

1 磅=0.45359 公斤=16 盎司=9.072 两

1 克拉(宝石)=0.2 克

1 盎司(金衡)=155.5 克拉=31.1035 克=0.622 两

面积:1 平方公里=0.3681 平方英里=100 公顷

=1500 亩=247.105 英亩

1 平方英里=2.59 平方公里=259 公顷

=3885 亩=640 英亩

1 公顷=0.01 平方公里=15 亩=2.471 英亩

四、温度换算公式

温度的测算标准有两种:摄氏℃和华氏℉,水的沸点是 100℃,212℉,冰点为 0℃,32℉。华氏的使用范围只限英、美两国,中国和世界其他国家使用摄氏。

摄氏和华氏间的换算公式为:

1. 摄氏℃=5/9×(℉-32)

例如,将 90 华氏度换算成摄氏度数

5/9×(90-32)=5/9×58=32.2

即:90 华氏度等于 32.2 摄氏度。

2. 华氏℉=℃×9/5+32

例如,将 25 摄氏度换算成华氏度数

25×9/5+32=45+32=77

即:25 摄氏度等于 77 华氏度。

本章提示

本章介绍的是一些与导游业务有关的知识。通过本章的学习,学生应对导游业务相关知识有所了解。

本章要点

旅游基础知识,旅游保险知识,入出境知识,海关知识,航空、铁路交通知识,货币知识,时差、度量衡和温度换算等知识。

复习思考题

1. 什么是旅游?什么是旅游活动?旅行社的经营规则是什么?你知道世界旅游组织吗?中国的旅游徽志是什么?

2. 什么是护照?什么是签证?什么是"黄皮书"?

3. 进入一个主权国家时,旅客应在入境口岸边检站出示什么有效证件?办理什么手续?

4. 进出一个主权国家的海关时,对旅客携带的物品有什么规定?

5. 乘坐飞机、火车、轮船旅行,所持的票证和携带的行李有哪些异同?

6. 乘坐民航班机应办理什么手续?有哪些注意事项?

7. 什么是外汇?什么是旅行支票和信用卡?哪些外币可在中国银行兑换成人民币?

8. 什么是旅游保险?旅游保险分几种?各有什么规定?

9. 什么是国际时差?

10. 摄氏和华氏怎样换算?

11. 你知道哪些度量衡常识?

附录Ⅰ

旅游社条例

第一章　总则

第一条　为了加强对旅行社的管理，保障旅游者和旅行社的合法权益，维护旅游市场秩序，促进旅游业的健康发展，制定本条例。

第二条　本条例适用于中华人民共和国境内旅行社的设立及经营活动。

本条例所称旅行社，是指从事招徕、组织、接待旅游者等活动，为旅游者提供相关旅游服务，开展国内旅游业务、入境旅游业务或者出境旅游业务的企业法人。

第三条　国务院旅游行政主管部门负责全国旅行社的监督管理工作。

县级以上地方人民政府管理旅游工作的部门按照职责负责本行政区域内旅行社的监督管理工作。

县级以上各级人民政府工商、价格、商务、外汇等有关部门，应当按照职责分工，依法对旅行社进行监督管理。

第四条　旅行社在经营活动中应当遵循自愿、平等、公平、诚信的原则，提高服务质量，维护旅游者的合法权益。

第五条　旅行社行业组织应当按照章程为旅行社提供服务，发挥协调和自律作用，引导旅行社合法、公平竞争和诚信经营。

第二章　旅行社的设立

第六条　申请设立旅行社，经营国内旅游业务和入境旅游业务的，应当具备下列条件：

（一）有固定的经营场所；

（二）有必要的营业设施；

（三）有不少于30万元的注册资本。

第七条　申请设立旅行社，经营国内旅游业务和入境旅游业务的，应当向所在地省、自治区、直辖市旅游行政管理部门或者其委托的设区的市级旅游行政管理部门提出申请，并提交符合本条例第六条规定的相关证明文件。受理申请的旅游行政管理部门应当自受理申请之日起20个工作日内作出许可或者不予许可的决定。予以许可的，向申请人颁发旅行社业务经营许可证，申请人持旅行社业务经营许可证向工商行政管理部门办理设立登记；不予许可的，书面通知申请人并说明理由。

第八条　旅行社取得经营许可满两年，且未因侵害旅游者合法权益受到行政机关罚款以上处罚的，可以申请经营出境旅游业务。

第九条　申请经营出境旅游业务的，应当向国务院旅游行政主管部门或者其委托的省、自治区、直辖市旅游行政管理部门提出申请，受理申请的旅游行政管理部门应当自受理申请之日起20个工作日内作出许可或者不予许可的决定。予以许可的，向申请人换发旅行社业务经营许可证，旅行社应当持换发的旅行社业务经营许可证到工商行政管理部门办理变更登记；不予许可的，书面通知申请人并说明理由。

第十条　旅行社设立分社的，应当持旅行社业务经营许可证副本向分社所在地的工商行政管理部门办理设立登记，并自设立登记之日起3个工作日内向分社所在地的旅游行政管理部门备案。

旅行社分社的设立不受地域限制。分社的经营范围不得超出设立分社的旅行社的经营范围。

第十一条　旅行社设立专门招徕旅游者、提供旅游咨询的服务网点（以下简称旅行社服务网点）应当依法向工商行政管理部门办理设立登记手续，并向所在地的旅游行政管理部门备案。

旅行社服务网点应当接受旅行社的统一管理，不得从事招徕、咨询以外的活动。

第十二条　旅行社变更名称、经营场所、法定代表人等登记事项或者终止经营的，应当到工商行政管理部门办理相应的变更登记或者注销登记，并在登记办理完毕之日起10个工作日内，向原许可的旅游行政管理部门备案，换领或者交回旅行社业务经营许可证。

第十三条　旅行社应当自取得旅行社业务经营许可证之日起3个工作日内，在国务院旅游行政主管部门指定的银行开设专门的质量保证金账户，存入质量保证金，或者向作出许可的旅游行政管理部门提交依法取得的担保额度不低于相应质量保证金数额的银行担保。

经营国内旅游业务和入境旅游业务的旅行社，应当存入质量保证金20万元；经营出境旅游业务的旅行社，应当增存质量保证金120万元。

质量保证金的利息属于旅行社所有。

第十四条　旅行社每设立一个经营国内旅游业务和入境旅游业务的分社，应当向其质量保证金账户增存5万元；每设立一个经营出境旅游业务的分社，应当向其质量保证金账户增存30万元。

第十五条 有下列情形之一的，旅游行政管理部门可以使用旅行社的质量保证金：

（一）旅行社违反旅游合同约定，侵害旅游者合法权益，经旅游行政管理部门查证属实的；

（二）旅行社因解散、破产或者其他原因造成旅游者预交旅游费用损失的。

第十六条 人民法院判决、裁定及其他生效法律文书认定旅行社损害旅游者合法权益，旅行社拒绝或者无力赔偿的，人民法院可以从旅行社的质量保证金账户上划拨赔偿款。

第十七条 旅行社自交纳或者补足质量保证金之日起三年内未因侵害旅游者合法权益受到行政机关罚款以上处罚的，旅游行政管理部门应当将旅行社质量保证金的交存数额降低50%，并向社会公告。旅行社可凭省、自治区、直辖市旅游行政管理部门出具的凭证减少其质量保证金。

第十八条 旅行社在旅游行政管理部门使用质量保证金赔偿旅游者的损失，或者依法减少质量保证金后，因侵害旅游者合法权益受到行政机关罚款以上处罚的，应当在收到旅游行政管理部门补交质量保证金的通知之日起 5 个工作日内补足质量保证金。

第十九条 旅行社不再从事旅游业务的，凭旅游行政管理部门出具的凭证，向银行取回质量保证金。

第二十条 质量保证金存缴、使用的具体管理办法由国务院旅游行政主管部门和国务院财政部门会同有关部门另行制定。

第三章　外商投资旅行社

第二十一条 外商投资旅行社适用本章规定；本章没有规定的，适用本条例其他有关规定。

前款所称外商投资旅行社，包括中外合资经营旅行社、中外合作经营旅行社和外资旅行社。

第二十二条 设立外商投资旅行社，由投资者向国务院旅游行政主管部门提出申请，并提交符合本条例第六条规定条件的相关证明文件。国务院旅游行政主管部门应当自受理申请之日起 30 个工作日内审查完毕。同意设立的，出具外商投资旅行社业务许可审定意见书；不同意设立的，书面通知申请人并说明理由。

申请人持外商投资旅行社业务许可审定意见书、章程，合资、合作双方签订的合同向国务院商务主管部门提出设立外商投资企业的申请。国务院商务主管部门应当依照有关法律、法规的规定，作出批准或者不予批准的决定。予以批准的，颁发外商投资企业批准证书，并通知申请人向国务院旅游行政主管部门领取旅行社业务经营许可证，申请人持旅行社业务经营许可证和外商投资企业批准证书向工商行政管理部门办理设立登记;不予批准的,书面通知申请人并说明理由。

第二十三条 外商投资旅行社不得经营中国内地居民出国旅游业务以及赴香港特别行政区、澳门特别行政区和台湾地区旅游的业务,但是国务院决定或者我国签署的自由贸易协定和内地与香港、澳门关于建立更紧密经贸关系的安排另有规定的除外。

第四章 旅行社经营

第二十四条 旅行社向旅游者提供的旅游服务信息必须真实可靠,不得作虚假宣传。

第二十五条 经营出境旅游业务的旅行社不得组织旅游者到国务院旅游行政主管部门公布的中国公民出境旅游目的地之外的国家和地区旅游。

第二十六条 旅行社为旅游者安排或者介绍的旅游活动不得含有违反有关法律、法规规定的内容。

第二十七条 旅行社不得以低于旅游成本的报价招徕旅游者。未经旅游者同意,旅行社不得在旅游合同约定之外提供其他有偿服务。

第二十八条 旅行社为旅游者提供服务,应当与旅游者签订旅游合同并载明下列事项:

(一)旅行社的名称及其经营范围、地址、联系电话和旅行社业务经营许可证编号;

(二)旅行社经办人的姓名、联系电话;

(三)签约地点和日期;

(四)旅游行程的出发地、途经地和目的地;

(五)旅游行程中交通、住宿、餐饮服务安排及其标准;

(六)旅行社统一安排的游览项目的具体内容及时间;

(七)旅游者自由活动的时间和次数;

(八)旅游者应当交纳的旅游费用及交纳方式;

(九)旅行社安排的购物次数、停留时间及购物场所的名称;

(十)需要旅游者另行付费的游览项目及价格;

(十一)解除或者变更合同的条件和提前通知的期限;

(十二)违反合同的纠纷解决机制及应当承担的责任;

(十三)旅游服务监督、投诉电话;

(十四)双方协商一致的其他内容。

第二十九条 旅行社在与旅游者签订旅游合同时,应当对旅游合同的具体内容作出真实、准确、完整的说明。

旅行社和旅游者签订的旅游合同约定不明确或者对格式条款的理解发生争议

的，应当按照通常理解予以解释；对格式条款有两种以上解释的，应当作出有利于旅游者的解释；格式条款和非格式条款不一致的，应当采用非格式条款。

第三十条 旅行社组织中国内地居民出境旅游的，应当为旅游团队安排领队全程陪同。

第三十一条 旅行社为接待旅游者委派的导游人员或者为组织旅游者出境旅游委派的领队人员，应当持有国家规定的导游证、领队证。

第三十二条 旅行社聘用导游人员、领队人员应当依法签订劳动合同，并向其支付不低于当地最低工资标准的报酬。

第三十三条 旅行社及其委派的导游人员和领队人员不得有下列行为：

（一）拒绝履行旅游合同约定的义务；

（二）非因不可抗力改变旅游合同安排的行程；

（三）欺骗、胁迫旅游者购物或者参加需要另行付费的游览项目。

第三十四条 旅行社不得要求导游人员和领队人员接待不支付接待和服务费用或者支付的费用低于接待和服务成本的旅游团队，不得要求导游人员和领队人员承担接待旅游团队的相关费用。

第三十五条 旅行社违反旅游合同约定，造成旅游者合法权益受到损害的，应当采取必要的补救措施，并及时报告旅游行政管理部门。

第三十六条 旅行社需要对旅游业务作出委托的，应当委托给具有相应资质的旅行社，征得旅游者的同意，并与接受委托的旅行社就接待旅游者的事宜签订委托合同，确定接待旅游者的各项服务安排及其标准，约定双方的权利、义务。

第三十七条 旅行社将旅游业务委托给其他旅行社的，应当向接受委托的旅行社支付不低于接待和服务成本的费用；接受委托的旅行社不得接待不支付或者不足额支付接待和服务费用的旅游团队。

接受委托的旅行社违约，造成旅游者合法权益受到损害的，作出委托的旅行社应当承担相应的赔偿责任。作出委托的旅行社赔偿后，可以向接受委托的旅行社追偿。

接受委托的旅行社故意或者重大过失造成旅游者合法权益损害的，应当承担连带责任。

第三十八条 旅行社应当投保旅行社责任险。旅行社责任险的具体方案由国务院旅游行政主管部门会同国务院保险监督管理机构另行制定。

第三十九条 旅行社对可能危及旅游者人身、财产安全的事项，应当向旅游者作出真实的说明和明确的警示，并采取防止危害发生的必要措施。

发生危及旅游者人身安全的情形的，旅行社及其委派的导游人员、领队人员应当采取必要的处置措施并及时报告旅游行政管理部门；在境外发生的，还应当及时报告中华人民共和国驻该国使领馆、相关驻外机构、当地警方。

第四十条 旅游者在境外滞留不归的，旅行社委派的领队人员应当及时向旅行社和中华人民共和国驻该国使领馆、相关驻外机构报告。旅行社接到报告后应当及时向旅游行政管理部门和公安机关报告，并协助提供非法滞留者的信息。

旅行社接待入境旅游发生旅游者非法滞留我国境内的，应当及时向旅游行政管理部门、公安机关和外事部门报告，并协助提供非法滞留者的信息。

第五章 监督检查

第四十一条 旅游、工商、价格、商务、外汇等有关部门应当依法加强对旅行社的监督管理，发现违法行为，应当及时予以处理。

第四十二条 旅游、工商、价格等行政管理部门应当及时向社会公告监督检查的情况。公告的内容包括旅行社业务经营许可证的颁发、变更、吊销、注销情况，旅行社的违法经营行为以及旅行社的诚信记录、旅游者投诉信息等。

第四十三条 旅行社损害旅游者合法权益的，旅游者可以向旅游行政管理部门、工商行政管理部门、价格主管部门、商务主管部门或者外汇管理部门投诉，接到投诉的部门应当按照其职责权限及时调查处理，并将调查处理的有关情况告知旅游者。

第四十四条 旅行社及其分社应当接受旅游行政管理部门对其旅游合同、服务质量、旅游安全、财务账簿等情况的监督检查，并按照国家有关规定向旅游行政管理部门报送经营和财务信息等统计资料。

第四十五条 旅游、工商、价格、商务、外汇等有关部门工作人员不得接受旅行社的任何馈赠，不得参加由旅行社支付费用的购物活动或者游览项目，不得通过旅行社为自己、亲友或者其他个人、组织牟取私利。

第六章 法律责任

第四十六条 违反本条例的规定，有下列情形之一的，由旅游行政管理部门或者工商行政管理部门责令改正，没收违法所得，违法所得 10 万元以上的，并处违法所得 1 倍以上 5 倍以下的罚款；违法所得不足 10 万元或者没有违法所得的，并处 10 万元以上 50 万元以下的罚款：

（一）未取得相应的旅行社业务经营许可，经营国内旅游业务、入境旅游业务、出境旅游业务的；

（二）分社的经营范围超出设立分社的旅行社的经营范围的；

（三）旅行社服务网点从事招徕、咨询以外的活动的。

第四十七条 旅行社转让、出租、出借旅行社业务经营许可证的，由旅游行政管理部门责令停业整顿 1 个月至 3 个月，并没收违法所得；情节严重的，吊销旅行社业务经营许可证。受让或者租借旅行社业务经营许可证的，由旅游行政管理部门或者工商行政管理部门责令停止非法经营，没收违法所得，并处10万元以上50万元以下的罚款。

第四十八条 违反本条例的规定，旅行社未在规定期限内向其质量保证金账户存入、增存、补足质量保证金或者提交相应的银行担保的，由旅游行政管理部门责令改正；拒不改正的，吊销旅行社业务经营许可证。

第四十九条 违反本条例的规定，旅行社不投保旅行社责任险的，由旅游行政管理部门责令改正；拒不改正的，吊销旅行社业务经营许可证。

第五十条 违反本条例的规定，旅行社有下列情形之一的，由旅游行政管理部门责令改正；拒不改正的，处1万元以下的罚款：

（一）变更名称、经营场所、法定代表人等登记事项或者终止经营，未在规定期限内向原许可的旅游行政管理部门备案，换领或者交回旅行社业务经营许可证的；

（二）设立分社未在规定期限内向分社所在地旅游行政管理部门备案的；

（三）不按照国家有关规定向旅游行政管理部门报送经营和财务信息等统计资料的。

第五十一条 违反本条例的规定，外商投资旅行社经营中国内地居民出国旅游业务以及赴香港特别行政区、澳门特别行政区和台湾地区旅游业务，或者经营出境旅游业务的旅行社组织旅游者到国务院旅游行政主管部门公布的中国公民出境旅游目的地之外的国家和地区旅游的，由旅游行政管理部门责令改正，没收违法所得，违法所得10万元以上的，并处违法所得1倍以上5倍以下的罚款；违法所得不足10万元或者没有违法所得的，并处10万元以上50万元以下的罚款；情节严重的，吊销旅行社业务经营许可证。

第五十二条 违反本条例的规定，旅行社为旅游者安排或者介绍的旅游活动含有违反有关法律、法规规定的内容的，由旅游行政管理部门责令改正，没收违法所得，并处2万元以上10万元以下的罚款；情节严重的，吊销旅行社业务经营许可证。

第五十三条 违反本条例的规定，旅行社向旅游者提供的旅游服务信息含有虚假内容或者作虚假宣传的，由工商行政管理部门依法给予处罚。

违反本条例的规定，旅行社以低于旅游成本的报价招徕旅游者的，由价格主管部门依法给予处罚。

第五十四条 违反本条例的规定，旅行社未经旅游者同意在旅游合同约定之外提供其他有偿服务的，由旅游行政管理部门责令改正，处1万元以上5万元以下的罚款。

第五十五条 违反本条例的规定，旅行社有下列情形之一的，由旅游行政管理部门责令改正，处2万元以上10万元以下的罚款；情节严重的，责令停业整顿1个月至3个月：

（一）未与旅游者签订旅游合同；

（二）与旅游者签订的旅游合同未载明本条例第二十八条规定的事项；

（三）未取得旅游者同意，将旅游业务委托给其他旅行社；

（四）将旅游业务委托给不具有相应资质的旅行社；

（五）未与接受委托的旅行社就接待旅游者的事宜签订委托合同。

第五十六条 违反本条例的规定，旅行社组织中国内地居民出境旅游，不为旅游团队安排领队全程陪同的，由旅游行政管理部门责令改正，处 1 万元以上 5 万元以下的罚款；拒不改正的，责令停业整顿 1 个月至 3 个月。

第五十七条 违反本条例的规定，旅行社委派的导游人员和领队人员未持有国家规定的导游证或者领队证的，由旅游行政管理部门责令改正，对旅行社处 2 万元以上 10 万元以下的罚款。

第五十八条 违反本条例的规定，旅行社不向其聘用的导游人员、领队人员支付报酬，或者所支付的报酬低于当地最低工资标准的，按照《中华人民共和国劳动合同法》的有关规定处理。

第五十九条 违反本条例的规定，有下列情形之一的，对旅行社，由旅游行政管理部门或者工商行政管理部门责令改正，处 10 万元以上 50 万元以下的罚款；对导游人员、领队人员，由旅游行政管理部门责令改正，处 1 万元以上 5 万元以下的罚款；情节严重的，吊销旅行社业务经营许可证、导游证或者领队证：

（一）拒不履行旅游合同约定的义务的；

（二）非因不可抗力改变旅游合同安排的行程的；

（三）欺骗、胁迫旅游者购物或者参加需要另行付费的游览项目的。

第六十条 违反本条例的规定，旅行社要求导游人员和领队人员接待不支付接待和服务费用、支付的费用低于接待和服务成本的旅游团队，或者要求导游人员和领队人员承担接待旅游团队的相关费用的，由旅游行政管理部门责令改正，处 2 万元以上 10 万元以下的罚款。

第六十一条 旅行社违反旅游合同约定，造成旅游者合法权益受到损害，不采取必要的补救措施的，由旅游行政管理部门或者工商行政管理部门责令改正，处 1 万元以上 5 万元以下的罚款；情节严重的，由旅游行政管理部门吊销旅行社业务经营许可证。

第六十二条 违反本条例的规定，有下列情形之一的，由旅游行政管理部门责令改正，停业整顿 1 个月至 3 个月；情节严重的，吊销旅行社业务经营许可证：

（一）旅行社不向接受委托的旅行社支付接待和服务费用的；

（二）旅行社向接受委托的旅行社支付的费用低于接待和服务成本的；

（三）接受委托的旅行社接待不支付或者不足额支付接待和服务费用的旅游团队的。

第六十三条 违反本条例的规定,旅行社及其委派的导游人员、领队人员有下列情形之一的,由旅游行政管理部门责令改正,对旅行社处2万元以上10万元以下的罚款;对导游人员、领队人员处4000元以上2万元以下的罚款;情节严重的,责令旅行社停业整顿1个月至3个月,或者吊销旅行社业务经营许可证、导游证、领队证:

(一)发生危及旅游者人身安全的情形,未采取必要的处置措施并及时报告的;

(二)旅行社组织出境旅游的旅游者非法滞留境外,旅行社未及时报告并协助提供非法滞留者信息的;

(三)旅行社接待入境旅游的旅游者非法滞留境内,旅行社未及时报告并协助提供非法滞留者信息的。

第六十四条 因妨害国(边)境管理受到刑事处罚的,在刑罚执行完毕之日起五年内不得从事旅行社业务经营活动;旅行社被吊销旅行社业务经营许可的,其主要负责人在旅行社业务经营许可被吊销之日起五年内不得担任任何旅行社的主要负责人。

第六十五条 旅行社违反本条例的规定,损害旅游者合法权益的,应当承担相应的民事责任;构成犯罪的,依法追究刑事责任。

第六十六条 违反本条例的规定,旅游行政管理部门或者其他有关部门及其工作人员有下列情形之一的,对直接负责的主管人员和其他直接责任人员依法给予处分:

(一)发现违法行为不及时予以处理的;

(二)未及时公告对旅行社的监督检查情况的;

(三)未及时处理旅游者投诉并将调查处理的有关情况告知旅游者的;

(四)接受旅行社的馈赠的;

(五)参加由旅行社支付费用的购物活动或者游览项目的;

(六)通过旅行社为自己、亲友或者其他个人、组织牟取私利的。

第七章　附则

第六十七条 香港特别行政区、澳门特别行政区和台湾地区的投资者在内地投资设立的旅行社,参照适用本条例。

第六十八条 本条例自2009年5月1日起施行。1996年10月15日国务院发布的《旅行社管理条例》同时废止。

附录Ⅱ

国际直拨电话部分国家和地区代码

国家和地区	电话代码	国家和地区	电话代码	国家和地区	电话代码
阿富汗	93	印度	91	葡萄牙	351
阿尔巴尼亚	355	印度尼西亚	62	罗马尼亚	40
阿尔及利亚	213	伊朗	98	沙特阿拉伯	966
阿根廷	54	伊拉克	964	新加坡	65
澳大利亚	61	意大利	39	韩国	82
奥地利	43	日本	81	西班牙	34
孟加拉国	880	约旦	962	斯里兰卡	94
比利时	32	肯尼亚	254	瑞典	46
玻利维亚	591	朝鲜	850	瑞士	41
巴西	55	科威特	965	叙利亚	963
文莱	673	黎巴嫩	961	中国台湾	886
保加利亚	359	利比亚	218	坦桑尼亚	255
缅甸	95	卢森堡	352	泰国	66
喀麦隆	237	中国澳门	853	阿联酋	971
加拿大	1	马来西亚	60	突尼斯	216
智利	56	墨西哥	52	土耳其	90
刚果	242	摩纳哥	33	英国	44
古巴	53	摩洛哥	212	美国	1
丹麦	45	尼泊尔	977	俄罗斯	7
埃及	20	荷兰	31	梵蒂冈	396
芬兰	358	新西兰	64	委内瑞拉	58
法国	33	尼日利亚	234	也门	967
德国	49	挪威	47	南斯拉夫	38
希腊	30	巴基斯坦	92	刚果(金)	243
匈牙利	36	巴拿马	507	中国	86
冰岛	354	秘鲁	51	南非	27
爱尔兰	353	菲律宾	63		
中国香港	852	波兰	48		

附录Ⅲ

度量衡换算表

长度换算(一)

公制	中国市制	英美制	英制
公里(千米)	里	英里	海里
1	2	0.6214	0.53967
0.5	1	0.3107	0.26998
1.60934	3.2187	1	0.86842
1.852	3.704	1.1515	1

英制 1 海里 =6 080 英尺(实用通常为 6 000 英尺 = 纬度的六十分之一)。

美制 1 海里 =(国际海里)=6 076 英尺(1954 年 7 月 1 日起美国改用国际海制)。

长度换算(二)

公制		中国市制	英美制		
米(公尺)	厘米(公分)	尺	码	英尺	英寸
1	100	3	1.094	3.2808	39.37
0.01	1	0.03	0.01094	0.03281	0.3937
0.3333	33.33	1	0.3646	1.094	13.123
0.9144	91.44	2.743	1	3	36
0.3048	30.48	0.9144	0.3333	1	12
0.0254	2.54	0.0762	0.0278	0.0833	1

容(体)积换算(一)

公制	中国市制	英制	美制
公升	升	(英)加仑	(美)加仑
1	1	0.22	0.264
4.546	4.546	1	1.201
3.785	3.785	0.833	1

容(体)积换算(二)

公制		英美制			中国市制
立方米	立方厘米(公分)	立方码	立方英尺	立方英寸	立方尺
1	1 000 000	1 308	35.3147	61 023.7	27
0.000001	1	0.0000013	0.00004	0.06102	0.000027
0.76456	764 555	1	27	46 656	20.643
0.02832	28 317.016	0.037	1	1 728	0.76455
0.000016	16.3871	0.00002	0.00058	1	0.00044
0.037	37.037	0.0484	1.308	2 260.137	1

重量换算

公制		英美制常衡		英美制金衡或药衡		中国市制
公斤	克(公分)	磅	盎司	磅	盎司	两
1	1 000	2.20462	35.2736	2.679227	32.15072	20
0.001	1	0.0022	0.035274	0.0026792	0.03215	0.02
0.45359	453.592	1	16	1.2152777	14.5833324	9.072
0.02835	28.3495	0.0625	1	0.07595486	0.91145833	0.567
0.37324	373.2418	0.82285714	13.1657	1	12	7.465
0.031103	31.1035	0.06857143	1.0971428	0.08333	1	0.622
0.05	50	0.11023	1.76368	0.13396	1.60752	1

宝石:1 克拉 =0.2 克(公分),1 金衡盎司 =155.5 克拉

重量、容积换算

	一公吨折合蒲式耳	一蒲式耳折合	
		磅	公斤
小麦、大豆	36.743	60	27.216
玉米	39.368	56	24.402
大麦(英制)	44.092	50	22.68
大麦(美制)	45.931	48	21.773

1 英制蒲式耳(=1.0321 美制蒲式耳)合 36.3677 公升

面(地)积换算

公制	中国市制	英美制	公制		中国市制	英美制
平方公里(千米)	平方里	平方英里	公顷	公亩	亩	英亩
1	4	0.3681	100	10 000	1 500	247.103
0.25	1	0.0965	25	2 500	375	61.78
2.59	10.36	1	259	25 900	3 885	640
0.01	0.04	0.003861	1	100	15	2.471
0.0001	0.0004	0.000039	0.01	1	0.15	0.0247
0.00067	0.002667	0.000257	0.0667	6.667	1	0.165
0.00405	0.016187	0.00156	0.4047	40.469	6.07	1

1 公顷 = 100 米的平方 = 10 000 平方米

1 公亩 = 10 米的平方 = 100 平方米

石(原)油重量、容积换算

国别或地区	一公吨折合			
	千公升	美制桶	英制加仑	美制加仑
美国、印度尼西亚	1.18	7.40	259.1	310.6
伊朗、沙特阿拉伯	1.19	7.49	261.8	314.5
日本	1.11	6.99	244.5	293.3
英国、科威特	1.16	7.31	255.8	306.7
委内瑞拉	1.09	6.84	239.2	287.4

世界平均比重的原油通常以 1 公吨 = 7.35 桶(每桶为 42 美制加仑)或 1.17 千公升计

参考书目

1. 吴正平．旅游心理学．导游基础知识分册．北京:旅游教育出版社,1990.
2. 乔修正．旅游美学．天津:南开大学出版社,1900.
3. 刘天华．生活中的旅游审美．济南:山东科学技术出版社,1987.
4. 刘忠信．社交大全．长春:吉林大学出版社,1989.
5. 张文俊．旅游工作者的礼貌修养．北京:中国商业出版社,1990.
6. 杨发金．中国涉外知识大全．北京:中国社会科学出版社,1993.
7. 陶汉军．导游业务．北京:旅游教育出版社,1999.
8. 北京市旅游局．导游业务.北京:燕山出版社,2009.
9. 哈拉尔德·巴特尔．合格导游．北京:旅游教育出版社,1988.
10. 外国专家论翻译导游．北京:中国旅游出版社,1983.
11. [加]帕特里克·克伦．导游的成功秘诀．北京:旅游教育出版社,1989.

修订后记

《导游概论》是旅游专业的基础教材。

《导游概论》简明扼要、循序渐进地讲述了导游服务和导游员工作的方方面面：第一章、第二章以知识介绍为主，向读者阐明了导游服务的重要性、复杂性和艰苦性，介绍了一名合格的中国导游员应知应会的基础知识、必备的素质和应有的职业道德；第三章、第四章、第五章、第六章阐述了导游员须理解的知识和掌握的技能；第七章、第八章是本书重要的两章，介绍了旅游者最可能提出的个别要求和旅游活动中可能出现的问题、可能发生的事故，以及处理这些问题和事故的方式方法；第九章是一些与导游业务相关常识的介绍。

《导游概论》在章节安排上力求结构完整、重点突出，在内容取舍上强调客观性、知识性、实用性和前沿性，在文字上尽可能简练、流畅、通俗易懂，每章末的提示和思考题有助于读者掌握该章的重点，更好地理解导游服务技能和相关知识。

《导游概论》是大学本科、高职高专旅游专业的基本教材，也可用作职业高中旅游班的专业教材；对于对导游服务工作感兴趣、希望成为导游员的读者，《导游概论》是一本易学、易懂的自学教材；对旅游从业人员，《导游概论》不失为一本有用的参考书。

这次修订，编者根据最新的数据和材料对书中的相关内容进行了修订，力求使修订后的《导游概论》反映出近几年导游服务中出现的变化，汲取导游服务实践的一些成功经验，使导游实务方面的介绍更贴近现时的导游服务实践，更具可操作性，使导游服务相关知识更突出现时性。

这次修订对全书进行了认真的审核和补正，但由于编者水平有限、导游服务实践不足，疏漏和不妥之处仍在所难免，敬请旅游界同人和广大读者不吝赐教，批评指正。

编　者

2012 年 11 月 28 日